AF120423

Du sollst nicht essen

Herausgegeben von

Ulrike Kollodzeiski – Johann Ev. Hafner

Du sollst nicht essen

Warum Menschen auf Nahrung verzichten – interdisziplinäre Zugänge

Herausgegeben von

Ulrike Kollodzeiski – Johann Ev. Hafner

ERGON VERLAG

Diese Veröffentlichung wurde aus Mitteln des Publikationsfonds für Open-Access-Monografien des Landes Brandenburg gefördert.

Forum
Religionen
im Kontext

Die Deutsche Nationalbibliothek verzeichnet diese Publikation in der Deutschen Nationalbibliografie; detaillierte bibliografische Daten sind im Internet über http://dnb.d-nb.de abrufbar.

1. Auflage 2024

© Die Autor:innen

Publiziert von
Ergon – ein Verlag in der Nomos Verlagsgesellschaft mbH & Co. KG
Waldseestraße 3–5 | 76530 Baden-Baden
www.ergon-verlag.de

Gesamtherstellung:
Nomos Verlagsgesellschaft mbH & Co. KG
Waldseestraße 3–5 | 76530 Baden-Baden

Umschlaggestaltung: Jan von Hugo unter Verwendung eines Fotos von jes2uphoto – stock.adobe.com

Satz: Thomas Breier

ISBN (Print): 978-3-98740-007-0
ISBN (ePDF): 978-3-98740-008-7

DOI: https://doi.org/10.5771/9783987400087

Dieses Werk ist lizenziert unter einer Creative Commons Namensnennung 4.0 International Lizenz.

Inhaltsverzeichnis

Ulrike Kollodzeiski / Johann Ev. Hafner
Vorwort 7

I. Warum wir nicht essen, was wir nicht essen

Rachel N. Lippert
Das Gehirn. Wie ein Organ unsere Entscheidung zu essen steuert
Die physiologische Kontrolle des Essverhaltens verstehen 15

Tina Bartelmeß
Woher wissen wir, was (noch) als essbar gilt?
Ernährungssozialisation im gegenwärtigen Ernährungsalltag 33

Florian Schweigert
Hässlich aber gut
Insekten als Nahrungsmittel – Warum wir uns ekeln 47

Bernadett Bigalke
Essen oder Nicht-Essen?
Handlungsfelder radikaler Nahrungsabstinenz
im 19. und 20. Jahrhundert 61

Ulrike Kollodzeiski
„Keine Seele von euch soll Blut essen!“ (Lev 17,12)
Das Blutverbot in Judentum, Christentum und Islam
als Kannibalismusverbot 77

Daniel Krochmalnik
Kaschrut
Die jüdische Speiseordnung 91

Kadir Sanci / Arhan Kardas
Die islamische Speiseordnung – Alles *ḥalāl* oder *ḥarām*? 105

II. Heiliges Essen

Neues Potsdamer Toleranzedikt e. V.
Heiliges Mahl 125

III. Gemeinsam Essen

Irene Dietzel
Fastenzeit und Kulinarik in der Orthodoxie
Reflektionen über Mönchstum und Esskultur 149

Rümeysa Yilmaz
Gemeinsam genießen
Wie man muslimische Freund_innen zum Essen einlädt 151

Netanel Olhoeft
„Und Nahrung labt das Herz der Menschen“ (Ps 104,15)
Gastfreundschaft gegenüber Jüdinnen und Juden 153

Johann Ev. Hafner
Kochbücher à la religion 157

Lukas Struß
Von Koscher bis Frutarismus
Eine Themenwoche in der Mensa am Neuen Palais
Interview mit dem Mensachef 161

Verzeichnis der Beitragenden 169

Vorwort

Ulrike Kollodzeiski / Johann Ev. Hafner

Das opulenteste Buch über Essen und Hungern ist Günter Grass' Roman „Der Butt" (1977). Er handelt von zehn Inkarnationen einer übergeschichtlichen Frauengestalt zu verschiedenen Zeiten, stets mit Bezug zur Gegend um die Weichselmündung im heutigen Polen. Zehn Ernährerinnen und Köchinnen: die steinzeitliche dreibrüstige Aua um 10.000 v. Chr. stillt die Männer ihrer Horde mit der eigenen Milch. Die eisenzeitliche Wigga um 1000 v. Chr. bereitet Fischsuppe, die wendische Priesterin Merwina um 1000 n. Chr. würzt ihre Gerichte mit Bernstein. Die „gotische Dorothea" kocht Fastensuppen in der Pestzeit. Die „dicke Gret", Äbtissin während der Barockzeit, ist bekannt für ihre fetten Gänsebraten. Die schmale Witwe Agnes erfindet die Schonkost während des Dreißigjährigen Krieges. Amanda, zum Gesinde im königlichen Preußen gehörig, verbreitet Kartoffelgerichte. Die revolutionäre Sophie schnippelt Pilze für die Aufständischen von 1848. Lena betreibt eine Armenküche mit Gulasch im 1870er Krieg. Die zeitgenössische Feministin Sibylle grillt Würstchen im Westberlin der 1970er Jahre.

Meist wird „Der Butt" als Geschichte des Feminismus vom Matriarchat bis zur modernen Emanzipation gelesen; er bildet aber mindestens ebenso sehr eine Kulturgeschichte des Kochens und Essens. Das Buch schwelgt in allerlei Rezepten und kulinarischen Beschreibungen, so dass den Lesenden das Wasser im Mund zusammenläuft. Jede Epoche hat ihre eigenen Entbehrungen und jede Epoche bringt ihre eigene Küche hervor. Man kann auch umgekehrt formulieren: Jede Küche ermöglicht eine neue Epoche: Suppenküchen stärken die Revolutionäre, Schonkost hilft den Verwundeten auf, Braten befördern das Klosterleben.

Dieser enge Zusammenhang von Essen und Kultur verleitet gern zu Binsenweisheiten wie „Der Mensch ist, was er isst" und Wandersagen wie „Fleisch macht aggressiv". Jedoch wissen wir aus der Anthropologie, dass Jagdkulturen kooperativer, geschlechterparitätischer und friedlicher waren. Der Übergang von der fleischbasierten Lebensweise des Sammelns und Jagens hin zu einer vegetarischen des Ackerbaus hatte vor allem einen Vorteil: letzterer ermöglichte ein Bevölkerungswachstum und mündete in eine größere Gesellschaft. Ob dies jedoch tatsächlich ein Fortschritt in Bezug auf Lebensqualität, Gesundheit und Ethik darstellt, ist eine andere Frage. Den etwa vier Stunden täglicher Arbeitszeit beim Sammeln und Jagen standen mindestens zehn Stunden im Ackerbau gegenüber. „Und die historisch belegten Versuche, Sammler und Jäger zu Bauern zu machen, zeigen, dass der Schritt nicht freiwillig erfolgte. Die Ackerbauern und ihre unfreiwillig überwiegend vegetarische Mangelernährung setzten sich durch, weil ihre Gesellschaften zahlreicher, aggressiver und besser organisiert waren."[1]

Die Zusammenhänge zwischen dem Individuum, das isst, der Gesellschaft, in der es isst, und dem, was es isst, sind komplex. Bemerkenswert ist, dass das Nahrungsangebot nie vollständig ausgeschöpft wird. Immer werden verschiedene, aber grundsätzlich essbare Speisen vom Verzehr ausgeschlossen – auch dann, wenn eigentlich Mangel herrscht. Ein solcher Verzicht muss eine wichtige Funktion erfüllen, wenn das Nicht-Essen selbst in Notlagen noch wichtiger ist als das Essen. Ist der Mensch also am Ende das, was er *nicht* isst?

Grundsätzlich ist alles essbar. Im Zweifelsfall kommt es auf die Form der Zubereitung und Dosierung an. Etwas, das roh giftig ist, kann gekocht ein alltägliches Lebensmittel sein. Etwas, das in größerer Menge tödlich ist, kann in minimaler Dosierung medizinisch hilfreich sein. Die Frage ist also nicht *was*, sondern *wie* etwas gegessen werden kann. Das bedeutet aber auch: Wenn etwas grundsätzlich vom Verzehr ausgeschlossen wird, so liegt das nicht daran, dass es nicht gegessen werden *kann*, sondern dass es nicht gegessen werden *soll*. Deshalb lautet der Titel dieses Buches „Du sollst nicht essen".

Was jeweils nicht gegessen werden *soll* variiert erheblich. Eine Speise, die für manche eine besondere Delikatesse darstellt, ist für andere höchst verabscheuungswürdig. Teils wird ein und dasselbe Lebensmittel aus unterschiedlichen Gründen, teils werden aus demselben Grund ganz verschiedene Lebensmittel verboten. Die Gründe hierfür liegen wesentlich im jeweiligen *Nahrungsmittelregime*. Dieser Begriff umfasst nicht nur die Lebensmittel, die in einem System konsumiert werden, sondern er bezieht auch die Bedingungen mit ein, unter denen sie produziert werden. Er berücksichtigt außerdem die gesellschaftliche Stellung desjenigen, der sich auf eine solche Weise ernährt. Ein Nahrungsmittelregime beschreibt also das komplexe Zusammenspiel verschiedener Faktoren, die alle darüber mitbestimmen, was (nicht) gegessen wird. Zugleich kommt über das Wort *Regime* zum Ausdruck, dass es sich dabei weder um etwas Zufälliges noch Natürliches handelt, sondern vorgängige Entscheidungen die Ernährung lenken.

Eine Typologie des Verzichts

Um Ordnung in die Vielzahl der Nahrungsverbote zu bringen, schlagen wir eine Systematik vor, die im Wesentlichen darauf basiert, worauf ein Verbot abzielt. Es kann sich beziehen auf

1. das Individuum, das etwas nicht essen soll,
2. die Speise, die nicht gegessen werden soll,
3. diejenigen, die gemeinsam etwas nicht essen sollen oder
4. die Instanz, die verbietet etwas zu essen.

---

1 Steffelbauer, Ilja, 2021, Fleisch. Weshalb es die Gesellschaft spaltet. Brandstätter Verlag: Wien, 69.

Speiseregeln und Essensverbote nehmen damit eine Verhältnisbestimmung vor: 1. zum Esser, 2. zum Gegessenen, 3. zur Mahlgemeinschaft, 4. zur Geltung der Regel.

In die erste Kategorie fallen beispielweise Fitness- und Gesundheitsdiäten sowie alle Ernährungsweisen, die vorrangig der Selbsttransformation dienen. Fitnessdiäten sind unmittelbar einsichtig und bekannt aus Tutorials, Zeitschriften und der Ratgeberliteratur. Low carb, low fat, Trennkost, makrobiotisch, biodynamische Nahrungsmittel gemäß anthroposophischen Prinzipien der kosmischen Rhythmen, pestizidfreie Biokost, Paläodiät wegen der Nähe zu menschlichen Frühformen etc. Diäten im eigentlichen und engeren Sinne sind ärztlichen Verordnungen, bestimmte Nahrungsmittel präventiv zu reduzieren (Salz, Cholesterin, Allergene) oder als Folge von Erkrankungen zu meiden (Diabetesdiät). All diese Verzichtspraktiken sind auf die eigene Gesundheit bezogen und lassen sich als *egozentrische Diäten* zusammenfassen. Selbst wenn es um die Abstimmung und Harmonie mit kosmischen Prinzipien geht, so ist doch das individuelle Selbst der zentrale Ansatzpunkt.

Der zweiten Kategorie können tier- und pflanzenethischen Diäten wie Vegetarismus, Veganismus und Frutarismus zugeordnet werden, sofern die Verzichtsanweisungen nicht auf die eigene Gesundheit, sondern auf das Wohl anderer Lebewesen zielen: kein Fleisch aus Massentierhaltung (Tierwohl-ethisch); kein Fleisch von jungen Tieren (Lamm, Ferkel, Kalb), die ihr Leben noch vor sich hätten; überhaupt kein Fleisch von Tieren, weil diese nicht getötet werden sollen (Vegetarismus); keine Tierprodukte wie Milch und Honig, weil Tiere nicht ausgebeutet werden sollen (Veganismus); keine pflanzlichen Nahrungsmittel, deren Ernte die Pflanze schädigt (Frutarismus). Mit diesen Verzichtsformen sind sozialethische Diäten verwandt, bei denen es nicht nur um das Lebensmittel, sondern auch um dessen Produktionsbedingungen geht: kein Kaffee aus ausbeuterischen Verhältnissen (fair, Eine-Welt); keine Nahrungsmittel mit hohem CO_2-Abdruck; keine ausländischen Produkte, um die heimische Wirtschaft zu stärken (z. B. America first). Das Verbindende der *ethischen Diäten* liegt darin, dass die Adressaten, denen der Verzicht zugutekommen soll, sich jenseits der individuellen und familialen Interessen befinden.

Die dritte Kategorie umfasst im Wesentlichen *kulturelle Diäten*. Sie folgen weniger expliziten Gründen, sondern stammen aus gemeinschaftlicher Sitte, wonach etwas selbstverständlich gegessen bzw. gemieden wird. Jeder erlernt diese Regeln in einem Sozialisationsprozess gleichsam wie eine Muttersprache. Was von ihr ausgeschlossen bleibt, wird als nicht essbar, als unmittelbar schädlich oder ekelerregend angesehen: in Deutschland betrifft dies z. B. den Verzehr von Hunden oder Katzen, da sie als Haustiere gehalten werden; in Japan werden keine Vierbeiner gegessen; in den Philippinen wird fast alles gegessen (auch Hunde, Ameiseneier, Schlangen), aber auf keinen Fall braun-matschige Bananen. Nur in Ausnahmefällen werden die Verzichte in gesatzte Regeln gefasst wie z. B. das Verbot von Insekten in der EU, das erst kürzlich novelliert wurde.

Viele dieser Regeln werden gern auf lokale Produktionsbedingungen zurückgeführt, die es ermöglichen ein Lebensmittel in einer bestimmten Region und Gemeinschaft herzustellen und verfügbar zu halten. Im interkulturellen Vergleich erscheinen die meisten Regeln jedoch als reine Geschmacksurteile und der Ausschluss bestimmter Speisen willkürlich. Jedoch haben soziologische Studien ergeben, dass diese Regeln eine wichtige Funktion erfüllen, da sie wesentlich zur Identitätsbildung einer Gruppe beitragen. Sie regeln, wer dazu gehört und wer nicht, indem sie die Tischgemeinschaft mit den einen ermöglichen, während sie andere ausschließen. Essen verbindet bzw. trennt.

Das Paradebeispiel für die vierte Kategorie bilden schließlich *religiöse Diäten*. Sie sind nicht nur gesellschaftliche Konventionen, sondern folgen klar gesatzten Ge- und Verboten, die von einer transzendenten Autorität erlassen wurden. Sie zu beachten, entscheidet wesentlich über die Beziehung zu dieser Autorität: Ist jemand ihr treu ergeben oder von ihr abgefallen? Zwar können für Verbote von Alkohol, Schweinefleisch, Blut etc. im Einzelfall auch Gründe aus den anderen drei Kategorien gefunden werden, doch ist ihr primäres Ziel weder das eigene Wohlergehen, noch ein Gemeinwohl, sondern die Erfüllung einer Pflicht. Nicht jede „Regel" gilt dabei apodiktisch, es gibt auch weiche Regeln. Zum Beispiel ernähren sich Buddhisten üblicherweise vegetarisch, in Tibet hingegen, wo fast nur Gras wächst, leben die Mönche von Rinderprodukten. Die richtige Auslegung der Regeln unter den gegebenen Umständen ist dabei entscheidend. Es bedarf also nicht nur eines Verbots, sondern auch noch eines Interpretationssystems.

Die vier Kategorien – egozentrisch, sozialethisch, kulturell, religiös – sind als Idealtypen im Sinne Max Webers zu verstehen. Sie dienen als heuristisches Instrument, um jeweils zentrale Elemente und Funktionen einer Verzichtspraktik zu erfassen. Wie bei jeder guten Typologie treffen in der Realität meist mehrere Aspekte auf eine Diät zu. Dies weist darauf hin, dass über das Essen bzw. das Nicht-Essen ein komplexes sozioökonomisches Gefüge stabilisiert wird. Gerade auch die Einführung neuer Essensregeln, seien sie positiv oder negativ, steht unter einem besonderen Begründungsdruck. Oft werden Argumente aus den verschiedenen Kategorien herangezogen, um überzeugend wirken zu können. Das Beispiel des Insektenessens belegt dies in diesem Band. Ist eine Regel dagegen einmal als Praxis etabliert, lässt sich schon nach kurzer Zeit kaum noch feststellen, was zu ihrer Einführung geführt hat. Essenpraktiken sind bemerkenswert hartnäckige Gewohnheiten, während die Bedeutung, die ihnen zugeschreiben wird, sich über die Zeit entschieden wandeln kann. Dies wird gerade in Bezug auf jüdische und muslimische Speisegebote gezeigt werden.

Der vorliegende Band richtet seine Aufmerksamkeit beispielhaft auf verschiedene Essensentscheidungen und Verzichtspraktiken. Er ist in drei Teile gegliedert. Der erste Teil „Warum wir nicht essen, was wir nicht essen" umfasst die Beiträge der interdisziplinären Tagung „To Eat or Not to Eat", die am 3. und 4. November 2022 an der Universität Potsdam vom „Forum Religionen im Kontext" ausgerichtet wurde. Hier wird aus verschiedenen Perspektiven untersucht, wie Essensentscheidungen zustande kommen, welche Funktion und Motivation ein Nahrungsverzicht haben kann und wie Verzichtsregeln in den Religionen Judentum und Islam konkret ausgestaltet sind. Im zweiten Teil „Heiliges Essen" zeigen Fotografien wie in Judentum, Christentum und Islam die Entscheidung für ein ganz bestimmtes Essen als Ritual Form annimmt. Im dritten Teil „Gemeinsam essen" geht es um die praktische Umsetzung von Nahrungsverzicht. Dieser gestaltet sich als besondere Herausforderung an Orten, wo Menschen zusammenkommen, die verschiedene Essensregeln befolgen. Deshalb haben wir im Rahmen der Tagung verschiedene Verzichtsregeln in der Mensa am Neuen Palais auf ihre Kantinentauglichkeit erprobt und eine Woche lang täglich eine andere Diät angeboten. Zudem werden einige Tipps gegeben, wie ein gemeinsames Essen mit Personen gestaltet werden kann, die religiös motivierte Essensregeln befolgen.

Danksagung

Wir danken der „Vernetzungs- und Kompetenzstelle Open Access" des Landes Brandenburg, die über den Publikationsfonds das Buch unkompliziert finanziert hat. Unser Dank gilt außerdem allen Mitarbeitenden am „Forum Religionen im Kontext", die an der Vorbereitung und Durchführung der Tagung „To Eat or Not to Eat" mitgewirkt haben, besonders Lukas Struß, der uns darüber hinaus auch bei der Redaktion der Texte und dem Layout des Buches unterstützt hat. Bedanken möchten wir uns auch beim Team der Mensa am Neuen Palais des Studentenwerks Potsdam, dass sie sich auf das Experiment eingelassen haben, die theoretisch diskutierten Diäten praktisch umzusetzen. Wir danken dem Verein „Neues Potsdamer Toleranzedikt e. V." dafür, dass er uns die eindrücklichen Bilder zur Verfügung gestellt hat, die ursprünglich für den „Interreligiösen Kalender für das Land Brandenburg" 2018 zum Thema „Heiliges Mahl" aufgenommen wurden. Nicht zuletzt gilt unser Dank der Islamischen Akademie Berlin, dem House of One und dem Institut für Jüdische Theologie für die kollegialen Kooperationen.

I. Warum wir nicht essen, was wir nicht essen

Um die Frage des Verzichts beantworten zu können, muss geklärt werden, wie es überhaupt zu einer Entscheidung für oder gegen das Essen kommt. Wir alle müssen essen, um zu überleben. Aber woher wissen wir, wann wir etwas essen müssen und wann nicht? Diese Frage untersucht *Rahel N. Lippert* in ihrem Beitrag „Das Gehirn: Wie ein Organ unsere Entscheidung zu essen steuert" unter physiologischen Gesichtspunkten. Sie zeichnet den Weg der Signalketten im menschlichen Körper nach, die zum Ziel haben, das Gleichgewicht zwischen zugefügter und abgegebener Energie stabil zu halten. Sie zeigt, dass es nicht nur *ein* sog. Hungerhormon gibt, sondern dass ein sehr komplexes Zusammenspiel aus verschiedenen Botenstoffen dafür verantwortlich ist, eine Essensentscheidung auszulösen. An vielen Stellen finden zudem Wechselwirkungen mit anderen physiologischen Reaktionen wie Stress oder Belohnung statt. Essen dient ganz wesentlich dazu, dem Körper die benötigte Energie zuzuführen, dies ist aber nicht der einzige entscheidende Faktor. Außerdem ist damit noch wenig darüber ausgesagt, *was* gegessen wird, schließlich kann der Energiebedarf durch viele verschiedene Lebensmittel gedeckt werden.

„Woher wir wissen, was (noch) als essbar gilt?" beantwortet *Tina Bartelmeß* unter einer ernährungssoziologischen Perspektive. Sie erläutert die verschiedenen Phasen, in denen der Mensch lernt, was er wie und wozu essen kann und was nicht. Was sind Grundnahrungsmittel, was Nahrungsmittel, die bestimmte gesundheitsförderliche Eigenschaften haben, und was Nahrungsmittel, die besonderen Anlässen vorbehalten sind? Sie geht dabei besonders auf die Rolle von Sozialisationsagenten_innen in den unterschiedlichen Phasen ein und erläutert, welchen Einfluss die sozialen Medien auf die Ernährungssoziologie jüngst nehmen. Sie zeigt, wie etwa auf Instagram exotische Lebensmittel als „Superfoods" Karriere machen, während andere altbewährte als „No-Go-Foods" ausgeschlossen werden.

Obwohl sich der hiesige Speiseplan nicht zuletzt durch die neuen Medien erheblich diversifiziert hat, werden weiterhin bestimmte Lebensmittel kaum konsumiert. Dies betrifft zum Beispiel Insekten. Viele Menschen in Europa schrecken davor zurück, sie auf ihren Speiseplan zu setzen, obwohl ihnen bekannt ist, dass etliche Insektenarten grundsätzlich essbar sind und sich in anderen Teilen der Welt großer Beliebtheit erfreuen. *Florian Schweigert* stellt in seinem Beitrag „Hässlich aber gut" heraus, dass auch in Europa bis ins letzte Jahrhundert hinein Insekten gegessen wurden. Er rekonstruiert, wodurch der aktuelle Ekel vor ihnen verursacht wurde und zeigt Wege auf, wie und warum Insekten wieder gegessen werden sollten.

Eine Gesellschaft schließt nicht nur hartnäckig bestimmte Lebensmittel vom Verzehr aus, sie bringt auch immer wieder Personen hervor, die Nahrungsverzicht in herausgehobener Weise praktizieren. Diesem Phänomen geht *Bernadett Bigalke* in ihrem Beitrag „Essen oder nicht essen? Handlungsfelder radikaler Nahrungsabstinenz im 19. und 20. Jahrhundert“ nach. Sie untersucht die Funktionen von und Motivationen für kompletten oder zeitweiligen radikalen Nahrungsverzicht anhand von vier Beispielgruppen. Diese sind die Nahrungslosigkeit als religiöse Praxis in katholischen Milieus, den medizinischen Diskurs, der als Ergebnis die Krankheitskategorie „Anorexie“ hervorbringt, das temporäre Extremfasten in der Athletikszene und die sog. Hungerkünstler in der Unterhaltungsbranche.

Je nach Gesellschaft werden unterschiedliche Nahrungsmittel ausgeschlossen. Zudem sind es auch innerhalb einer Gesellschaft verschiedene Personengruppen, die sich durch ihre radikale Abstinenz auszeichnen. Gibt es nicht aber doch *eine* mögliche Nahrungsquelle, auf die *alle* Menschen verzichten? Die Vermutung liegt nahe, dass dies der Kannibalismus sein könnte, dass Menschen also grundsätzlich darauf verzichten, andere Menschen, d. h. Wesen derselben Art zu essen. Auch hier zeigen sich jedoch erhebliche Unterschiede, wer in die Kategorie „Wesen derselben Art“ eingeschlossen wird und daher nicht gegessen werden darf. *Ulrike Kollodzeiski* zeigt in ihrem Beitrag „Keine Seele von euch soll Blut essen!“ am Beispiel der jüdisch-christlich-islamischen Tradition des Blutverbots, dass dies auch Tiere betrifft.

In seinem Beitrag „Kaschrut“ gibt *Daniel Krochmalnik* einen Einblick in die komplexen jüdischen Vorschriften, die darüber entscheiden, ob und wie etwas zum Verzehr geeignet ist. Da es sich hierbei um eine Wissenschaft für sich handelt, können hier nur einige Grundlinien der Gebote und der Umgang mit ihnen herausgearbeitet werden. Da sich diese auch historisch gewandelt haben, zeichnet Krochmalnik ihre religionsgeschichtliche Entwicklung nach. Dabei geht er besonders auf die Koscherliste in Lev 11 ein und vertritt die These, dass die Kaschrut ursprünglich als universalistisches Ernährungsprogramm angelegt war, das sich an alle Menschen gerichtet und einen starken Bezug zur gesamten Schöpfungsordnung hat.

Kadir Sanci und *Arhan Kardas* gehen in ihrem Beitrag „Die islamische Speiseordnung – Alles *ḥalāl* oder *ḥarām*?“ verwandten Fragen nach. Sie erläutern die verschiedenen Rechtsauffassungen in Bezug auf Fleisch und Alkohol und zeichnen deren Entwicklung im Koran nach. Im Anschluss daran gehen sie auf die Vielfalt der ḥalāl-Zertifikate ein, die in Deutschland Orientierung in der Lebensmittelwahl bieten, aber auch vor Entscheidungsprobleme stellen. Um diese zu lösen, schlagen die beiden Autoren einige Kriterien für ein aussagekräftiges ḥalāl-Zertifikat vor.

Das Gehirn. Wie ein Organ unsere Essensentscheidung steuert

Die physiologische Kontrolle des Essverhaltens verstehen

Rachel N. Lippert

Warum essen wir, was wir essen?

Essen ist ein wesentlicher Teil der menschlichen Erfahrung. Speisen dienen nicht nur der Ernährung, sondern sind auch ein kultureller, sozialer und psychologischer Aspekt unseres Lebens. Unsere Ernährungsgewohnheiten können zudem einen erheblichen Einfluss auf unsere Gesundheit und unser Wohlbefinden haben und sich positiv und negativ auf unseren körperlichen, geistigen und emotionalen Zustand auswirken. In ihrer elementarsten Form ist die Nahrungsaufnahme jedoch ein physiologisches Grundbedürfnis, das für unser Überleben unbedingt erforderlich ist. Dies wirft die grundlegende Frage auf: Warum essen wir überhaupt? Im Folgenden soll es um die physiologischen Dynamiken gehen, die unser Essverhalten regulieren. Wenn wir die körpereigenen Prozesse besser verstehen, die unsere Entscheidung zu essen steuern, dann kann dies auch einen Beitrag leisten zur Entwicklung wirksamer Strategien zur Förderung gesunder Ernährungsgewohnheiten und zur Vorbeugung bzw. Behandlung ernährungsbedingter Krankheiten.

Physiologisch gesehen gibt es viele Faktoren, die unser Verhalten bei der Nahrungsaufnahme bestimmen und damit letztlich unsere Energiebilanz steuern. Jeder dieser Faktoren kommt in der so genannten Sättigungskaskade zum Tragen.[1] Dazu gehören kognitive, sensorische und absorptive Signale, die den Zeitpunkt der Mahlzeiten regulieren, sowie den Prozess der Sättigung und die Aufrechterhaltung des Sättigungsgefühls.[2] Einer dieser Mechanismen kann durch die Aktivierung von Mechanorezeptoren im Magen ausgelöst werden. Diese Rezeptoren spüren den Druck, der durch die Nahrung im Magen entsteht, und senden ein Signal an den Körper, um ihm mitzuteilen, dass eine Mahlzeit eingenommen wurde.[3]

Mechanische Aspekte sind die grundlegendsten Kontrollfaktoren im Netzwerk der Regulierung der Nahrungsaufnahme, aber es gibt noch viele weitere komplexe Ebenen. Zu den Schlüsselfaktoren gehören beispielsweise der Blutzuckerspiegel oder die Wirkung von peripheren Hormonen, die von Organen wie der Leber oder dem Darm ausgeschüttet werden. Diese peripheren Signale können

---

1 Blundell et al. 2010.
2 Ebd. Bilman/van Trijp 2017.
3 Bai et al. 2019.

komplexe Auswirkungen im Körper haben. So gibt es beispielsweise bestimmte Hormone, die von verschiedenen Organen in der Peripherie ausgeschüttet werden und unser Verhalten bei der Nahrungsaufnahme stimulieren oder hemmen können. Ghrelin, das so genannte Hungerhormon, wird vom Magen ausgeschüttet.[4] Kurz vor dem Essen steigt der Ghrelin-Hormonspiegel an und kann das Hungergefühl anregen. Es ist das einzige bisher bekannte Hormon, das unser Hungergefühl direkt anregen kann. Ein weiteres Hormon, das Leptin, wird von den Fettzellen unseres Körpers ausgeschüttet.[5] Je mehr Fett unser Körper speichert, desto höher ist der Leptinspiegel in unserem Blut. Das Hormon dient als langfristiger Indikator für die Verfügbarkeit von Energie. Wenn der Leptinspiegel extrem niedrig ist, kann dies zu einem Hungergefühl und Heißhungerattacken führen. Die Frage ist, wie genau führen eigentlich diese Peptide zu just diesen Veränderungen in unserem Essverhalten?

Wenn wir uns weiter mit diesen peripheren Signalen beschäftigen, die an der Nahrungsaufnahme und dem Energiegleichgewicht beteiligt sind, werden viele weitere Hormone relevant, die vom Verdauungssystem und insbesondere vom Darm ausgeschüttet werden. Hormone wie Cholecystokinin (CCK) und Peptid YY (PYY) werden von bestimmten Zelltypen im Darm als Reaktion auf die Nahrungsaufnahme ausgeschüttet und als Sättigungssignale bezeichnet.[6] Diese Hormone signalisieren dem Gehirn, die Nahrungsaufnahme zu verringern und den Stoffwechsel anzuregen.

Eines der klassischen Hormone, das in Bezug auf die Steuerung des Energiehaushaltes bisher untersucht wurde, ist das Insulin. Es ist den meisten Menschen bekannt, dass es bei der Aufrechterhaltung des Blutzuckerspiegels eine Rolle spielt und bei Funktionsstörungen mit Diabetes in Zusammenhang steht. Das 1921 entdeckte Insulin wird von den Betazellen freigesetzt, einer Untergruppe von Zellen in der Bauchspeicheldrüse.[7] Die Freisetzung von Insulin erfolgt als Reaktion auf Niveaus des zirkulierenden Blutzuckerspiegels. Das Hormon kann Gewebe aktivieren, mehr Glukose zur Speicherung aufzunehmen.

All diese peripheren Faktoren und viele weitere, die hier nicht behandelt werden, laufen letztlich auf die Kontrolle der Energieaufnahme und des Energieverbrauchs hinaus. Dieses Gleichgewicht wird als Energiehomöostase bezeichnet, d.h. die Aufrechterhaltung eines stabilen Körpergewichts über die Zeit. Wenn die Energiezufuhr den Energieverbrauch übersteigt, speichert der Körper die überschüssige Energie als Fett, was letztlich zu Gewichtszunahme führt. Übersteigt dagegen der Energieverbrauch die Energieaufnahme, verbrennt der Körper das gespeicherte Fett zur Energiefreisetzung, was zu Gewichtsabnahme führt. Wo aber wirken diese Hormone und peripheren Signale im Körper, um solche Veränderungen in unserem Essverhalten und Stoffwechsel zu bewirken? Letztlich

---

4 Tschop/Smiley/Heiman 2000. Kojima et al. 1999.
5 Friedman 2016.
6 Chaudhri/Small/Bloom 2006.
7 Banting/Best/Collip/Campbell/Fletcher 1922.

muss jeder dieser Faktoren, die auf die Nahrungsaufnahme oder den Energiestatus reagieren, das wichtigste Erfolgsorgan erreichen, das Gehirn.

Wie die peripheren Signale in das zentrale Nervensystem gelangen

Um im zentralen Nervensystem eine Wirkung zu entfalten, müssen die peripheren Signale in den Blutkreislauf gelangen und schließlich Zugang zu den Neuronen im Gehirn erhalten. Das Gehirn ist jedoch durch die Blut-Hirn-Schranke (BHS) geschützt. Die BHS ist eine spezielle Struktur, die das zirkulierende Blut vom Gehirn trennt und es so vor potenziell schädlichen Stoffen aus der peripheren Blutversorgung schützt.[8] Diese selektive Barriere besteht aus Endothelzellen, die durch enge Verbindungsstellen dicht miteinander verbunden sind, sowie aus spezialisierten Zellen, den Astrozyten und Perizyten, die zusätzliche Unterstützung und Regulierung bieten. Diese Gesamtoberfläche der BHS kontrolliert genau den Übergang von Molekülen und Nährstoffen in das und aus dem Gehirn, einschließlich derjenigen, die an der Regulierung der Energiehomöostase beteiligt sind. Entlang der Mikrogefäße des Gehirns gibt es nur wenige Stellen, an denen Signale aus der Peripherie in das Gehirn gelangen können. Die Stellen, an denen man annimmt, dass die BHS durchlässiger oder „undichter" ist, befinden sich in so genannten zirkumventrikulären Organen oder in Regionen in der Nähe der Hirnventrikel, d.h. mit Liquor gefüllte Hohlräume im Inneren des Gehirns, die für periphere Signale durchlässiger sind.[9]

Eine dieser spezialisierten Strukturen, die so genannte Eminentia mediana (ME), befindet sich an der Basis des Hypothalamus (siehe Abb. 1), einer Region in der Mitte des Gehirns, die bei allen tierische Lebewesen stark konserviert ist.[10] Die ME besitzt keine vollständig ausgebildete BHS und ermöglicht daher den Durchgang von Molekülen und Hormonen in das und aus dem Gehirn, was einen Interaktionspunkt zwischen der Peripherie und dem Gehirn darstellt.[11] Angesichts dieses Zugangs von peripheren Hormonen und Faktoren zum Gehirn gilt der Hypothalamus als die Region im Gehirn, welche die Energiehomöostase steuert. Das bedeutet, dass jedes periphere Signal, welches das Ernährungsverhalten und den Stoffwechsel verändern soll, über den Hypothalamus wirken muss, um diese Effekte zu entfalten.

Die ME spielt eine entscheidende Rolle bei der Regulierung der Energiehomöostase, indem sie den bereits erwähnten peripheren Signalen (d.h. Leptin, Insulin, Ghrelin und Glukose) Zugang zum Hypothalamus ermöglicht und die Aktivität der am Energiehaushalt beteiligten Neuronen beeinflusst.[12] Interessanterweise spielen die ME und darüber hinaus der Hypothalamus auch eine Rolle

---

8 Dyrna/Hanske/Krueger/Bechmann 2013.
9 Kiecker 2018.
10 Reichlin 1966. Korf/Moller 2021.
11 Romano et al. 2023.
12 Ebd. Morita-Takemura/Wanaka 2019.

bei der Regulierung der Hypothalamus-Hypophysen-Nebennieren-Achse (HPA), die an der Reaktion auf Stress beteiligt ist. Die ME ermöglicht den Transport des Corticotropin-Releasing-Hormons (CRH) vom Hypothalamus zur Hypophyse, wo es die Freisetzung des adrenocorticotropen Hormons (ACTH) und schließlich die Freisetzung von Glucocorticoiden aus der Nebenniere stimuliert.[13] Diese Interaktion mit der Stressreaktion wird hier zwar nicht erörtert, kann aber auch einen Faktor für das Verhalten bei der Nahrungsaufnahme darstellen. Umweltbedingte Stressoren oder Belohnungen verleihen unserem Essverhalten eine zusätzliche Komplexität, gehen aber über das Ziel dieses Beitrags hinaus, die Steuerung der Nahrungsaufnahme im Allgemeinen zu verstehen. Dieses Thema ist jedoch faszinierend und steht im Mittelpunkt vieler Untersuchungen an Tieren und Menschen, die darauf abzielen, genau diese Wechselwirkungen zu verstehen.

Die peripheren Organe, die freigesetzten Faktoren (z. B. Hormone und Moleküle) und ihr Zugang zum zentralen Nervensystem bilden zusammen ein gut orchestriertes peripheres Netzwerk, das den ganzen Tag über zusammenarbeitet, um den Zeitpunkt der Mahlzeiten, die Wahl der Nahrungsmittel und die Nahrungsaufnahme insgesamt zu steuern. Doch wie beeinflussen diese Faktoren unseren Stoffwechsel, nachdem sie über die Blut-Hirn-Schranke ins Gehirn und in den Hypothalamus gelangt sind? Tatsächlich wurde vor vielen Jahrzehnten eine ganz bestimmte Untergruppe von Neuronen identifiziert, die auf diese Signale reagiert. Diese spezifischen Subpopulationen von Neuronen werden als Agouti-related Peptide (AgRP) und Proopiomelanocortin (POMC) Neuronen bezeichnet.

AgRP und POMC

AgRP- und POMC-Neuronen (siehe Abb. 1) sind zwei Arten von Neuronen im Hypothalamus des Gehirns, die eine entscheidende Rolle bei der Regulierung der Nahrungsaufnahme und des Energieverbrauchs spielen.[14] Sie befinden sich vor allem im medio-basalen Hypothalamus in einer Region, die als Nucleus arcuatus bekannt ist. Während AgRP-Neuronen nur im Nucleus arcuatus zu finden sind, befindet sich eine weitere Population von POMC-Neuronen auch im Hinterhirn.[15]

POMC-Neuronen sind als solche bekannt, weil sie ein Präprohormon namens Proopiomelanocortin produzieren.[16] Präprohormone sind sehr große Hormone, die durch spezifische Enzyme gespalten werden können, woraufhin eine Reihe von einzelnen Peptiden erzeugt werden, die alle verschiedene Funktionen im Körper haben. POMC selbst wird durch die Wirkung von Enzymen, den so genannten Prohormonkonvertasen, in mehrere kleineren Peptide gespalten, darunter das α-Melanozyten-stimulierendes Hormon (α-MSH), ACTH, β-Endorphin und

13 Papadimitriou/Priftis 2009.
14 Cone 2006.
15 Wang et al. 2015.
16 Anderson et al. 2016.

viele andere. Auf der anderen Seite produzieren AgRP-Neuronen AgRP. Die Freisetzung von AgRP führt zu einer erhöhten Nahrungsaufnahme und einem geringeren Energieverbrauch. Darüber hinaus produzieren AgRP-Neuronen auch Neuropeptid Y (NPY), ein starkes orexigenes (appetitanregendes) Peptid, sowie den Neurotransmitter GABA.[17]

Die Aktivität der AgRP- und POMC-Neuronen wird durch eine Vielzahl von Signalen, darunter die bereits erwähnten peripheren Hormone und Nährstoffe, streng reguliert, um die Energiehomöostase aufrechtzuerhalten. Es handelt sich um eine Art Tauziehen: Wenn eine der Neuronenpopulationen aktiv ist, ist die andere inaktiv. Das bedeutet, dass bei niedrigen Energiespeichern die AgRP-Neuronen aktiviert werden, was zu einem erhöhten Signal für Nahrungsaufnahme und einem geringeren Energieverbrauch führt, während die POMC-Neuronen gehemmt werden. AgRP-Neuronen werden durch Signale von Energiemangel aktiviert, wie z. B. Ghrelin, das Hungerhormon, und einen niedrigen Glukosespiegel. Umgekehrt werden bei hohen Energiespeichern die POMC-Neuronen durch die freigesetzten Signale der Energiezufuhr, wie Leptin, Insulin und Glukose, aktiviert, was zu einem geringeren Signal für Nahrungsaufnahme und einem höheren Energieverbrauch führt, während die AgRP-Neuronen gehemmt werden. Dieser ständige Wechsel von Aktivierung und Hemmung dieser Neuronenpopulationen führt letztlich zu Schwankungen im Verhalten bei der Nahrungsaufnahme und beim Energieverbrauch, was wiederum zur Aufrechterhaltung der Energiehomöostase über die Zeit führt.

Funktionsstörungen von AgRP- und POMC-Neuronen werden mit der Entstehung von Fettleibigkeit und Stoffwechselstörungen in Verbindung gebracht. So wird beispielsweise der Verlust von POMC-Neuronen mit Fettleibigkeit assoziiert,[18] während Mutationen im AgRP-Gen oder der Verlust von AgRP-Neuronen mit Magerkeit in Verbindung stehen können.[19] Das Verständnis der Mechanismen, durch die AgRP- und POMC-Neuronen die Nahrungsaufnahme und den Energieverbrauch regulieren, kann zur Entwicklung neuer Therapien für Fettleibigkeit und andere Stoffwechselstörungen führen. Obwohl es sich nur um zwei Neuronenpopulationen im Gehirn handelt, spielen diese eine bedeutende Rolle bei der Regulierung der Energiehomöostase. Sie funktionieren jedoch nicht unabhängig, sondern sind vielmehr Teil eines größeren Netzwerks von Proteinen, das als Melanocortin-System bezeichnet wird.

---

17 Krashes/Shah/Koda/Lowell 2013.
18 Challis et al. 2004. Kuhnen et al. 2016.
19 Wortley et al. 2005.

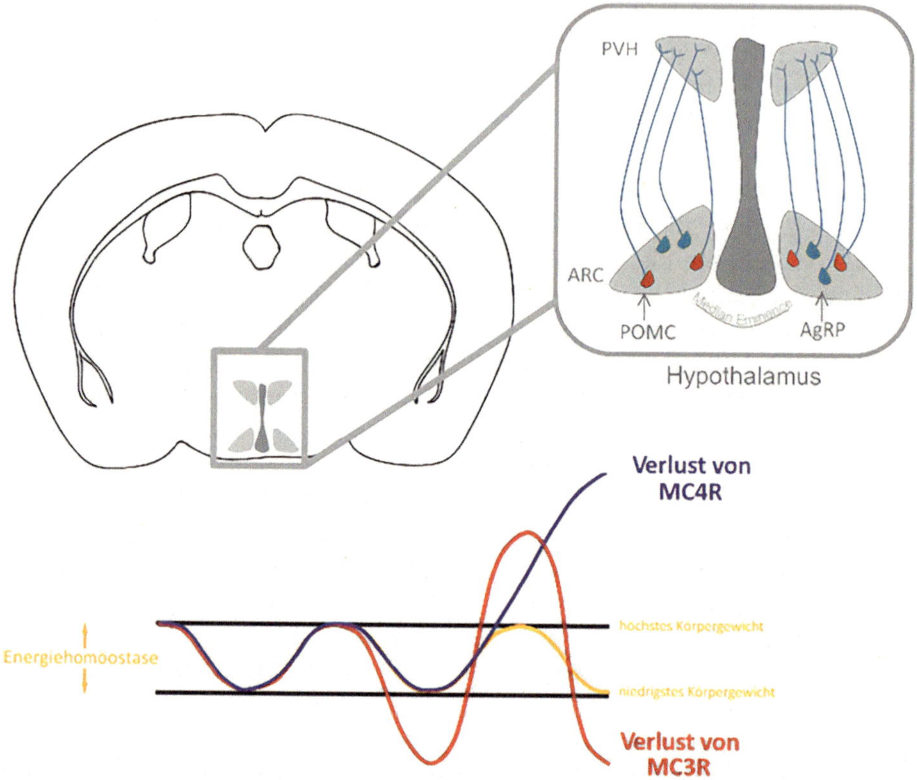

Abb. 1: Der Hypothalamus, das Melanocortin-System und die Kontrolle der Energiehomöostase

Das Melanocortin-System

Die Familie der Melanocortinrezeptoren ist eine Gruppe von G-Protein-gekoppelten Rezeptoren (GPCR), die an einer Vielzahl physiologischer Prozesse beteiligt sind, darunter Energiehomöostase, Entzündung und Sexualfunktion.[20] GPCRs sind sieben Transmembranproteine, die in der Zellmembran sitzen und auf freigesetzte Peptide an der Synapse oder im Blutkreislauf reagieren können. Es gibt fünf bekannte Mitglieder der Melanocortin-Rezeptorfamilie: MC1R, MC2R, MC3R, MC4R und MC5R.[21] In dieser Familie von Proteinen ist von zweien bekannt, dass sie überwiegend im Gehirn vorkommen. Diese beiden Rezeptoren sind MC3R und MC4R.

MC3R und MC4R spielen eine wichtige Rolle bei der Regulierung der Energiehomöostase und des Körpergewichts. Sie werden in erster Linie im Gehirn exprimiert und üben viele ihrer Funktionen in der Physiologie über dieses Organ aus; beide Rezeptoren sind jedoch auch in peripheren Geweben wie dem Fettgewebe

20 Laiho/Murray 2022.
21 Cone 2006.

und dem Magen-Darm-Trakt zu finden.[22] Beide Rezeptoren werden durch die Bindung des POMC-Derivats α-MSH aktiviert. α-MSH ist der endogene Ligand von MC3R und MC4R und kann nach der Bindung die Produktion von zyklischem AMP (cAMP) stimulieren, das dann eine Vielzahl von nachgeschalteten Signalwegen aktiviert.

MC4R gilt als der dominantere zentrale Melanocortinrezeptor, der die Energiehomöostase vermittelt.[23] Die jahrzehntelange Forschung an diesem Rezeptor hat dazu beigetragen, den häufigsten zentralen Mechanismus der Nahrungsaufnahme zu erklären. Insbesondere die Aktivierung des MC4R im Hypothalamus, in einer Region, die als paraventrikulärer Nukleus des Hypothalamus (PVH) bezeichnet wird, führt zu einem verringerten Signal zur Nahrungsaufnahme und einem erhöhten Energieaufwand. Bei Menschen und bei Tieren führen Funktionsverlustmutationen im MC4R-Gen zu einer ausgeprägten Hyperphagie, d. h. zu übermäßigem Verlangen nach Essen, und zu dramatischer, früh einsetzender Fettleibigkeit. Dies unterstreicht die entscheidende Rolle von MC4R bei der Regulierung des Körpergewichts.[24]

MC3R ist aktuell weniger gut erforscht, spielt aber ebenfalls eine Rolle bei der Regulierung der Energiehomöostase, wenngleich seine genaue Funktion nicht so gut bekannt ist wie die des MC4R.[25] Studien an Mausmodellen deuten darauf hin, dass eine MC3R-Aktivierung die Nahrungsaufnahme anregen und den Energieverbrauch senken kann, wobei die Auswirkungen möglicherweise kontextabhängig sind. In einem Tiermodell mit MC3R-Mangel führt eine Fastenkur im Vergleich zu Wildtyp-Tieren zu einem starken Gewichtsverlust und, umgekehrt, eine fettreiche Diät zu einer starken Gewichtszunahme. Dies deutet darauf hin, dass MC3R als physiologischer Widerstand fungieren kann, der als Reaktion auf bestimmte Ernährungs- und Umweltherausforderungen obere und untere Körpergewichtsgrenzen aufrechterhält (siehe Abb. 1).[26]

Das gesamte Melanocortin-System, von POMC und AgRP bis hin zu MC3R und MC4R, integriert periphere Signale und sorgt für eine verfeinerte Kontrolle des Energiehaushalts. Es sollte daher nicht überraschen, dass dieses System häufig untersucht wird, um potenzielle pharmakologische Angriffspunkte für die Entwicklung von Therapien zur Behandlung der sich immer weiter verschärfenden Adipositas-Krise in der Welt zu finden. Das gesamte Netzwerk von Energiebilanz, Nahrungsaufnahmeverhalten und Stoffwechsel ist jedoch viel komplexer als nur dieses eine System. Tatsächlich wurden innerhalb des Melanocortin-Systems eine Reihe anderer Neuropeptide und Signalmoleküle identifiziert, die nachweislich auch den Stoffwechsel und das Verhalten bei der Nahrungsaufnahme beeinflussen.

---

22 Roselli-Rehfuss et al. 1993. Liu et al. 2003. Kishi 2003.
23 Tao 2010.
24 Huszar et al. 1997. Farooqi 2000.
25 Renquist/Lippert/Sebag/Ellacott/Cone 2011.
26 Ghamari-Langroudi et al. 2018. Renquist et al. 2012.

Weitere Neurotransmitter und Neuropeptide im Nucleus arcuatus

NPY

NPY, oder Neuropeptid Y, ist ein Peptid-Neurotransmitter, der im Gehirn und in peripheren Geweben weit verbreitet ist. Er wird auch in den AgRP-Neuronen im Hypothalamus exprimiert. NPY ist auch für seine orexigene Wirkung bekannt, die den Appetit anregt und die Nahrungsaufnahme insgesamt erhöht.[27] Wenn NPY freigesetzt wird, kann es an einen der vier NPY-Rezeptoren binden, die beim Menschen Y1, Y2, Y4 und Y5 heißen (bei Mäusen sind 5 Rezeptoren vorhanden, wobei y6 der fünfte ist). Dies geschieht durch Bindung an NPY-Rezeptoren, die sich auf hypothalamischen Neuronen befinden, die den Hunger fördern und das Sättingungsgefühl verringern. Interessanterweise können die NPY-Rezeptoren auch durch das Peptid YY (PYY) und das Pankreas-Polypeptid (PP) aktiviert werden, die beide aus der Peripherie stammen. Im Gegensatz zu den Melanocortinrezeptoren führt die Bindung von NPY an den nachgeschalteten Rezeptor zu einer Hemmung der Neuronen. Die Y-Rezeptoren sind an G_i und G_o G-Proteine gekoppelt, was zu einer Hemmung der Adenylzyklase und einem daraus resultierenden Rückgang von cAMP (cyclisches Adenosinmonophosphat; second-messenger-Molekül) in der Zelle führt. Im Hypothalamus kann NPY die Aktivität der POMC-Neuronen hemmen, was wiederum zu einer erhöhten Nahrungsaufnahme führt, indem es die anorektischen Signale im Gehirn unterdrückt. Interessanterweise gilt NPY auch als angstlösendes Hormon, und der Spiegel dieses Peptids kann durch Stress beeinflusst werden, was diese stoffwechselregulierenden Systeme mit weiteren komplexen Situationen wie Stress in Verbindung bringt.

CART

CART (cocaine- and amphetamine-regulated transcript) ist ein Peptid-Neurotransmitter, von dem bekannt ist, dass er auch eine Rolle bei der Regulierung des Essverhaltens spielt.[28] Es ist bekannt, dass CART eine anorexigene Wirkungen hat, d. h. er kann den Appetit unterdrücken und die Nahrungsaufnahme verringern. Im Hypothalamus ist CART hauptsächlich in Neuronen zu finden, die das POMC-Gen exprimieren. CART und α-MSH werden von aktivierten POMC-Neuronen gemeinsam freigesetzt und aktivieren ähnliche Signalwege zur Verringerung der Nahrungsaufnahme. Interessanterweise wurde erst kürzlich ein Rezeptor identifiziert, an den CART binden kann, nämlich GPR160.[29] Angesichts dieser neuen Entdeckung können die Wirkungen von CART auf die

27 Loh/Herzog/Shi 2015.
28 Murphy 2005.
29 Yosten et al. 2020.

Nahrungsaufnahme, den Stoffwechsel sowie eine Vielzahl anderer physiologischer Prozesse genauer beschrieben werden.

Andere neuronale Systeme, die den Energiehaushalt, die Nahrungsaufnahme und die Wahl der Nahrungsmittel kontrollieren

So wie POMC- und AgRP-Neuronen selbst alternative Neuropeptide produzieren und absondern können, die ebenfalls in der Lage sind, die Nahrungsaufnahme und den Stoffwechsel zu beeinflussen, so können auch andere Neuropeptid- und Neurotransmittersysteme im Gehirn den Energiehaushalt modulieren. Von Dopamin bis hin zu Endocannabinoiden und Serotonin können diese Signale die basale Reaktion auf die Nahrungsaufnahme beeinflussen, indem sie Aspekte der Belohnung, Angst und andere emotionale und physiologische Reaktionen auf die Nahrungsaufnahme einbeziehen. Diese Ergebnisse unterstreichen die Komplexität dieser neuronalen Systeme im Gehirn und zeigen, wie eine Vielzahl anderer umweltbedingter und pharmakologischer Einflüsse den Stoffwechsel auch indirekt verändern kann.

Monogenetische Formen der Adipositas

In dem Maße, in dem jeder Schritt der Signalkaskade vom peripheren Gewebe über freigesetzte Faktoren bis hin zu Aktionen im Gehirn identifiziert wurde, haben sich neue Erkenntnisse über Krankheiten beim Menschen ergeben. Durch den Einsatz von Tiermodellen konnten viele dieser Faktoren identifiziert werden, was unsere Fortschritte bei der Übertragung und Nutzung von Grundlagenforschung auf die menschliche Gesundheit fördert.

Ein Hauptbeispiel für eine solche Entdeckung ist das Hormon Leptin, das bereits beschrieben wurde. Es wird aus den Fettspeichern im Verhältnis zu deren Menge freigesetzt und wirkt in erster Linie auf die AgRP- und POMC-Neuronen im Gehirn, um die Energiehomöostase zu beeinflussen. Das Hormon wurde erstmals aufgrund einer zufälligen Mutation in einer Tierkolonie identifiziert, die dazu führte, dass die Mäuse stark fettleibigen waren.[30] Durch zahlreiche Studien und fast 60 Jahre Arbeit wurde das Hormon charakterisiert. Korrelate beim Menschen sind auch bereits identifiziert.[31] Kinder, die eine Mutationen in diesem Hormon oder seinem Rezeptor haben, leiden an schwerer, früh einsetzender monogener Fettleibigkeit.[32] Als dieses Hormon in den 1990er Jahren isoliert wurde, glaubte man, dass es möglicherweise Fettleibigkeit heilen könnte. Tatsächlich verloren Menschen mit Mutationen im Hormon selbst nach einer Hormontherapie zur Wiederherstellung des Hormonspiegels rasch an Gewicht und stabilisierten ein

30 The Jackson Laboratory 2018.
31 Zhang et al. 1994.
32 Clement et al. 1998. Montague et al. 1997.

normales, gesundes Körpergewicht und Nahrungsaufnahmeverhalten.[33] In vielen klinischen Studien zum Einsatz des Hormons bei idiopathischer Fettleibigkeit, d. h. Fettleibigkeit ohne bekannte Ursache oder genetische Veränderung, wurde jedoch keine positive Wirkung festgestellt.[34] Dies ist auf das Auftreten einer so genannten Leptinresistenz zurückzuführen, bei der das Hormon aufgrund von Veränderungen in der physiologischen Reaktion auf das Hormon nicht mehr in der Lage ist, seine Wirkung zu entfalten.

Seit der Entdeckung von Leptin-Mutationen beim Menschen wurden weitere Mutationen entdeckt, die mit Fettleibigkeit in Verbindung stehen.[35] Mutationen im MC4R beim Menschen führen zu krankhafter Fettleibigkeit. Es handelt sich dabei um die häufigste Form der monogenen Adipositas, die bisher bekannt ist. Kürzlich wurde der erste menschliche Proband mit einem Mangel an MC3R identifiziert, was das Potenzial für ein besseres Verständnis der Physiologie dieses Rezeptors sowie für therapeutische Maßnahmen in den von Veränderungen der Rezeptorexpression und -funktion betroffenen Bevölkerungsgruppen erhöht.[36] Auf der Suche nach allen Proteinkomponenten, aus denen das Melanocortin-System besteht, hat sich gezeigt, dass auch Mutationen im POMC beim Menschen zu Fettleibigkeit führen.[37] Vor kurzem wurde ein neuartiges Therapeutikum, Setmelanotid, für diese Patientengruppe zugelassen. Es wirkt als POMC- oder genauer gesagt als alpha-MSH-Mimetikum und kann die Melanocortinrezeptoren stimulieren, um den Stoffwechsel bei Menschen mit POMC-Mangel zu stabilisieren.[38]

Einflüsse auf die Aktivität dieser Neuronen

Die Aktivität der hypothalamischen AgRP- und POMC-Neuronen sowie ihre Neuropeptidfreisetzung in nachgelagerten Hirnregionen wird stark durch den Energiezustand eines Menschen beeinflusst. Veränderungen des Energiezustands durch Fasten und Überernährung haben entgegengesetzte Auswirkungen auf diese Neuronen und ihre Neuropeptidfreisetzung.

Während des Fastens oder der Kalorienrestriktion werden die AgRP-Neuronen im Nucleus arcuatus (ARC) des Hypothalamus aktiviert, entweder aufgrund eines verringerten zirkulierenden Glukosespiegels, eines erhöhten Ghrelinspiegels oder einer Kombination aus mehreren Faktoren. Die erhöhte Aktivität führt zu einer Freisetzung von NPY und AgRP in nachgeschalteten Zielregionen, was zu einer verringerten Aktivität oder Hemmung der Neuronen führt, welche die Zielrezeptoren exprimieren. Während die anschließende Kaskade der Aktivierung des neuronalen Netzwerks noch ziemlich unbekannt ist, führt die daraus

33 DePaoli 2014. Gibson et al. 2004.
34 Heymsfield et al. 1999.
35 Farooqi et al. 2003.
36 Lam et al. 2021.
37 Farooqi/O'Rahilly 2008. Krude et al. 1998.
38 Kuhnen et al. 2016. Kuhnen/Clement 2022.

resultierende Veränderung der Aktivität dieser hypothalamischen AgRP-Neuronen letztlich zu einer erhöhten Nahrungsaufnahme und einem geringeren Energieverbrauch, da der Körper versucht, Energie zu sparen und die Homöostase aufrechtzuerhalten.

Im Gegensatz dazu werden die POMC-Neuronen im ARC bei Überernährung aktiviert. Dies ist auf einen Zufluss von Glukose zum Gehirn, auf eine Erhöhung der Darmpeptide, die das Sättigungsgefühl beeinflussen, oder auf andere physiologische Faktoren zurückzuführen, die alle zusammenwirken. Dies führt zu einem Anstieg der Freisetzung von dem α-Melanozyten-stimulierendem Hormon (α-MSH) und β-Endorphin sowie CART in nachgelagerten Gehirnregionen. Durch die Bindung an die Melanocortinrezeptoren, die Opioidrezeptoren und an GPR160 führen diese Peptide zu einer verringerten Nahrungsaufnahme und einem erhöhten Energieverbrauch in einer noch nicht gut verstandenen komplexen Kaskade der Aktivierung neuronaler Netzwerke.

Durch die Wirkung dieser neuronalen Peptide im PVH, im lateralen Hypothalamus (LH) und im ventromedialen Hypothalamus (VMH) sowie an weiteren noch zu untersuchenden Stellen im Gehirn wird die Energiehomöostase eines Organismus im Gleichgewicht gehalten.

Einflüsse auf die Entwicklung dieser Schaltkreise im Gehirn

Die Ernährung ist nicht nur in unserem Erwachsenenleben wichtig, sondern kann auch schon die frühe Entwicklung des Gehirns entscheidend mitbeeinflussen. Schon während der Schwangerschaft kann die Entwicklung des Fötus durch ungesunde Ernährung oder mangelnden Zugang zu bestimmten Speisen beeinträchtigt werden.

Mütterliche Fettleibigkeit und Schwangerschaftsdiabetes können sich sowohl während der Schwangerschaft als auch nach der Geburt negativ auf die Entwicklung des Gehirns des Babys auswirken. Die Exposition gegenüber einer überhöhten Ernährung, die durch einen erhöhten Blutzuckerspiegel, vermehrte gesättigte Fettsäuren und erhöhte Stoffwechselhormone gekennzeichnet ist, kann zu einer Reihe von makroskopischen und mikroskopischen Veränderungen des sich entwickelnden Fötus führen. Insbesondere können Kinder im großen Gestationsalter (LGA) geboren werden oder die Mütter können aufgrund des fetalen Überwachstums Geburtskomplikationen erleiden. Auf molekularer Ebene kann sich dies auch auf die Entwicklung des Gehirns des Babys auswirken und zu strukturellen und funktionellen Veränderungen führen.[39] Studien haben gezeigt, dass Säuglinge fettleibiger Mütter eine geringere Integrität der weißen Substanz und niedrigere kognitive Werte aufweisen als Säuglinge normalgewichtiger Mütter. Die mütterliche Fettleibigkeit wurde auch mit einem erhöhten Risiko für Entwicklungsstörungen wie Autismus-Spektrum-Störungen und

---

39 Rasmussen et al. 2023.

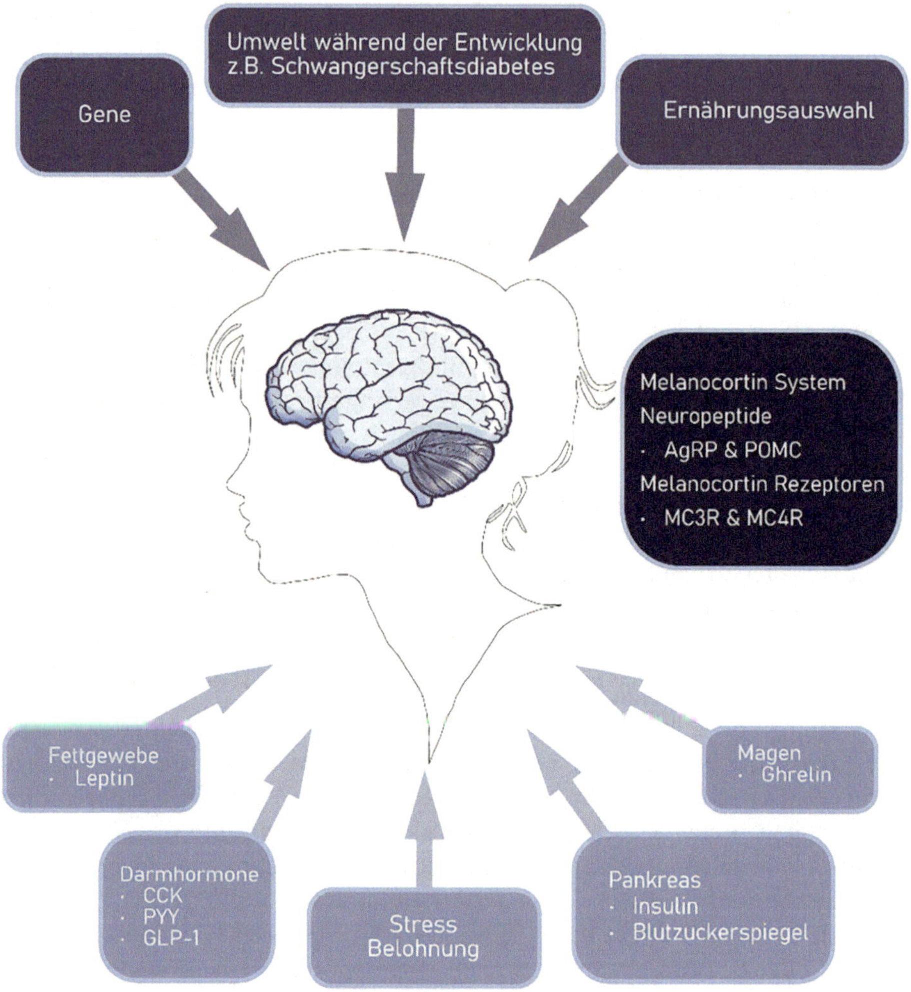

Abb. 2: Externe und interne Einflüsse auf das Essverhalten über das Melanocortin-System

Aufmerksamkeitsdefizit-/Hyperaktivitätsstörung (ADHS) bei den Nachkommen in Verbindung gebracht.[40]

Schwangerschaftsdiabetes, eine Stoffwechselerkrankung, die normalerweise im dritten Schwangerschaftsdrittel festgestellt wird, kann ebenfalls die Gehirnentwicklung des Babys beeinträchtigen.[41] Wenn bei einer Frau Schwangerschaftsdiabetes diagnostiziert wird, ist ihr Blutzuckerspiegel erhöht, welcher die Plazenta passieren und Wachstum und Entwicklung des Fötus beeinträchtigen kann. Dies ist auf eine Überproduktion von Insulin durch den sich entwickelnden Fötus

40 Rodriguez et al. 2008. Andersen/Thomsen/Nohr/Lemcke 2018. Kong/Chen/Gissler/Lavebrat 2020. Kong/Norstedt/Schalling/Gissler/Lavebratt 2018. Li et al. 2016. Lippert/Bruning 2021.

41 Kong/Norstedt/Schalling/Gissler/Lavebratt 2018. Huy/Loerbroks/Hornemann/Rohrig/Schneider 2012. Kelstrup et al. 2015.

zurückzuführen, was zu einer Stimulierung des Wachstums führt. Kinder von Müttern mit Schwangerschaftsdiabetes haben ein erhöhtes Risiko, später im Leben an Fettleibigkeit und Typ-2-Diabetes zu erkranken, was sich wiederum negativ auf die Gesundheit des Gehirns auswirken kann.

Anhand von Tiermodellen haben unabhängige Studien einen Zusammenhang zwischen der mütterlichen Ernährung und Veränderungen in den oben genannten Neurotransmittersystemen herausgefunden. Dabei handelt es sich um Veränderungen in der hypothalamischen Konnektivität der AgRP- und POMC-Neuronen sowie um Veränderungen im Serotonin- und Dopaminsystem, die ein Leben lang bestehen bleiben.[42] Diese Studien unterstreichen, wie wichtig eine gesunde Ernährung während der Schwangerschaft ist, damit die richtige Architektur des Gehirns aufgebaut werden kann, die ein normales Wachstum und gesunde Stoffwechselergebnisse bei den Nachkommen ermöglicht.

Zusammenfassung

Warum essen wir? Diese Frage stand am Beginn dieses Beitrags. Man kann festhalten, dass die zentrale Wirkung von AgRP und POMC an den einzelnen Melanocortinrezeptoren wahrscheinlich einen großen Teil unseres Essverhaltens vermittelt. Diese Prozesse wirken aber nicht allein. Auch periphere Peptide und andere Neurotransmittersysteme können unsere Reaktionen in Bezug auf die Nahrungsaufnahme feinabstimmen. Darüber hinaus kann die Art und Weise, wie diese ganzen Netzwerke ausgebildet werden und funktionieren, bereits in der frühen Entwicklung – schon im Mutterleib – verändert werden. Die physiologische Steuerung der Nahrungsaufnahme ist entsprechend einer Integration von frühen Entwicklungseinflüssen, Genetik, peripheren Signalen und letztlich der Art und Weise, wie all diese Faktoren das Gehirn beeinflussen, um uns zum Essen zu bewegen.

Bemerkenswert ist zudem, dass die Regulierung der Nahrungsaufnahme an mehreren Stellen in der Interaktion in Wechselwirkung mit physiologischen Reaktionen wie Stress und Belohnung stattfindet. Insgesamt ist die Steuerung unseres Essverhaltens durch eine hohe Komplexität und Verschaltung mit anderen Bereichen charakterisiert. Dieser Umstand erschwert es, Essentscheidungen als isolierte physiologische Prozesse zu beschreiben und lässt das Forschungsfeld für ein besseres Verständnis des Essverhaltens offen.

---

42 Vogt et al. 2014. Lippert et al. 2020. Ceasrine et al. 2022.

Bibliographie

Andersen, C. H., Thomsen, P. H., Nohr, E. A. & Lemcke, S., 2018, Maternal body mass index before pregnancy as a risk factor for ADHD and autism in children. Eur Child Adolesc Psychiatry 27, 139-148, doi:10.1007/s00787-017-1027-6.

Anderson, E. J. et al., 2016, 60 YEARS OF POMC: Regulation of feeding and energy homeostasis by alpha-MSH. J Mol Endocrinol 56, T157-174, doi:10.1530/JME-16-0014.

Bai, L. et al., 2019, Genetic Identification of Vagal Sensory Neurons That Control Feeding. Cell 179, 1129-1143 e1123, doi:10.1016/j.cell.2019.10.031.

Banting, F. G., Best, C. H., Collip, J. B., Campbell, W. R. & Fletcher, A. A., 1922, Pancreatic Extracts in the Treatment of Diabetes Mellitus. Can Med Assoc J 12, 141-146.

Bilman, E., van Kleef, E. & van Trijp, H., 2017, External cues challenging the internal appetite control system – Overview and practical implications. Crit Rev Food Sci Nutr 57, 2825-2834, doi:10.1080/10408398.2015.1073140.

Blundell, J. et al., 2010, Appetite control: methodological aspects of the evaluation of foods. Obes Rev 11, 251-270, doi:10.1111/j.1467-789X.2010.00714.x.

Ceasrine, A. M. et al., 2022, Maternal diet disrupts the placenta-brain axis in a sex-specific manner. Nat Metab 4, 1732-1745, doi:10.1038/s42255-022-00693-8.

Challis, B. G. et al., 2004, Mice lacking pro-opiomelanocortin are sensitive to high-fat feeding but respond normally to the acute anorectic effects of peptide-YY(3-36). Proc Natl Acad Sci U S A 101, 4695-4700, doi:10.1073/pnas.0306931101.

Chaudhri, O., Small, C. & Bloom, S., 2006, Gastrointestinal hormones regulating appetite. Philos Trans R Soc Lond B Biol Sci 361, 1187-1209, doi:10.1098/rstb.2006.1856.

Clement, K. et al., 1998, A mutation in the human leptin receptor gene causes obesity and pituitary dysfunction. Nature 392, 398-401, doi:10.1038/32911.

Cone, R. D., 2006, Studies on the physiological functions of the melanocortin system. Endocr Rev 27, 736-749, doi:10.1210/er.2006-0034.

DePaoli, A. M., 2014, years of leptin: leptin in common obesity and associated disorders of metabolism. J Endocrinol 223, T71-81, doi:10.1530/JOE-14-0258.

Dyrna, F., Hanske, S., Krueger, M. & Bechmann, I., 2013, The blood-brain barrier. J Neuroimmune Pharmacol 8, 763-773, doi:10.1007/s11481-013-9473-5.

Farooqi, I. S. & O'Rahilly, S., 2008, Mutations in ligands and receptors of the leptin-melanocortin pathway that lead to obesity. Nat Clin Pract Endocrinol Metab 4, 569-577, doi:10.1038/ncpendmet0966.

Farooqi, I. S. et al., 2000, Dominant and recessive inheritance of morbid obesity associated with melanocortin 4 receptor deficiency. J Clin Invest 106, 271-279, doi:10.1172/JCI9397.

Farooqi, I. S. et al., 2003, Clinical spectrum of obesity and mutations in the melanocortin 4 receptor gene. N Engl J Med 348, 1085-1095, doi:10.1056/NEJMoa022050.

Friedman, J., 2016, The long road to leptin. J Clin Invest 126, 4727-4734, doi:10.1172/JCI91578.

Ghamari-Langroudi, M. et al., 2018, Regulation of energy rheostasis by the melanocortin-3 receptor. Sci Adv 4, eaat0866, doi:10.1126/sciadv.aat0866.

Gibson, W. T. et al., 2004, Congenital leptin deficiency due to homozygosity for the Delta133G mutation: report of another case and evaluation of response to four years of leptin therapy. J Clin Endocrinol Metab 89, 4821-4826, doi:10.1210/jc.2004-0376.

Heymsfield, S. B. et al., 1999, Recombinant leptin for weight loss in obese and lean adults: a randomized, controlled, dose-escalation trial. JAMA 282, 1568-1575, doi:10.1001/jama.282.16.1568.

Huszar, D. et al., 1997, Targeted disruption of the melanocortin-4 receptor results in obesity in mice. Cell 88, 131-141, doi:10.1016/s0092-8674(00)81865-6.

Huy, C., Loerbroks, A., Hornemann, A., Rohrig, S. & Schneider, S., 2012, Prevalence, Trend and Determining Factors of Gestational Diabetes in Germany. Geburtshilfe Frauenheilkd 72, 311-315, doi:10.1055/s-0031-1298390.

Kelstrup, L. et al., 2015, Incretin and glucagon levels in adult offspring exposed to maternal diabetes in pregnancy. J Clin Endocrinol Metab 100, 1967-1975, doi:10.1210/jc.2014-3978.

Kiecker, C., 2018, The origins of the circumventricular organs. J Anat 232, 540-553, doi:10.1111/joa.12771.

Kishi, T. et al., 2003, Expression of melanocortin 4 receptor mRNA in the central nervous system of the rat. J Comp Neurol 457, 213-235, doi:10.1002/cne.10454.

Kojima, M. et al., 1999, Ghrelin is a growth-hormone-releasing acylated peptide from stomach. Nature 402, 656-660, doi:10.1038/45230.

Kong, L., Chen, X., Gissler, M. & Lavebratt, C., 2020, Relationship of prenatal maternal obesity and diabetes to offspring neurodevelopmental and psychiatric disorders: a narrative review. Int J Obes (Lond) 44, 1981-2000, doi:10.1038/s41366-020-0609-4.

Kong, L., Norstedt, G., Schalling, M., Gissler, M. & Lavebratt, C., 2018, The Risk of Offspring Psychiatric Disorders in the Setting of Maternal Obesity and Diabetes. Pediatrics 142, doi:10.1542/peds.2018-0776.

Korf, H. W. & Moller, M., 2021, Arcuate nucleus, median eminence, and hypophysial pars tuberalis. Handb Clin Neurol 180, 227-251, doi:10.1016/B978-0-12-820107-7.00015-X.

Krashes, M. J., Shah, B. P., Koda, S. & Lowell, B. B., 2013, Rapid versus delayed stimulation of feeding by the endogenously released AgRP neuron mediators GABA, NPY, and AgRP. Cell Metab 18, 588-595, doi:10.1016/j.cmet.2013.09.009.

Krude, H. et al., 1998, Severe early-onset obesity, adrenal insufficiency and red hair pigmentation caused by POMC mutations in humans. Nat Genet 19, 155-157, doi:10.1038/509.

Kuhnen, P. & Clement, K., 2022, Long-Term MC4R Agonist Treatment in POMC-Deficient Patients. N Engl J Med 387, 852-854, doi:10.1056/NEJMc2207442.

Kuhnen, P. et al., 2016, Proopiomelanocortin Deficiency Treated with a Melanocortin-4 Receptor Agonist. N Engl J Med 375, 240-246, doi:10.1056/NEJMoa1512693.

Laiho, L. & Murray, J. F., 2022, The Multifaceted Melanocortin Receptors. Endocrinology 163, doi:10.1210/endocr/bqac083.

Lam, B. Y. H. et al., 2021, MC3R links nutritional state to childhood growth and the timing of puberty. Nature 599, 436-441, doi:10.1038/s41586-021-04088-9.

Li, M. et al., 2016, The Association of Maternal Obesity and Diabetes With Autism and Other Developmental Disabilities. Pediatrics 137, e20152206, doi:10.1542/peds.2015-2206.

Lippert, R. N. & Bruning, J. C., 2021, Maternal Metabolic Programming of the Developing Central Nervous System: Unified Pathways to Metabolic and Psychiatric Disorders. Biol Psychiatry, doi:10.1016/j.biopsych.2021.06.002.

Lippert, R. N. et al., 2020, Maternal high fat diet during lactation reprograms the dopaminergic circuitry in mice. J Clin Invest.

Liu, H. et al., 2003, Transgenic mice expressing green fluorescent protein under the control of the melanocortin-4 receptor promoter. J Neurosci 23, 7143-7154.

Loh, K., Herzog, H. & Shi, Y. C., 2015, Regulation of energy homeostasis by the NPY system. Trends Endocrinol Metab 26, 125-135, doi:10.1016/j.tem.2015.01.003.

Montague, C. T. et al., 1997, Congenital leptin deficiency is associated with severe early-onset obesity in humans. Nature 387, 903-908, doi:10.1038/43185.

Morita-Takemura, S. & Wanaka, A., 2019, Blood-to-brain communication in the hypothalamus for energy intake regulation. Neurochem Int 128, 135-142, doi:10.1016/j.neuint.2019.04.007.

Murphy, K. G., 2005, Dissecting the role of cocaine- and amphetamine-regulated transcript (CART) in the control of appetite. Brief Funct Genomic Proteomic 4, 95-111, doi:10.1093/bfgp/4.2.95.

Papadimitriou, A. & Priftis, K. N., 2009, Regulation of the hypothalamic-pituitary-adrenal axis. Neuroimmunomodulation 16, 265-271, doi:10.1159/000216184.

Rasmussen, J. M. et al., 2023, Maternal pre-pregnancy body mass index is associated with newborn offspring hypothalamic mean diffusivity: a prospective dual-cohort study. BMC Med 21, 57, doi:10.1186/s12916-023-02743-8.

Reichlin, S., 1966, Functions of the median-eminence gland. N Engl J Med 275, 600-607, doi:10.1056/NEJM196609152751109.

Renquist, B. J. et al., 2012, Melanocortin-3 receptor regulates the normal fasting response. Proc Natl Acad Sci U S A 109, E1489-1498, doi:10.1073/pnas.1201994109.

Renquist, B. J., Lippert, R. N., Sebag, J. A., Ellacott, K. L. & Cone, R. D., 2011, Physiological roles of the melanocortin MC(3) receptor. Eur J Pharmacol 660, 13-20, doi:10.1016/j.ejphar.2010.12.025.

Rodriguez, A. et al., 2008, Maternal adiposity prior to pregnancy is associated with ADHD symptoms in offspring: evidence from three prospective pregnancy cohorts. Int J Obes (Lond) 32, 550-557, doi:10.1038/sj.ijo.0803741.

Romano, N. et al., 2023, Median eminence blood flow influences food intake by regulating ghrelin access to the metabolic brain. JCI Insight 8, doi:10.1172/jci.insight.165763.

Roselli-Rehfuss, L. et al., 1993, Identification of a receptor for gamma melanotropin and other proopiomelanocortin peptides in the hypothalamus and limbic system. Proc Natl Acad Sci U S A 90, 8856-8860, doi:10.1073/pnas.90.19.8856.

Tao, Y. X., 2010, The melanocortin-4 receptor: physiology, pharmacology, and pathophysiology. Endocr Rev 31, 506-543, doi:10.1210/er.2009-0037.

The Jackson Laboratory, 2018, B6.Cg-Lep^{ob}/J, https://www.jax.org/strain/000632

Tschop, M., Smiley, D. L. & Heiman, M. L., 2000, Ghrelin induces adiposity in rodents. Nature 407, 908-913, doi:10.1038/35038090.

Vogt, M. C. et al., 2014, Neonatal insulin action impairs hypothalamic neurocircuit formation in response to maternal high-fat feeding. Cell 156, 495-509, doi:10.1016/j.cell.2014.01.008.

Wang, D. et al., 2015, Whole-brain mapping of the direct inputs and axonal projections of POMC and AgRP neurons. Front Neuroanat 9, 40, doi:10.3389/fnana.2015.00040.

Wortley, K. E. et al., 2005, Agouti-related protein-deficient mice display an age-related lean phenotype. Cell Metab 2, 421-427, doi:10.1016/j.cmet.2005.11.004.

Yosten, G. L. et al., 2020, GPR160 de-orphanization reveals critical roles in neuropathic pain in rodents. J Clin Invest 130, 2587-2592, doi:10.1172/JCI133270.

Zhang, Y. et al., 1994, Positional cloning of the mouse obese gene and its human homologue. Nature 372, 425-432, doi:10.1038/372425a0.

Woher wissen wir, was (noch) als essbar gilt?

Ernährungssozialisation im gegenwärtigen Ernährungsalltag

Tina Bartelmeß

Einleitung

Die Frage danach, woher wir gegenwärtig wissen, was als essbar bzw. nicht mehr essbar gilt, bedarf einer Auseinandersetzung mit den Bestimmungsgründen und Funktionen der menschlichen Ernährung sowie der jeweiligen Fachdisziplinen, die Erklärungsmodelle für das Ernährungshandeln liefern. Aus wissenschaftlicher Perspektive konzentriert sich die Auseinandersetzung mit Essen und Essbarem vorwiegend auf die angemessene Versorgung des menschlichen Organismus mit Nährstoffen. Diese Fokussierung auf die physiologische Funktion der Ernährung ist längst Teil unserer soziokulturellen Bewertung von Nahrungsmitteln geworden.[1] Aus dieser Perspektive gilt als essbar v. a. das, was vom menschlichen Organismus metabolisiert werden kann – was also grundsätzlich den menschlichen Körper passieren kann ohne Schaden anzurichten und im besten Falle Nährstoffe liefert, die der Mensch braucht, um seine Körperfunktionen optimal aufrecht zu erhalten. Essen erfüllt aber immer auch psychologische Funktionen und ist eng verknüpft mit Emotionen und Genuss. Die Ernährung besitzt zudem eine soziale und kulturelle Dimension.[2] Soziale Funktionen der Ernährung sind bspw. die Herstellung und Affirmation von Identität und Abgrenzung durch Ernährungshandlungen sowie kommunikative Aspekte der Vergemeinschaftung durch Essen. Kulturelle Funktionen sind eng mit den Sozialen verknüpft und beinhalten bestimmte Bräuche, Wertesysteme, Ernährungsnormen und auch Tabus, die wiederum die kulturellen Identitäten von Individuen und Gruppen bestärken und verfestigen können.[3] Diese zusammengefasst als sozial zu bezeichnende Dimensionen der Ernährung bringen andere Kriterien hervor als die bloße Verdaulichkeit und Nährstoffdichte, die zur Beurteilung der Essbarkeit und Wertigkeit eines Nahrungsmittels herangezogen werden können.

Über die Ernährung nimmt der Essende nicht nur Nährstoffe auf, sondern auch psychologische sowie soziokulturelle Symbole und Bedeutungen.[4] Diese Symbole und Bedeutungen werden im Lebensverlauf im Rahmen des Ernährungssozialisationsprozesses erlernt.[5] Mit der Mediatisierung, d.h. mit der zunehmenden Ausbreitung und Nutzung elektronischer Kommunikationsmedien in

---

1 Robnik 2022, 23.
2 Prahl/Setzwein 1999, 63.
3 Barlösius 2016, 24.
4 Beardsworth/Keil 2002, 51.
5 Fieldhouse 2002, 4.

allen gesellschaftlichen Bereichen,[6] findet Ernährungssozialisation heute vermehrt virtuell und v.a. über die Nutzung von Social-Media-Plattformen statt.[7] Dieser Beitrag stellt heraus, wie die sozialen Dimensionen der Ernährung heute auf Social-Media-Plattformen vermittelt werden, wie Essen und Essbares definiert werden und so neue Sozialisationsagent_innen für das Ernährungshandeln relevant werden können.

Der Beitrag beginnt in Abschnitt 2 mit einer Einführung in den Ernährungssozialisationsprozess, den Phasen entlang des Lebensverlaufs und wesentlichen Kriterien, die während des Prozesses erlernt werden. Im Anschluss wird in Abschnitt 3 auf die gegenwärtige mediatisierte Dimension der Ernährungssozialisation eingegangen und anhand von drei ausgewählten Beispielen von Social-Media-Plattformen veranschaulicht, wie Nahrungsmittel dort als essbar bzw. nicht-essbar definiert werden. Der Beitrag schließt mit einem Fazit, indem die Frage nach der gegenwärtigen Definition von Essbarem und Nicht-Essbarem im Ernährungssozialisationsprozess kritisch resümiert wird.

Der Prozess der Ernährungssozialisation

Aus soziologischer Perspektive liefert das Konzept der Ernährungssozialisation einen Erklärungsansatz für das Ernährungshandeln und der Ausprägung von Gewohnheiten, individuellen Präferenzen und Bewertungen von Nahrungsmitteln. Im Verlauf des Lebens durchläuft der Mensch einen Ernährungssozialisationsprozess, welcher mit der Geburt beginnt und sich über das gesamte Leben fortsetzt.[8] Das Ernährungshandeln von Individuen wird in diesem Prozess soziokulturell geprägt und kann zu einem gegebenen Zeitpunkt zu einem gewissen Grad als Ergebnis dieses Prozesses angesehen werden. Nach Fieldhouse[9] gliedert sich der Ernährungssozialisationsprozess in drei Phasen – die *Primär-, Sekundär- und Resozialisation.* In jeder Phase dominieren jeweils andere Sozialisationsagent_innen. Sozialisationsagent_innen sind Personen, die aufgrund ihrer sozialen Rolle oder persönlichen Beziehung an der Sozialisation anderer beteiligt sind.[10]

Primäre Ernährungssozialisation

Die Ernährungssozialisation beginnt mit der *Primärsozialisation* ab Geburt und im frühen Kindesalter. Bei der Primärsozialisation sind als Sozialisationsagent_innen die Familie und enge Freunde relevant, mit denen in dieser Phase

6 Hepp 2020, 2.
7 Paus-Hasebrink et al. 2019, 45.
8 Beardsworth/Keil 2002, 51.
9 Fieldhouse 2002, 4.
10 Hurrelmann/Bauer 2018, 5.

überwiegend interagiert wird.[11] Diese Sozialisationsagent_innen geben aus ihrer Perspektive soziokulturell anerkannte Ernährungsverhaltensnormen und Werte weiter, indem sie diese kommunizieren und vorleben.[12] Die Überzeugungen der Sozialisationsagent_innen werden dabei besonders von der Kultur, dem Ernährungsbewusstsein, den Nahrungsmittelpräferenzen und dem sozioökonomischen Status beeinflusst.[13]

Der Säugling und das Kleinkind sind in Bezug auf ihre Ernährung von den Erwachsenen abhängig, und die Nahrung ist eines der grundlegenden Medien, über das die Einstellungen und Gefühle der Erwachsenen vermittelt werden.[14] Als Säugling geht es zunächst primär um die Befriedigung des Hungergefühls durch Nahrung. Dennoch werden auch im Fütterungsvorgang soziale Bedeutungen transportiert, wie bspw. Genuss und soziale Bindung. Es wird angenommen, dass insbesondere zwischen dem zweiten und dem fünften Lebensjahr eine kritische Periode für die Ausbildung von Nahrungsmittelpräferenzen ist und der Einfluss der Sozialisationsagent_innen in dieser Phase am prägendsten ist.[15] Bei der Entwicklung der Nahrungsmittelauswahl lernen Kinder zwischen dem Säuglings- und dem frühen Schulalter nicht nur die Nahrungsmittel kennen, die sie essen, sondern sie erlernen auch, was in ihrer Kultur als Nahrung gilt und was nicht.[16] Insbesondere bei Säuglingen und Kleinkindern muss zudem erlernt werden, sichere Nahrungsmittel aus der Fülle von potenziell essbaren Gegenständen zu erkennen.[17] Darüber hinaus wird in der frühen Kindheit erlernt, wie Nahrungsmittel kulturell klassifiziert werden, bspw. als Grundnahrungsmittel, Körperbild-Nahrungsmittel, denen bestimmte gesundheitsförderliche Eigenschaften zugeschrieben werden oder Nahrungsmittel, die besondere Anlässe markieren.[18] Neben dem, was als essbar zu identifizieren ist, wird zudem erlernt, wie Nahrungsmittel gegessen werden und wie man sich dabei verhalten sollte. So wird in der Primärsozialisation bspw. auch vermittelt, wie Nahrungsmittel zu kombinieren sind, welche Verhaltensnormen zu Tisch in einer jeweiligen Gesellschaft gelten (bspw. Tischetikette), wie und welche Werkzeuge zum Essen genutzt werden (bspw. Besteck) und wie man sich gegenüber anderen beim Essen verhält (Tischsitten).[19] Die Sozialisationsagent_innen und insbesondere die Eltern, nutzen in der Primärsozialisation eine Reihe an Strategien (sog. Ernährungserziehungspraktiken), um Kinder in gesunde Ernährungsgewohnheiten, Werte, Überzeugungen

11 Fieldhouse 2002, 4.
12 Mennell et al. 1994, 46.
13 Beardsworth/Keil 2002, 56.
14 Haines et al. 2019, 125.
15 Haines et al. 2019, 125.
16 Rozin/Vollmecke 1986, 437.
17 Mura Paroche et al. 2017, 27.
18 Fieldhouse 2002, 32.
19 Fieldhouse 1995, 3. Ochs/Shohet 2006, 36.

und Verhaltensweisen zu sozialisieren, die sowohl in ihrer unmittelbaren Familie als auch in der sie umgebenden Kultur praktiziert und akzeptiert werden.[20]

Zusammenfassend kann die Entwicklung von Nahrungsmittelpräferenzen mehr von soziokulturellen Faktoren abhängig betrachtet werden als von genetischen Faktoren.[21] In der Phase der Primärsozialisation werden die Grundlagen für die Wahl der Nahrungsmittel gelegt, und die in der Kindheit erlernten Ernährungsgewohnheiten bestehen oftmals bis ins Erwachsenenalter.[22] Das elterliche Umfeld ist in der Primärsozialisierungsphase traditionell der wichtigste Einflussfaktor, obwohl die gesellschaftlichen Veränderungen dazu führen, dass viele Kinder schon in jungen Jahren mehr Zeit außerhalb des familiären Umfelds verbringen.

Sekundäre Ernährungssozialisation

Wenn Kinder älter werden, treten sie in die Phase der sekundären Ernährungssozialisation ein und sind unterschiedlichen Erfahrungen und Sichtweisen sowie vielfältigen Einflüssen ausgesetzt. In der Phase der Sekundärsozialisation während der späten Kindheit, dem Jugendalter und der frühen Erwachsenenzeit kommen weitere Sozialisationsinstanzen und zugehörige Agent_innen dazu, wie bspw. die Schule und Klassenkamerad_innen, Religionsgemeinschaften und später dann auch das berufliche Umfeld und Arbeitskolleg_innen.[23] Zudem spielen Medien, und heute v. a. auch soziale Medien in der späten Kindheit und Jugend eine prägende Rolle in der Ernährungssozialisation.[24]

Wenn Kinder in die Grundschule kommen, treffen sie auf ein breiteres Spektrum von Essensumgebungen und Tischgesellschaften und haben eine größere Auswahl an Nahrungsmitteln als im familiären Setting. Obwohl das familiäre Umfeld nach wie vor eine wichtige Rolle spielt, ändern sich in dieser Phase die Anforderungen und Einflüsse der Sozialisation.[25] Insbesondere wenn Kinder in die Pubertät kommen, nimmt die elterliche Kontrolle ab, und die Einflüsse der Gleichaltrigengruppe werden dominanter. In dieser Phase können die Sozialisationsinstanzen und Agent_innen in Bezug auf die Frage, was und wie gegessen werden sollte, einander ergänzen oder miteinander in Konflikt geraten. So werden beispielsweise Essgewohnheiten, die zu Hause informell erlernt wurden, in der formelleren Umgebung der Schule oder im Freundeskreis entweder verstärkt oder widersprochen.[26] Dies kristallisiert sich besonders beim Zugang zu und der Bewertung von für die Gesundheit kritischen Nahrungsmitteln, wie bspw. stark

20 Beardsworth/Keil 2002, 55.
21 Rozin/Vollmecke 1986, 438.
22 Haines et al. 2019, 29.
23 Fieldhouse 2002, 5.
24 Bartelmeß 2023a. Paus-Hasebrink et al. 2019, 45.
25 Heindl et al. 2011, 192.
26 Fieldhouse 2002, 5.

zuckerhaltigen Nahrungsmitteln, durch die Kinder heraus.[27] In dieser Phase hoffen die Eltern, dass ihre Kinder familiäre Ziele und Werte übernommen haben, an denen sie sich bei der Auswahl von Nahrungsmittel und beim Essverhalten orientieren können, wenn die Kinder erwachsen werden.

Ernährungs-Resozialisation

Im Erwachsenenalter und auch im höheren Alter setzt sich die Ernährungssozialisation als sogenannte Resozialisation fort, bei der besonders Kampagnen und professionelle Akteur_innen, wie bspw. Ärzt_innen oder Berater_innen, die Rolle der Sozialisationsagent_innen einnehmen können.[28] Zusätzlich spielt heute auch in dieser Phase das digitale Umfeld und Social Media als virtuelle Interaktions- und Sozialisationsräume eine wesentliche Rolle.[29]

Im Lebensverlauf treten altersbedingte Übergänge auf, die eine Sozialisierung in eine neue soziale Rolle erfordern, wie z. B. das Erreichen des Universitätsalters, der Eintritt in das Berufsleben oder der Eintritt in den Ruhestand. Diese sozialen Rollen gehen oftmals mit anderen Verpflichtungen und Erwartungen einher, die das Individuum vor die Herausforderung stellt, seine soziale Identität immer wieder neu zu definieren. Auch die Essgewohnheiten und Vorlieben ändern sich im Laufe der Zeit entsprechend den körperlichen Bedürfnissen, aber auch in Abhängigkeit von den soziokulturellen Erwartungen. Sie werden weitgehend von Altersnormen und zeitbezogenen Regeln und Vorschriften bestimmt.[30] Viele dieser Regeln und Vorschriften darüber, was und wie man in einer bestimmten sozialen Rolle essen sollte, werden heute im digitalen Raum (re-)produziert.

Mediatisierte Ernährungssozialisation

Mit Social Media weitet sich die Ernährungssozialisation insbesondere in der sekundären und Resozialisationsphase auf den digitalen Raum aus und die Sozialisationsagent_innen und Bedeutungskonstrukteure auf diesen Plattformen sind im Gegensatz zu klassischen Instanzen und professionellen Agent_innen v. a. *Laien* und *Privatpersonen.*[31] Im Folgenden wird anhand von drei ausgewählten Beispielen von Social Media-Plattformen gezeigt, wie Definitionen angemessener Nahrungsmittel und Ernährungsweisen durch potenzielle Resozialisationsagent_innen kommunikativ vorgenommen werden.

---

27 Bartelmeß 2023.
28 Fieldhouse 2002, 5.
29 Bartelmeß/Godemann 2022, 12.
30 Beardsworth/Keil 2002, 56.
31 Bartelmeß 2021, 292.

Beispiel: Clean Eating

Clean Eating ist eine Ernährungsweise, bei der gesunde Nahrungsmittel verzehrt werden, die als rein gelten und andere Nahrungsmittel, die als unrein klassifiziert werden, aus der Ernährung ausgeschlossen werden. Basis dieser Ernährungsweise sind damit *cleane*, also *saubere* bzw. *reine* Nahrungsmittel. Um dieser Ernährungsweise zu folgen, muss bekannt sein, was *rein* bzw. *sauber* und v. a. auch, was *schmutzig* oder *unrein* in diesem Zusammenhang bedeuten. Dies wird definiert durch eine Clean-Eating-Community, die sich auf Social-Media-Plattformen durch kommunikative Prozesse bilden. Im Folgenden wird auf die Studie von Walsh und Baker[32] zurückgegriffen, um zu zeigen, wie Clean-Eating-Regeln auf der Social-Media-Plattform Instagram definiert und aufrechterhalten werden.

Bei der Betrachtung von Beiträgen zum Thema Clean Eating auf der visuell-geprägten Social-Media-Plattform Instagram ist festzustellen, dass das Verständnis von Reinheit seinen Ursprung v. a. in Fragen der Hygiene und der Ästhetik hat.[33] Oftmals werden Bilder mit Nahaufnahmen von Obst- oder Gemüse lastigen Speisen gezeigt, die *rohe* Zutaten in ihrer *ganzen, unverarbeiteten* Form darstellen. Die Sauberkeit der Nahrungsmittel wird zudem meist unterlegt durch die Verwendung von Hashtags, die die Bilder in der Bildunterschrift der Beiträge begleiten (z. B. #cleaneating, #healthyeats, #vegan, #healthy, #diet). In den Kommentaren werden die Betrachter der Clean Eating-Bilder meist darauf hingewiesen, dass diese Ernährungsweise gesund sei und die Ausrichtung der individuellen Ernährung nach diesen Prinzipien gesundheitlich zuträglich wäre. Bilder und Texte projizieren damit gemeinsam eine Ethik der gesunden Ernährung,[34] in der eine Art von Gesundheitsbewusstsein suggeriert wird, in der v. a. die individuelle Verantwortung die Quelle des Wohlbefindens ist. Diese Logik der persönlichen Verantwortung unterstreicht das von der Community als selbstverständlich angenommene Streben nach einer gesunden Lebensweise, die den Verzehr *cleaner* Nahrungsmittel einschließt.

Die Anhänger_innen dieser Ernährungsweise halten diese Moral und die spezifischen Reinheitswerte der Clean-Eating-Community aufrecht, indem sie Beiträge liken, unterstützend kommentieren und v. a. auch immer ihren gemeinsamen Glauben an unreine Nahrungsmittel und der damit einhergehenden Essregeln durch diese Praktiken zum Ausdruck bringen.[35]

Beispiel: Superfoods

Superfoods sind Nahrungsmittel, die in Fieldhouses Klassifikationssystem den sogenannten Körperbild-Nahrungsmitteln zugeordnet werden können. Ihnen

32 Walsh/Baker 2020.
33 Walsh/Baker 2020, 7.
34 Walsh/Baker 2020, 9.
35 Walsh/Baker 2020, 8.

wird nachgesagt, dass ihr Konsum spezifische gesundheitsförderliche und wohltuende Wirkungen zur Folge hat.[36] Ihre Erscheinung und Definition werden v. a. durch die Kommunikation auf Social Media-Plattformen befördert.[37] Ein Beispiel ist die Avocado, die sich in unseren Kulturkreisen in der letzten Dekade als Superfood in das vorherrechende Klassifikationssystem eingereiht hat. In diesen Instagram-Beiträgen (https://www.instagram.com/p/Cll7o3lMgcj/ und https://www.instagram.com/p/CnpYFFSPhIm/) und in entsprechenden ähnlichen Beiträgen auf Social-Media-Plattformen werden häufig die gesundheitlichen Vorteile des Avocadokonsums in den Vordergrund gerückt ohne dabei auf autorisierende Quellen, wie bspw. Wissenschaftler_innen und evidenzbasierte Erkenntnisse, zu verweisen. Betont werden in den Beiträgen v. a. die Nährstoffdichte von Avocados. Daneben werden ihnen Eigenschaften, wie die Unterstützung der Gewichtsreduktion im Rahmen einer Diät oder sogar präventiv-kanzerogene Wirkung zugeschrieben. Das Nahrungsmittel Avocado wird damit nicht nur als Nährstoff- oder Energielieferant definiert, sondern auch als eine potenzielle Quelle für Gesundheit, so wie es Fieldhouse schon 1995 für diese Klassifizierung der Körperbild-Nahrungsmittel festgestellt hat. Zusätzlich beinhalten die Social-Media-Beiträge zu Superfoods auch übergreifende Anspielungen auf die Vorstellungen eines guten Lebens der Adressat_innen. Die Entscheidung, eine Avocado bspw. als ein *gutes* Nahrungsmittel anzuerkennen, ist damit nicht nur Teil eines größeren Gesundheitsprojektes im Leben eines Individuums, sondern wird auch zu einer essenziellen Entscheidung, bei der zu fragen ist, ob sie mit den grundsätzlichen Vorstellungen vom guten Leben vereinbar ist. Die Wahl bestimmter Superfood-Nahrungsmittel wird damit als symbolischer Akt konstruiert, bei dem Gesundheit als normatives Leitbild fester Bestandteil ist.

Beispiel: No-Go-Foods

Als weitere Kategorie, die insbesondere durch Social-Media-Ernährungskommunikation definiert wird, sind Nahrungsmittel zu sehen, die unabhängig von ihrem Wert für die menschliche Gesundheit in bestimmten Gruppen kategorisch vom Speiseplan gestrichen werden – hier sogenannte *No-Go-Foods*. Exemplarisch wird hier auf den derzeitigen Social-Media-Diskurs zu Milch und Milchprodukten referiert und v. a. auf diesen Instagram-Beitrag Bezug genommen (https://www.instagram.com/p/CPlVo_kj8sP/).

Insbesondere Terminologie und Semantik stechen bei diesem Diskurs hervor, da von den Kommunikator_innen bewusst Begriffe gewählt werden, die an die Moral der Adressat_innen appellieren. Milch und Milchprodukte werden in bestimmten Communities auf Social Media als nicht essbar kategorisiert, indem Analogien zwischen Menschen und Tieren hergestellt werden. So wird bspw.

36 Fieldhouse 2002, 37.
37 Kirsch et al. 2022, 2.

darauf verwiesen, dass Kuhmilch genauso wie menschliche Muttermilch für die jeweiligen dazugehörigen *Babys* die Funktion der Nährung übernimmt. Die Verwendung des Begriffes *Baby* kann dabei als bedeutender semantischer Marker betrachtet werden, da er ein stark menschlich geprägter Begriff ist. In Zusammenhang mit der Züchtung von Kälbern und der Zeugung von Nachkommen wird zudem von der „künstlichen Befruchtung der Kälber nach Vollendung des ersten Lebensjahres“ berichtet. Der Ausdruck *künstliche Befruchtung* ist als ein weiterer semantischer Marker dieser Analogie zu sehen, denn in der Fachsprache wird dies bei Kühen als künstliche Besamung bezeichnet, während bei Menschen von Befruchtung gesprochen wird. Die Kommunikator_innen erläutern oftmals die emotionale Trennung von Mutter (Kuh) und Kind (Kalb) sowie der leidvollen Qualen der Kälber durch die von der Milchindustrie festgelegten Produktionsprozesse. Das Leid der Tiere wird dabei sowohl als emotionales als auch gesundheitliches Leid beschrieben, wobei mit Begriffen wie *Atemwegsinfekten* und *Verdauungsbeschwerden* Bezeichnungen verwendet werden, die ebenso auch auf Krankheitsbilder von Menschen zutreffen könnten.

Bei Beiträgen, die nicht nur die Umstände der Produktion erläutern, sondern auch die Notwendigkeit des Konsums von Milch und Milchprodukten infrage stellen, wird auf alternative Nahrungsmittel verwiesen und ihre Vorteile sowohl für die menschliche als auch die planetare Gesundheit betont und damit auf den aktuellen Nachhaltigkeits- und Klimawandeldiskurs Bezug genommen. Zusätzlich wird vorbeugend das Gesundheitsargument, was für den Konsum von Milch und Milchprodukten sprechen würde, entkräftet und auf alternative, pflanzliche Kalziumquellen verwiesen. Letzteres weist darauf hin, dass ethische Argumente von diesen Kommunikator_innen als nicht ausreichend erachtet werden, um ihre Botschaft zu verbreiten.

Durch die Verwendung spezifischer kommunikativer Ressourcen (Bilder, Hashtags, Wörter etc.) setzen Kommunikator_innen auf Social-Media-Plattformen normative Praktiken und reproduzieren digitale Gemeinschaften, denen sich die Nutzer_innen anschließen können. Goodman und Jaworska (2020) folgend, schaffen diese neuen Resozialisationsagent_innen damit im virtuellen Sozialisationskontext der Nutzer_innen größere „Ordnungen von Erwartungen, Bedeutungen, Kenntnissen oder, kurz gesagt, bestimmten ‚Wahrheitsdiskursen‘, nicht nur darüber, was man essen sollte, sondern wie man im Leben sein sollte.“[38] Unterstützt werden die Botschaften der Kommunikator_innen zu Clean Eating, Superfoods oder No-Go-Foods durch ein bestätigendes Publikum, das Beiträge *liked* und kommentiert. Verbreitet werden die Botschaften, indem zahlreiche Hashtags Verlinkungen der Beiträge zu entsprechenden Diskursen auf den Plattformen herstellen (bspw. #vegan, #eathealthy, #cleaneating). Diese Hashtags können auch als symbolische Signale gesehen werden, die anzeigen, dass die Inhalte des Posts von einem Publikum auf der Plattform bestätigt oder zumindest getragen

38 Goodman/Jaworska 2020, 184, eigene Übersetzung.

werden. Hashtags geben darüber hinaus auf der Plattform auch die Möglichkeit, Geschmacksgemeinschaften zu bilden, die aus gleichgesinnten Personen mit Interesse an ähnlichen Inhalten bestehen.[39] Infolgedessen können gleichgesinnte Nutzer miteinander in Verbindung treten und durch gemeinsame Inhalte und deren gegenseitige Bestätigung auch ethische Wege des Nahrungsmittelkonsums bekräftigen und eine Vorstellung von Gemeinschaft oder gar einer Esssubkultur entwickeln, in die sie sich durch die Nutzung der Social-Media-Plattformen resozialisieren bzw. resozialisiert werden.

Fazit

Die Beantwortung der Frage nach der gegenwärtigen Definition von Essbarem und Nicht-Essbarem im Ernährungssozialisationsprozess wird mit der Mediatisierung auch auf den digitalen Raum ausgeweitet. Auf Social-Media-Plattformen werden v. a. Alltagsakteur_innen zu Sozialisationsagent_innen, obwohl sie weder eine bestimmte soziale Rolle erfüllen noch eine persönliche Beziehung zu den Nutzer_innen pflegen, auf deren Sozialisation sie Einfluss nehmen können. In dieser digitalen Ernährungskommunikation werden nicht nur Informationen ausgetauscht, sondern es kommt zwischen den Zeilen auch immer zum Ausdruck, wie sich die Kommunikator_innen gegenüber diesen Themen positionieren, was sie als normgerecht und richtig empfinden.[40] Die digitale Ernährungskommunikation auf Social-Media-Plattformen kann daher auch als virtueller Interaktions- und Kommunikationsraum aufgefasst werden, in denen soziale und kulturelle Normen und Werte erfahren und weitergegeben werden können. Sie unterscheiden sich von analogen Kontexten der Ernährungssozialisation neben den neuartigen Sozialisationsagent_innen insbesondere durch die verfügbaren Kommunikationsmodi und Mittel. Neue Medien und Formate machen es möglich auf eine andere Art und Weise zu Ernährungsthemen zu kommunizieren und in Interaktion zu treten, bspw. über Hashtags, Bilder, Likes und Shares.[41] Neben den ehemaligen Sozialisationsagent_innen und professionellen Akteur_innen der Ernährungssozialisation und Kommunikation, treten mit diesen Entwicklungen insbesondere früher Unbeteiligte oder als Laien bezeichnete Agent_innen und Kommunikator_innen aus dem potenziell globalen und privaten Raum in den Vordergrund und bestimmen unter der Voraussetzung der Nutzung dieser Plattformen das Ernährungshandeln von Individuen und Gruppen mit, mit denen sie ohne diese digitalen Möglichkeiten sonst keineswegs in Interaktion getreten wären.[42]

Während das Erlernen verschiedener sozialer Bedeutungen von Nahrungsmitteln ein kontinuierlicher Prozess entlang des Lebensverlaufs ist, können bestimmte

39 Lupton/Feldman 2020, 7.
40 Bartelmeß 2021, 308.
41 Bartelmeß/Godemann 2022, 12.
42 Bartelmeß 2023a.

Werte oder Verwendungen in verschiedenen Phasen der Lebensspanne hervorgehoben werden. Während Zuneigung, Liebe und Akzeptanz bspw. in der Kindheit und Jugend bedeutend sein können, können Prestige und Status im mittleren und höheren Alter von höherer Relevanz sein.[43] Social-Media-Plattformen bieten den Nutzer_innen in nahezu jeder Lebensphase, aber insbesondere für die sekundäre und Ernährungsresozialisation ein Repertoire an sinnstiftenden Inhalten und Gemeinschaften, in denen symbolische Bedeutungen von Nahrungsmitteln konstruiert werden und Deutungsangebote für Essbares und Nicht-Essbares für vielfältige soziale Zwecke und Rollen bereitgestellt werden. Die Kommunikationsangebote auf Social-Media-Plattformen fokussieren dabei v. a. *was* gegessen bzw. nicht gegessen werden sollte und weniger die Frage danach, *wie* gegessen werden sollte und können damit nur partiell zum Ernährungssozialisationsprozess beitragen.

Bezüglich der Reichweite der Social-Media-Deutungsangebote von Essbarem und nicht-Essbarem ist festzuhalten, dass je nach Social-Media-Plattform soziodemografisch-unterschiedliche Nutzer_innen erreicht werden.[44] Die Beispiele in diesem Beitrag beziehen sich überwiegend auf die Social-Media-Plattform Instagram. In Deutschland sind im Jahr 2022 über die Hälfte der Instagram-Nutzer_innen der Altersgruppe zwischen 16 und 29 Jahren zuzuordnen.[45] Inwiefern die bei der Nutzung erfahrenen Deutungsangebote einer guten Ernährung in analogem Ernährungshandeln der Nutzer_innen resultieren, lässt sich jedoch nicht linear nachvollziehen.[46] In Bezug auf die oben genannten Beispiele lassen sich mit Blick auf repräsentative Meinungs- und Konsumerhebungen aber Tendenzen feststellen. Im Jahr 2021 gaben bspw. 33 Prozent der deutschen Bevölkerung an, Superfoods mindestens einmal wöchentlich zu konsumieren. Von den Befragten, die angaben, kürzlich Superfood konsumiert zu haben, nannten 42 Prozent die Avocado, welche vor Chiasamen, Quinoa und Leinsamen das meistkonsumierte Superfood darstellt.[47] Differenzierte Daten nach Altersgruppen oder Social-Media-Nutzungshäufigkeit sind derzeit nicht verfügbar, in der Literatur wird jedoch zunehmend ein Zusammenhang zwischen dem Konsum von Superfoods, der Bedeutungszuschreibung für die Gesundheit und der Social-Media-Nutzung vermutet.[48] In Bezug auf den Ernährungstrend Clean Eating ist festzustellen, dass im Jahr 2021 in einer Umfrage in Deutschland zumindest 27 Prozent der Befragten angaben, diesen zu kennen.[49] Bezüglich des Ausschlusses tierischer Lebensmittel aus der Ernährung lässt sich mit Blick auf die Anzahl der sich vegan-ernährenden Menschen in Deutschland im Jahr 2021 feststellen, dass dieser Ernährungsstil mit zwei Prozent Veganer_innen an der Gesamtbevölkerung bisher nur von einem

43 Fieldhouse 2002, 6.
44 Bartelmeß 2021, 294f.
45 die medienanstalten 2022.
46 Bartelmeß/Godemann 2022, 13.
47 Lohmann 2022, 10.
48 Kirsch et al. 2022, 2.
49 quantilope 2021.

äußerst geringen Anteil der Bevölkerung gelebt wird.[50] Andere Erhebungen zeigen aber, dass die Entscheidung u. a. für einen veganen Ernährungsstil und das jeweilige Einstiegsalter in eine vegane Ernährung insbesondere zwischen elf und 29 Jahren liegt[51] und somit in der Altersphase, in der auch die Social-Media-Nutzung am ausgeprägtesten ist. Studien, die dezidiert Zusammenhänge zwischen Social-Media-Nutzung und dem Einstieg in einen bestimmten Ernährungsstil untersuchen, fehlen jedoch bisher, wodurch keine fundierten Aussagen über die Reichweite der Ernährungssozialisation mittels Social-Media-Plattformen getätigt werden können.

Dennoch hat durch Mediatisierung ein beachtlicher Wandel stattgefunden, in Bezug auf die Kontexte, in denen Ernährungssozialisation gegenwärtig stattfinden kann und in Bezug auf die Agent_innen, die an dem Prozess beteiligt sein können. Zusammenfassend lässt sich der Prozess in Bezug auf die Frage, woher der Mensch heute weiß, was er essen darf, wie folgt skizzieren: In der primären Ernährungssozialisation lernen Individuen durch ihre überwiegend analogen Interaktionen mit Sozialisationsagent_innen, was grundsätzlich essbar und was nicht essbar und somit kein sicheres Nahrungsmittel ist. Anschließend wird erlernt, wie in der jeweiligen Kultur Nahrungsmittel klassifiziert werden und welche symbolischen Bedeutungen sie repräsentieren. Im weiteren Lebensverlauf nehmen Individuen entsprechend ihrer weiteren sozialen Rollen und Erfahrungen und damit einhergehender weiterer wichtiger Normen und Werte, die ihnen in bestimmten Phasen und unter Umständen auch in virtuellen Kontexten begegnen, eine erneute Kategorisierung der bereits klassifizierten Nahrungsmittel für sich vor. Diese Kategorisierung verläuft dann nicht wie die erste nach dem Schema generell essbar oder nicht essbar, sondern nach dem Schema – für das Individuum bzw. für Personen mit dieser sozialen Rolle oder Identität geeignet oder nicht geeignet. Es ist also möglich, dass Individuen erhebliche Veränderungen in ihrem soziokulturell formulierten Appetit entlang des Ernährungssozialisationsprozesses erfahren oder dass sich die Bedeutungen, die Individuen mit bestimmten Nahrungsmitteln oder sogar mit dem gesamten Prozess des Essens verbindet, im Lebensverlauf stark verändern[52] – und Social-Media-Ernährungskommunikation ist gegenwärtig ein wichtiger Schauplatz, auf dem sich Ernährungssozialisationsangebote und Definitionen über Essbares und nicht-Essbares finden lassen.

50 Bundesministerium für Ernährung und Landwirtschaft 2022.
51 Splendid Research 2020.
52 Beardsworth/Keil 2002, 56.

Bibliographie

Barlösius, Eva, 2016, Soziologie des Essens. Eine sozial- und kulturwissenschaftliche Einführung in die Ernährungsforschung. Grundlagentexte Soziologie. 3. Auflage. Weinheim, Basel: Beltz Juventa.

Bartelmeß, Tina, 2021, Möglichkeiten der Analyse von Social-Media-Daten für die Ernährungskommunikation, in: Godemann, J. / Bartelmeß, T. (Hg.), Ernährungskommunikation. Wiesbaden: Springer, 291–315.

Bartelmeß, Tina, 2023a, Dealing with divergent food futures on social media platforms: on the significant role of food and media literacy among adolescent users, in: Lalli, G.S. / Turner, A. / Rutland, M., Food Futures in Education and Society, London: Routledge. DOI: 10.4324/9781003294962.

Bartelmeß, Tina, 2023b, „And suddenly it's no longer just about a cookie." Sugar as a subject of discussion in online parent forums, in: Ernährungs Umschau 70, 1, 12–18.

Bartelmeß, Tina / Godemann, Jasmin, 2022, Exploring the Linkages of Digital Food Communication and Analog Food Behavior: A Scoping Review, in: International Journal of Environmental Research and Public Health 19, 15, 8990.

Beardsworth, Alan / Keil, Teresa, 2002, Sociology on the menu. An invitation to the study of food and society. London, New York: Routledge.

Bundesministerium für Ernährung und Landwirtschaft (BMEL) 2022. Deutschland, wie es isst – der BMEL-Ernährungsreport 2022. https://www.bmel.de/SharedDocs/Downloads/DE/Broschueren/ernaehrungsreport-2022.html (letzter Zugriff: 14.04.2023).

die medienanstalten, 2022, Anteil der befragten Instagram-Nutzer nach Altersgruppen in Deutschland im Jahr 2022. https://de.statista.com/statistik/daten/studie/1341875/umfrage/alter-von-instagram-nutzern-in-deutschland/ (letzter Zugriff: 14.04.2023).

Fieldhouse, Paul, 2002, Food and Nutrition: Customs and Culture. 2. Auflage, Cheltenham, UK: Nelson Thornes Ltd.

Goodman, Michael K. / Jaworska, Sylvia, 2020, Mapping digital foodscapes: Digital food influencers and the grammars of good food, in: Geoforum 117, 183–193.

Haines, Jess / Haycraft, Emma / Lytle, Leslie / Nicklaus, Sophie / Kok, Frans J. / Merdji, Mohamed / Fisberg, Mauro / Moreno, Luis A. / Goulet, Olivier / Hughes, Sheryl O., 2019, Nurturing Children's Healthy Eating: Position statement, in: Appetite 137, 124–33.

Heindl, Ines / Methfessel, Barbara / Schlegel-Matthies, Kirsten, 2011, Ernährungssozialisation und -bildung und die Entstehung einer „kulinarischen Vernunft". In: Ploeger, Angelika / Hirschfelder, Gunther / Schönberger, Gesa (Hg.), Die Zukunft auf dem Tisch, Wiesbaden. Springer VS, 187–202.

Hepp, Andreas, 2020, Deep mediatization. Key ideas in media and cultural studies. London, New York: Routledge.

Hurrelmann, Klaus / Bauer, Ullrich, 2018, Socialisation During the Life Course. New York: Routledge.

Kirsch, Fabian / Lohmann, Mark / Böl, Gaby-Fleur, 2022, The Public's Understanding of Superfoods, in: Sustainability 14, 7, 3916.

Lohmann, Mark, 2022, Consumer perception of SUPERFOODS. Online population survey in Germany. https://www.bfr.bund.de/cm/349/consumer-perception-of-superfoods-online-population-survey-in-germany.pdf (letzter Zugriff: 14.04.2023).

Lupton, Deborah / Feldman, Zeena, 2020, Digital food cultures. Critical food studies. London, New York: Routledge.

Mennell, Stephen / Murcott, Anne / van Otterloo, Anneke H., 1994, The sociology of food. Eating, diet and culture. London: Sage.

Mura Paroche, Manon / Caton, Samantha J. / Vereijken, Carolus M.J.L. / Weenen, Hugo / Houston-Price, Carmel, 2017, How Infants and Young Children Learn About Food: A Systematic Review, in: Frontiers in Psychology, 8, 1046.

Ochs, Elinor / Shohet, Merav, 2006, The cultural structuring of mealtime socialization, in: New directions for child and adolescent development, 111, 35–49.

Paus-Hasebrink, Ingrid / Kulterer, Jasmin / Sinner, Philip, 2019, Socialisation in Different Socialisation Contexts, in: Paus-Hasebrink, Ingrid / Kulterer, Jasmin / Sinner, Philip (Hg.), Social Inequality, Childhood and the Media, Cham. Springer, 121–155.

Prahl, Hans-Werner / Setzwein, Monika, 1999, Soziologie der Ernährung. Wiesbaden: Springer.

quantilope 2021. Welche der folgenden Trends im Bereich Lebensmittel kennen Sie? [Graph]. https://de.statista.com/statistik/daten/studie/1218638/umfrage/bekanntheitsgrad-ernaehrungstrends/ (letzter Zugriff: 14.04.2023).

Robnik, Tanja, 2022, ‚Richtig' Essen – Grenzziehungen im Diskurs um gesunde Ernährung. Wiesbaden: Springer VS.

Rozin, Paul / Vollmecke, Teresa A., 1986, Food Likes and Dislikes, in: Annual Review of Nutrition, 6, 433-456.

Splendid Research 2020. Mit welchem Alter haben Sie angefangen, sich vegetarisch/vegan/pescetarisch zu ernähren? [Graph]. https://de.statista.com/statistik/daten/studie/1186013/umfrage/einstiegsalter-vegetarischer-veganer-pescetarischer-ernaehrung/ (letzter Zugriff: 14.04.2023).

Walsh, Michael J. / Baker, Stephanie A., 2020, Clean eating and Instagram: purity, defilement, and the idealization of food, in: Food Culture & Society, 23, 5, 570–588.

Hässlich aber gut

Insekten als Nahrungsmittel – Warum wir uns ekeln[1]

Florian J. Schweigert

Bevölkerungswachstum, Verstädterung und die weltweit rasch wachsende Mittelschicht haben den globalen Bedarf an Lebensmitteln und insbesondere an tierischen Proteinquellen erhöht. Durch Kombination dieser Effekte wird ein Anstieg des Lebensmittelbedarfs um 60 Prozent erwartet. Die Folge ist eine überproportional steigende Nachfrage nach tierischem Protein, vor allem in Form von Fleisch- und Milchprodukten.[2] Dies stellt nicht nur die Länder des globalen Südens, sondern auch Industriestaaten vor Herausforderungen in ökonomischer, ökologischer und ernährungswissenschaftlicher Hinsicht.[3] Sich diesen Herausforderungen zu stellen, ist eine zentrale Forderung der Welternährungsorganisation der Vereinten Nationen, der Food and Agriculture Organization (FAO).[4] So ist die Suche nach alternativen Eiweißquellen dringend geboten. Insekten können hier einen wesentlichen Beitrag liefern, denn sie weisen nicht nur einen hohen Gehalt an hochwertigen Proteinen auf, sondern sind darüber hinaus reich an Vitaminen, Mineralstoffen und Fetten.[5]

Der Begriff „Entomophagie" leitet sich von den griechischen Worten *entomos* (Insekt) und *phagein* (essen) ab. In Asien, Afrika, Australien und Lateinamerika essen über zwei Milliarden Menschen seit Jahrtausenden Käfer, Raupen, Bienen, Wespen oder Ameisen. Insgesamt geht man von 2111 essbaren Insektenarten aus.[6] Die meisten davon findet man in Afrika, Asien und Südamerika, während in der nördlichen Hemisphäre nur sehr wenige essbare Insekten anzutreffen sind (Abb. 1).

Diese setzen sich mit absteigender Relevanz aus Käfern, Raupen von Schmetterlingen oder Motten, Hautflügler wie Wespen, aus Bienen, Ameisen, Heuschrecken, zu denen Grillen und Grashüpfer gehören, sowie aus Zikaden, Wanzen, Pflanzenläusen, Termiten, Libellen und Fliegen zusammen (Abb. 2). Die meisten essbaren Insekten findet man in tropischen Ländern. In Europa und in Nordamerika kommen nur gut eine Handvoll Arten vor.

---

1 Dieser Beitrag ist ein vom Autor zusammengestellter, überarbeiteter und erweiterter Auszug aus seinem Buch *Insekten Essen*. Schweigert 2020.

2 Smetana et al. 2023. https://www.weltagrarbericht.de/themen-des-weltagrarberichts/fleisch-und-futtermittel.html.

3 Sileshi & Kenis 2010. Van Huis 2013.

4 Bessa et al. 2020. Van Huis 2013. Van Huis 2016.

5 De Carvalho et al. 2020. Liceaga 2022.

6 Cunningham & Marcason 2001. Jongema.

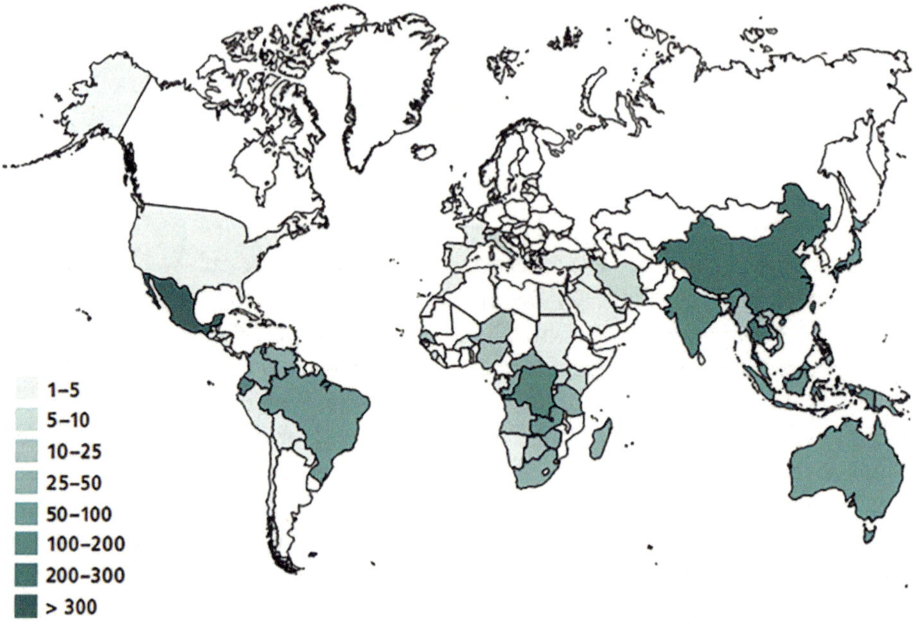

Abb.1: Relative globale Verteilung von essbaren Insekten. Die Abbildung zeigt die große Prävalenz im globalen Süden, in Afrika, Asien und Südamerika. In den nördlichen Hemisphären kommen essbare Insekten nur in sehr geringer Zahl vor.[7]

Die drei wesentlichen Aspekte, die für Insekten als Nahrungsmittel als Argumente ins Feld geführt werden, sind der gute Nährwert, die geringe Umweltbelastung und die Schaffung von neuen Möglichkeiten der Existenzsicherung im ländlichen Raum.[8]

Der berühmte französische Physiologe und Pharmakologe Julien-Joseph Virey konstatiert bereits vor über 200 Jahren: „Der Mensch soll Insekten essen. Nichts in seinem anatomischen Aufbau noch in seinen physiologischen Abläufen (des Menschen) spricht dagegen. Er soll Insekten essen. Zum einen, weil seine Verwandten, die Primaten, und seine Vorfahren, die Fledermäuse, es tun.“ Und er folgert weiter: „Innerhalb einer Ordnung sind diejenigen Arten, die Insekten fressen, denjenigen, die keine fressen, überlegen, sowohl hinsichtlich des perfekteren Organismus als auch ihrer Intelligenz.“[9]

Was die menschliche Ernährung anbelangt, so sind Insekten gesunde und nährstoffreiche Alternativen zu herkömmlichen tierischen Eiweißquellen. Untersuchungen zur Nährstoffzusammensetzung der Insekten sind zum Teil sehr unterschiedlich und noch fragmentarisch. Dennoch lässt sich folgern, dass Insekten in der Regel hinsichtlich des Energie- und Proteingehalts sowie der Amino-

7 Jongema 2012.
8 Berggren et al. 2019. Bessa et al. 2020. Illa & Yuguero 2022.
9 Virey 1800/1801.

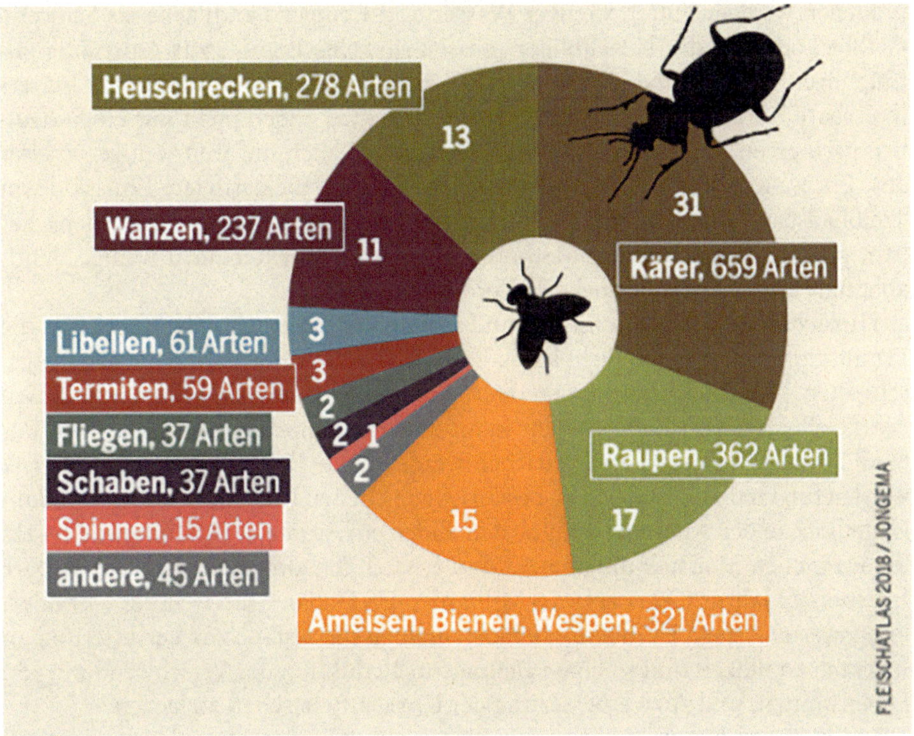

Abb. 2: Relative Anteile einzelner Insektenarten an der Gesamtheit essbarer Insekten[10]

säurezusammensetzung den Bedarf des Menschen decken können. Insekten enthalten in der Regel viele Mikro- und Makronährstoffe. Unter den Mikronährstoffen sind es die Mineralien Kalzium, Kupfer, Eisen, Phosphor, Magnesium, Mangan, Selen oder Zink und vor allem wasserlösliche Vitamine der B-Gruppe. Bei den Makronährstoffen ist neben den Proteinen der Anteil an einfach und mehrfach ungesättigten Fettsäuren recht hoch, Mehlwürmer enthalten etwa gleich viele ungesättigte Fettsäuren wie Fisch. Der menschliche Organismus braucht die Aminosäuren aus Nahrungsproteine zum Aufbau körpereigener Proteine. Da besonders Getreide, das wesentliche Grundnahrungsmittel weltweit, häufig arm an den Aminosäuren Lysin, Tryptophan (Mais) und Threonin ist, ist die Aufnahme dieser Aminosäuren aus anderen Nahrungsquellen wie beispielsweise tierischen Produkten wesentlich. Zahlreiche Insektenarten enthalten zum Teil hohe Gehalte an diesen unentbehrlichen Aminosäuren und können damit diese Lücke in der Versorgung schließen.[11]

Die Nutzung von Insekten als Nahrungs- und vor allem Eiweißquelle für Mensch und Tier hat auch sehr positive Auswirkungen auf die Umwelt. Insekten

10 Heinrich-Böll-Stiftung 2018, 45.

11 Churchward-Venne et al. 2017, Hawkey et al. 2021. Orkusz 2021. Rumpold & Schlüter 2013. Van Huis et al. 2021. Voelker 2019.

brauchen weniger Futter, weniger Wasser und weniger Landfläche als Schwein, Geflügel oder Rind. Als Kaltblüter müssen sie keine Energie zur Aufrechterhaltung ihrer Körpertemperatur aufwenden, sodass ein größerer Anteil ihres Futters in essbare Körperteile umgewandelt wird. Insekten haben nicht nur einen deutlich geringeren Verbrauch an Futter, sie kommen auch mit weit weniger Wasser aus. Ein weiterer für die Umwelt positiver Punkt ist die geringere Emission von Treibhausgasen. Nur wenige Insekten, zum Beispiel Termiten und Küchenschaben, produzieren überhaupt Methan. Auch ist die Insektenzucht weniger landabhängig als die konventionelle Tierproduktion.[12]

Hinsichtlich der ökonomischen und sozialen Faktoren sind die Zucht und die Produktion von Insekten nicht kapitalintensiv, weshalb auch arme Bevölkerungsschichten – oft sind dabei Frauen oder Landlose besonders betroffen – in diesen Markt einsteigen können. Zudem kann die Insektenproduktion sowohl in der Stadt als auch auf dem Land betrieben werden. Gute Beispiele für diesen Ansatz werden für Thailand und Afrika beschrieben.[13] In den Industrienationen wird im Gegensatz zu den Ansätzen im globalen Süden ein Ansatz der Haltung von Insekten im großen Maßstab umgesetzt. Man schätzt den globalen Markt für essbare Insekten im Jahre 2030 auf etwa 8 Milliarden US Dollar.[14] Ein weiterer sehr überlegenswerter Aspekt ist die Möglichkeit, biologische Abfälle zur Verfütterung an Insekten zu nutzen und so einen Beitrag zur Reduktion der Verschwendung von Lebensmitteln und zur Verbesserung der Kreislaufwirtschaft zu leisten.[15]

Insekten werden aber nicht nur als Nahrung für den Menschen verwendet, sondern sie haben auch eine sehr lange Tradition zur Fütterung von Nutztieren. Am offensichtlichsten ist hier die Fütterung von Geflügel, aber auch in der Aquakultur und Schweinemast finden für diese Zwecke gezüchtete Insekten bereits Eingang.[16]

Ein weiterer Ansatz zur Verbesserung der ökologischen Situation ist der Ansatz der Verfütterung von Insekten nicht nur an Lebensmittel liefernde Tierarten, sondern auch an unsere Haustiere.[17] Der Beitrag unserer Haustiere Hund und Katze zum globalen Fleischbedarf darf nicht unterschätzt werden.[18]

Im Zusammenhang mit dem wachsenden globalen Interesse an Insekten als Nahrungsmittel für den Menschen und als Futtermittel für Tiere spielt die Zucht und Haltung von Insekten im großen Maßstab eine wichtige Rolle. Dabei wird es notwendig werden, auch hier Fragen des Tierwohls zu adressieren. Das betrifft einerseits das Tierwohl im Allgemeinen aber auch Spezies spezifische

12 Doi & Mulia 2021, Park et al. 2022. Skrivervik 2020. Tanga et al. 2021. Van Huis & Gasco 2023.
13 Grabowski et al. 2020. Krongdang et al. 2023. Tanga et al. 2021.
14 Liceaga et al. 2022. Sileshi & Kenis 2010.
15 Kee et al. 2023. Ojha et al. 2020. Skrivervik 2020.
16 Menozzi et al. 2021. Rumbos & Athanassiou 2021. Van Huis & Gasco 2023. Wang & Shelomi 2017.
17 Domingues et al. 2020. Kępińska-Pacelik & Biel 2022. Sogari et al. 2019.
18 Pedrinelli et al. 2022.

Bedürfnisse, die Gesundheit, die Zucht- und Haltungsbedingungen und das Töten der Insekten.[19]

Warum wir Insekten ablehnen

Während Insekten für etwa ein Drittel der Weltbevölkerung Teil der alltäglichen Ernährung sind, sind sie in Europa und den USA weitgehend ein Nahrungstabu. Obwohl es viele von uns bei dem Gedanken an den Verzehr von Insekten vor Abscheu schütteln mag, ist es eine Tatsache, dass auch wir Insekten essen. Im Durchschnitt nehmen wir 250 Gramm im Jahr, Vegetarier und Veganer sogar das Doppelte auf. Es finden sich Insektenteile in Obst- und Gemüsesäften, in Marmelade, Tomatenprodukten, Nudeln, Schokolade, Erdnussbutter und Nusscreme, um nur einige Lebensmittel zu nennen. Es liegt daran, dass Insekten mit der Ernte der Rohprodukte eingefahren werden und in der Produktion nur bedingt entfernt werden können. Grenzwerte für Insektenanteile in diesen Lebensmitteln werden nicht wegen gesundheitlicher Risiken festgelegt, sondern aus ästhetischen Gründen.

Es gibt zahlreiche Nachweise, dass nicht nur asiatische, afrikanische oder andere Völker, sondern auch Europäer über Jahrhunderte hinweg Insekten gegessen haben. Bereits in der Bibel wird an verschiedenen Stellen vom Verzehr von Heuschrecken berichtet. So erlaubt Moses das Essen von Heuschrecken, da es mit den jüdischen Gesetzen vertretbar sei (Lev 11,20), und im Matthäus-Evangelium wird von Johannes dem Täufer berichtet, dass er sich in der Wüste ausschließlich von Heuschrecken und dem Honig wilder Bienen ernährte (Mt 3,4).

Bei den alten Griechen waren manche Insektenarten zwar ein Essen der Armen, andere eine Delikatesse, die sich nur die Wohlhabenden leisten konnten. So berichtet Aristoteles in seiner *Historia Animalium*, dass das einfache Volk Grashüpfer und Heuschrecken esse, während sich die oberen Zehntausend Zikaden gönnten, die am besten vor der Larvung schmeckten. Über den Verzehr von Insekten im antiken Rom schreibt Plinius in seiner *Naturalis historia* im fünften Band: „[...] der große Wurm aus der Eiche Robur wird für eine delikate Speise gehalten. Er heißt Cossus und wird fetter, wenn man ihn mit Mehl mästet." Noch Jahrhunderte später verspeisten deutsche Landsknechte in Italien gebratene Seidenraupen – „mit sichtbarem Genuss."[20] Ein nicht nur bei den Ureinwohnern Amerikas, sondern auch bei den ersten europäischen Siedlern beliebter Snack waren „Desert Fruitcakes". Dazu wurden die Larven der Pandoramotte, Heuschrecken und Mormonengrillen über dem Feuer geröstet, dann zerkleinert und mit Pinienkernen, Grassamen und Wildbeeren zu Kuchen, ähnlich einem Müsliriegel, geformt und getrocknet. Bis Mitte des 20. Jahrhunderts war in Deutschland und Frankreich das Verspeisen von Maikäfern gang und gäbe. Man kannte

19 Klobučar & Fisher 2023. Pali-Schöll et al. 2019.
20 Aldrovandi 1602.

sie gezuckert oder kandiert als Naschwerk. Und wenn sie mal wieder in Scharen auftraten, wie noch in den 50er-Jahren, kamen sie als Suppe auf den Tisch. Dazu wurden die Flügel und die Beine abgezupft, die Körper grob zerstoßen, in etwas Fett geröstet und dann mit Brühe abgelöscht. Dieses Gericht soll nach Krabben schmecken. Das am weitesten in der Ernährung verbreitete Insektenprodukt ist jedoch Honig. Honig entsteht durch den enzymatischen Umbau des Blütennektars, der in speziellen Organen der Bienen produziert und dann in den Waben abgelagert wird.

Unsere Abneigung gegen Insekten als Lebensmittel ist also relativ neu und so stellt sich die Frage, woher das kommt. Um sie zu beantworten, werden eine Reihe verschiedener Erklärungen angeführt. Im Vordergrund steht dabei vor allem der Ekel.[21]

Zunächst gilt es festzustellen, dass wir zahlreiche andere, seltsam aussehende Tierarten gerne essen. Dazu gehören Schnecken, Muscheln, wie rohe Auster oder Krustentiere wie Krabben, Garnelen, Krebse oder Hummer. Viele dieser Arten sehen eigentlich gar nicht so anders aus als viele Insektenarten. Auch die Krustentiere gehören zum Stamm der Gliederfüßer (Arthropoden). Europäer und Amerikaner essen Arthropoden, wie es scheint, aber nur dann gern, wenn sie aus dem Wasser kommen. Es ist anzumerken, dass die meisten Insekten sich von Pflanzen ernähren, während zum Beispiel Hummer reine Aasfresser sind.[22]

Die Nahrungswahl ist ein komplexer Prozess. Insekten sind nicht die einzige Nahrung, die Menschen ablehnen. Was wir essen, wird in der Regel nicht von Nährstofftabellen, Kalorienwerten oder ausgeglichenen Diätplänen bestimmt, sondern ist durch Religion, Erziehung, Tradition, Moden oder unsere Kultur geprägt. Wenn Ernährungsgewohnheiten einmal etabliert sind, sind sie sehr widerstandsfähig gegenüber Veränderungen. Das Problem mit Insekten ist also nicht ihr Geschmack oder ihr ernährungsphysiologischer Wert, sondern unsere Vorurteile und (Ess-)Gewohnheiten.[23]

Wie bereits weiter oben deutliche geworden ist, ist die grundlegende Ablehnung von Insekten als Nahrungsmittel nicht religiös motiviert. In der Bibel werden im Buch Leviticus in Kapitel 11 Heuschrecken als koscher beschrieben. Aus diesen Texten wird auch hergeleitet, dass Heuschrecken halal sein können. Den Ausschlag müssen also andere Faktoren geben.

Marvin Harris sieht eine Antwort auf die Frage, warum Europäer Insekten als Nahrung ablehnen, in ökologisch bedingten Zwängen und Chancen begründet. So lohne sich in unseren Regionen die Jagd auf Insekten nicht, da hier zu wenig große, schwarmbildende Arten vorkommen. Ein weit besseres Kosten-Nutzen-Verhältnis weisen in unseren Breiten essbare Nutztiere wie Rind, Schwein oder Huhn auf sowie jagdbares Wild, als Lieferanten für Kalorien und Proteine.

21 Çınar et al. 2021. Hamlin et al. 2022. Koch et al. 2021. Onwezen et al. 2021. Ros-Baró et al. 2022.
22 Holt 1885.
23 Çınar et al. 2021.

Wenn eine natürliche Umgebung arm an Insekten ist und gleichzeitig andere Nahrungsquellen vorhanden sind, werden im Zweifelsfall keine Insekten gejagt beziehungsweise gesammelt. Dies alles erklärt aber nicht die Tabuisierung und die Ablehnung. Hier sieht Mavin Harris als entscheidend an, ob wir eine Tierart als nützlich oder eher als schädlich betrachten. Und – mit Ausnahme der Bienen – gilt das für Insekten. Insekten vernichten Ernten legen Eier auf Lebensmitteln ab oder beißen und stechen.[24]

Wanderheuschrecken zählen seit Jahrtausenden zu den großen Plagen. Ihre riesigen Schwärme richten dann Schäden in – im wahrsten Sinn des Wortes – biblischem Ausmaß an. In der Bibel heißt es in Buch Exodus über die achte der zehn Plagen: „... des Morgens führte der Ostwind die Heuschrecken her. Und sie kamen über ganz Ägyptenland, und ließen sich nieder an allen Orten in Ägypten, so sehr viel, dass zuvor desgleichen nie gewesen ist, noch hinfort sein wird. Sie bedeckten das Land und verfinsterten es. Und sie fraßen alles Kraut im Lande auf und alle Früchte auf den Bäumen, die der Hagel übriggelassen hatte, und ließen nichts Grünes übrig an den Bäumen und am Kraut auf dem Felde“ (Ex 10,15).

Ein einzelner Schwarm von Wanderheuschrecken kann aus weit mehr als einer Milliarde Tiere mit einem Gesamtgewicht von 1500 Tonnen bestehen. Da ein jedes der Tiere pro Tag in etwa so viel frisst, wie es selbst wiegt, kann ein Schwarm täglich 1500 Tonnen pflanzliches Material vertilgen und somit immense Ernteverluste bescheren und ganze Landstriche kahlfressen. Angesichts der Zerstörung, die vor allem Heuschrecken anrichten, bleibt der Bevölkerung in den betroffenen Gebieten oft gar nichts anderes übrig, als die Verzehrer zu verzehren. So war es auch vor 40 Jahren in Thailand: Als Heuschrecken in Massen über die Maisfelder des südostasiatischen Landes herfielen, versuchte man, ihrer zunächst mit Insektiziden Herr zu werden, und als dies nichts fruchtete, startete die Regierung 1978 eine Kampagne, die zum Verzehr der Plagegeister aufrief.

Die Zwiespältigkeit gegenüber Insekten als Schädling und als Nahrungsmittel wird gut am Beispiel der Maisfeld-Heuschrecke in Mexiko deutlich. Würden die Insekten, statt sie als Schädlinge zu sehen und mit Insektiziden zu bekämpfen, als Nahrungsmittel gesammelt werden, könnten im Jahr je Hektar etwa 300 Kilogramm „geerntet“ werden. Bei etwa einer Million Hektar landwirtschaftlicher Anbaufläche in Mexiko kämen jährlich an die 350.000 Tonnen zusammen. Um durch Rinder eine vergleichbare, für die menschliche Ernährung geeignete Menge an Biomasse zu produzieren, wären 7,2 Millionen Hektar nötig, also siebenmal so viel. Ein weiterer Vorteil wäre, dass durch das Sammeln der Heuschrecken zugleich die Kulturpflanzen gesichert würden. Sobald die Tiere sich zu Schwärmen sammeln, ist es auch recht einfach, sie mit großen Netzen einzufangen. Die eigentliche Herausforderung in dieser Kosten-Nutzen-Rechnung besteht in dem Faktor Arbeitskraft, auch wenn diese in den betroffenen Regionen günstiger ist.

[24] Harris 1988.

Die Frage nach der grundsätzlichen Akzeptanz oder Ablehnung von Insekten als Nahrungsmittel muss auch unter einem anderen Aspekt differenziert betrachtet werden: dem der Kultur. In einer interkulturellen Studie wurden acht Gruppen von Verbraucherinnen und Verbrauchern zu Insekten als Nahrungsmittel befragt, und zwar je vier Gruppen in zwei Ländern, die sich in Sachen Ernährung sehr wesentlich unterscheiden: die Niederlande und Thailand. Die Gruppen bestanden sowohl aus Personen, die bereits Insekten gegessen hatten, als auch solchen, die noch keine Erfahrung mit diesem Lebensmittel hatten. In erster Linie war, so stellte sich dabei heraus, für die Befragten aus den Niederlanden die Nachhaltigkeit ein wichtiges Argument, während die Befragten aus Thailand sich die größten Gedanken über den Geschmack und die Zubereitungsart machten. Auch was die Insektenarten betraf, gab es interessante Unterschiede. Thailänderinnen und Thailänder bevorzugten Ameisenlarven, Heuschrecken und Wasserkäfer und lehnten Mehlwürmer, Mopane-Raupen und Witchetty-Maden ab, die keinerlei Ähnlichkeiten mit den in Thailand üblichen Nahrungsinsekten haben und die sie mit verdorbener Nahrung assoziierten. Niederländerinnen und Niederländer dagegen waren mit Mehlwürmern durch die aktuelle Nachhaltigkeitsdiskussion vertraut und gaben ihnen wohl auch deshalb als mögliche Nahrung den Vorzug.[25]

In den vergangenen Jahren sind einige weitere Studien zur Akzeptanz von Insekten als Nahrungsmitteln in verschiedenen Ländern erschienen. Bei einem Vergleich von Norwegerinnen und Norwegern mit Portugiesinnen und Portugiesen war zwar der Ekel der stärkste Grund zur Ablehnung aber die grundsätzliche Akzeptanz war in Norwegen größer.[26]

Auch soziodemografische Aspekte spielen offenbar eine Rolle für die Akzeptanz von Insekten als Nahrungsmittel. In einer Befragung deutscher Verbraucherinnen und Verbraucher hinsichtlich ihrer Bereitschaft, bestimmte Mehlwurmprodukte zu essen, war die höchste Bereitschaft, solche Produkte zu probieren, bei jungen, männlichen, gebildeten und wohlhabenden Befragten am ausgeprägtesten. Allerdings war die Bereitschaft dann am größten, wenn die Mehlwürmer zu Mehl gemahlen und entweder zu Keksen oder Nudeln verarbeitet waren. Die Hemmschwelle war am höchsten bei Schokolade mit ganzen Mehlwürmern oder gefriergetrockneten Mehlwürmern, wenn die Insekten also sofort als solche erkennbar waren.[27] Es ist wahrscheinlich – wie bei so vielem – eine Frage des Maßes. Eine Befragung von fast 400 Personen, die Fleisch essen, ob sie auch bereit sind, Insekten als Fleischersatz zu akzeptieren, erbrachte nur eine Zustimmung von 19 Prozent. Generell zeigen männliche Probanden eine höhere Bereitschaft als weibliche. Ein wesentlicher Faktor für die Bereitschaft Insekten zu essen, hing auch damit zusammen, ob in dem Land bereits eine Kultur des Insektenessens besteht. So war die Akzeptanz generell höher bei Probandinnen und Probanden

25 Tan et al. 2015.
26 Ribeiro et al. 2022.
27 Von Bernstorff 2018.

in Mexiko und China als in Belgien und Italien. In all diesen Ländern wurden verarbeitete Produkte besser akzeptiert als die intakten Insekten.[28]

Mehlwürmer beziehungsweise wohl eher Mehlwurmmehl wären demnach wohl die besten Produkte, wenn man Deutsche – oder generell Europäer und Europäerinnen – an die Entomophagie heranführen möchte. Um die Akzeptanz von Insekten und insektenbasierter Nahrung zu erhöhen, ist es hilfreich, Insekten in Produkte einzuarbeiten, die dem Verbraucher wohlbekannt sind, oder Bestandteile bekannter Produkte durch Insekten zu ersetzen. Die Bereitschaft, Insekten zu probieren, ist vermutlich am höchsten, wenn sie als Grundprodukte, also etwa als Mehl, Fett oder Öl in uns vertraute Lebensmittel integriert werden. So kann man von Brot über Nudeln bis hin zu Eiscreme alles Mögliche mit Insekten anreichern, ohne dass es hinsichtlich Geschmack oder Textur auffällt und als neu oder fremd empfunden wird.[29] Die Bedeutung der Verarbeitung der Insekten, um die Akzeptanz zu verbessen, zeigen mehrere Studien. Bei einer Blindverkostung von mit bis zu 15% Insektenmehl angereicherten Keksen im Vergleich zu nicht angereicherten Keksen unterschied sich die Akzeptanz unwesentlich zwischen Verbraucherinnen und Verbrauchern in den USA, Mexiko und Spanien.[30]

Auf der Basis aktueller Ernährungstrends ist es natürlich auch von Interesse wie Personen, die sich vegan, vegetarisch oder omnivor ernähren, auf Insekten als Nahrungsmittel reagieren. Veganerinnen und Veganer hatten die größte Abneigung Insekten zu essen. Sie betrachteten den Verzehr von Insekten als unmoralisch und verantwortungslos. Vegetarierinnen und Vegetarier sowie Omnivorinnen und Omnivoren hatten eine positivere Haltung gegenüber dem Verzehr von Insekten und sahen darin eine vernünftige Lösung den globalen Ernährungsherausforderungen zu begegnen.[31] In der Generation Z werden Ersatzprodukte auf Pflanzenbasis bevorzugt, dagegen in-vitro Fleisch und Insekten eher abgelehnt, da erstere als natürlicher angesehen werden.[32] Eine sehr ähnliche Einstellung findet sich auch in der älteren Generation.[33]

Als positive Triebfeder für den Verzehr von Insekten und Insektenprodukten und dessen positiver Bewertung wird die Neugierde gesehen.[34] Die Entscheidung neue Verhaltensmuster auszuprobieren, wird vor allem durch die intrinsische Belohnung durch das Erfahren neuer Informationen über seine Umgebung initiiert und löst einen positiven Feedback Mechanismus zum Ausprobieren neuer Dinge aus.[35] Diese Neugierde zusammen mit der zunehmenden Verfügbarkeit von Insekten und Insektenprodukten sowie ein besseres Wissen um die

28 Tzompa-Sosa et al. 2023.
29 Orkusz et al. 2020. Liceaga 2021.
30 Castro Delgado et al. 2020.
31 Elorinne et al 2019.
32 Bogueva & Marinova 2020, Bogueva & Marinova 2022.
33 Grasso et al 2019.
34 Stone et al 2022.
35 Murayama et al 2019.

ernährungsphysiogische, ökologische und ökonomische Bedeutung von Insekten global, national und regional kann die Akzeptanz stetig erhöhen.[36]

Wer nun gerne Insekten als Nahrungsmittel probieren möchte, dem seien die einfachen Rezepte des Sachbuchs des Autors[37] empfohlen oder ein Kochbuch mit vielfältigen zum Teil aufwendigen Rezepten und sehr schönen Fotos.[38]

Bibliographie

Aldrovandi, U., 1602, De animalibus insectis libri septem, cum singulorum iconibus ad vivum expressis, Bononiae.

Berggren, Å. / Jansson, A. / Low, M., 2019, Approaching Ecological Sustainability in the Emerging Insects-as-Food Industry, in: Trends Ecol Evol 34, 132-138.

Bessa. L.W. / Pieterse, E. / Sigge, G. / Hoffman, L.C., 2020, Insects as human food; from farm to fork, in: J Sci Food Agric 100, 5017-5022.

Bogueva, D. / Marinova, D., 2020, Cultured Meat and Australia's Generation Z, in: Front Nutr 7, 148.

Bogueva, D. / Marinova, D., 2022, Australian Generation Z and the Nexus between Climate Change and Alternative Proteins, in: Animals (Basel) 12.

Castro Delgado, M. / Chambers, Et. / Carbonell-Barrachina, A. / Noguera Artiaga, L. / Vidal Quintanar, R. / Burgos Hernandez, A., 2020, Consumer acceptability in the USA, Mexico, and Spain of chocolate chip cookies made with partial insect powder replacement, in: J Food Sci 85, 1621-28.

Churchward-Venne, T.A. / Pinckaers, P.J.M. / van Loon, J.J.A. / van Loon, L.J.C., 2017, Consideration of insects as a source of dietary protein for human consumption, in: Nutr Rev 75, 1035-45.

Çınar, Ç. / Karinen, A.K. / Tybur, J.M., 2021, The multidimensional nature of food neophobia, in: Appetite 162, 105177.

Cunningham, E. / Marcason, W., 2001, Entomophagy: what is it and why are people doing it? in: J Am Diet Assoc 101, 785.

De Carvalho, N.M. / Madureira, A.R. / Pintado, M.E., 2020, The potential of insects as food sources – a review, in: Crit Rev Food Sci Nutr 60, 3642-52.

Doi, H. / Mulia, R.N., 2021, Future Land Use for Insect Meat Production Among Countries: A Global Classification, in: Front Nutr 8, 661056.

Domingues, C.H.F. / Borges, J.A.R. / Ruviaro, C.F. / Gomes Freire Guidolin, D. / Rosa Mauad Carrijo, J., 2020, Understanding the factors influencing consumer willingness to accept the use of insects to feed poultry, cattle, pigs and fish in Brazil, in: PLoS One 15, e0224059.

36 Hopkins et al 2022.

37 Schweigert 2020.

38 Knecht & Horvvath 2017.

Elorinne, A.L. / Niva, M. / Vartiainen, O. / Väisänen, P., 2019, Insect Consumption Attitudes among Vegans, Non-Vegan Vegetarians, and Omnivores, in: Nutrients 11.

Grabowski, N.T. / Tchibozo, S. / Abdulmawjood, A. / Acheuk, F. / Guerfali, M.M., 2020, Edible Insects in Africa in Terms of Food, Wildlife Resource, and Pest Management Legislation, in: Foods 9.

Grasso, A.C. / Hung, Y. / Olthof, M.R. / Verbeke, W. / Brouwer, I.A., 2019, Older Consumers' Readiness to Accept Alternative, More Sustainable Protein Sources in the European Union, in: Nutrients 11.

Hamlin, R.P. / McNeill, L.S. / Sim, J., 2022, Food neophobia, food choice and the details of cultured meat acceptance, in: Meat Sci 194, 108964.

Harris, M., 1988, Wohlgeschmack und Widerwillen, Die Rätsel der Nahrungstabus, Stuttgart.

Hawkey, K.J. / Lopez-Viso, C. / Brameld, J.M. / Parr, T. / Salter, A.M., 2021, Insects: A Potential Source of Protein and Other Nutrients for Feed and Food, in: Annu Rev Anim Biosci 9, 333-54.

Heinrich-Böll-Stiftung et al. (Hrsg.), 2018, Fleischatlas, (CC BY 4,0) boell.de/fleischatlas2018.

Holt, V., 1885, Why not eat insects? E.W. Cassey.

Hopkins, I. / Farahnaky, A. / Gill, H. / Newman, L.P. / Danaher, J., 2022, Australians' experience, barriers and willingness towards consuming edible insects as an emerging protein source, in: Appetite 169, 105832.

Illa, J. / Yuguero, O., 2022, An Analysis of the Ethical, Economic, and Environmental Aspects of Entomophagy, in: Cureus 14, e26863.

Jongema, Y., 2012, List of edible insects of the world.

Kee, P.E. / Cheng, Y.S. / Chang, J.S. / Yim, H.S. / Tan, J.C.Y., et al, 2023, Insect biorefinery: A circular economy concept for biowaste conversion to value-added products, in: Environ Res 221, 115284.

Kępińska-Pacelik, J. / Biel, W., 2022, Insects in Pet Food Industry-Hope or Threat? in: Animals (Basel) 12.

Klobučar, T. / Fisher, D.N., 2023, When Do We Start Caring About Insect Welfare? in: Neotrop Entomol 52, 5-10

Knecht, A. / Horvvath, E., 2017, Köstliche Insekten, Lenzburg: Fona Verlag.

Koch, J.A. / Bolderdijk, J.W. / van Ittersum, K., 2021, No Way, That's Gross! How Public Exposure Therapy Can Overcome Disgust Preventing Consumer Adoption of Sustainable Food Alternatives, in: Foods 10.

Krongdang, S. / Phokasem, P. / Venkatachalam, K. / Charoenphun, N., 2023, Edible Insects in Thailand: An Overview of Status, Properties, Processing, and Utilization in the Food Industry, in: Foods 12.

Liceaga, A.M., 2021, Processing insects for use in the food and feed industry, in: Curr Opin Insect Sci 48, 32-36.

Liceaga, A.M., 2022, Edible insects, a valuable protein source from ancient to modern times, in: Adv Food Nutr Res 101, 129-52.

Liceaga, A.M. / Aguilar-Toalá, J.E. / Vallejo-Cordoba, B. / González-Córdova, A.F. / Hernández-Mendoza, A., 2022, Insects as an Alternative Protein Source, in: Annu Rev Food Sci Technol 13, 19-34.

Menozzi, D. / Sogari, G. / Mora, C. / Gariglio, M. / Gasco, L. / Schiavone, A., 2021, Insects as Feed for Farmed Poultry: Are Italian Consumers Ready to Embrace This Innovation? in: Insects 12.

Murayama, K. / FitzGibbon, L. / Sakaki, M., 2019, Process account of curiosity and interest: A reward-learning perspective, in: Educational Psychology Review 31, 875-95.

Ojha, S. / Bußler, S. / Schlüter, O.K., 2020, Food waste valorisation and circular economy concepts in insect production and processing, in: Waste Manag 118, 600-609.

Onwezen, M.C. / Bouwman, E.P. / Reinders, M.J. / Dagevos, H., 2021, A systematic review on consumer acceptance of alternative proteins: Pulses, algae, insects, plant-based meat alternatives, and cultured meat, in: Appetite 159, 105058.

Orkusz, A., 2021, Edible Insects versus Meat-Nutritional Comparison: Knowledge of Their Composition Is the Key to Good Health, in: Nutrients 13.

Orkusz, A. / Wolańska, W. / Harasym, J. / Piwowar, A. / Kapelko, M., 2020, Consumers' Attitudes Facing Entomophagy: Polish Case Perspectives, in: Int J Environ Res Public Health 17.

Pali-Schöll, I. / Binder, R. / Moens, Y. / Polesny, F. / Monsó, S., 2019, Edible insects – defining knowledge gaps in biological and ethical considerations of entomophagy, in: Crit Rev Food Sci Nutr 59: 2760-2771.

Park, S.J. / Kim, K.Y. / Baik, M.Y. / Koh, Y.H., 2022, Sericulture and the edible-insect industry can help humanity survive: insects are more than just bugs, food, or feed, in: Food Sci Biotechnol 31, 657-668.

Pedrinelli, V. / Teixeira, F.A. / Queiroz, M.R. / Brunetto, M.A., 2022, Environmental impact of diets for dogs and cats, in: Sci Rep 12, 18510.

Ribeiro, J.C. / Gonçalves, A.T.S. / Moura, A.P. / Varela, P. / Cunha, L.M., 2022, Insects as food and feed in Portugal and Norway – Cross-cultural comparison of determinants of acceptance, in: Food Quality and Preference 102, 104650.

Ros-Baró, M. / Sánchez-Socarrás, V. / Santos-Pagès, M. / Bach-Faig, A. / Aguilar-Martínez, A., 2022, Consumers' Acceptability and Perception of Edible Insects as an Emerging Protein Source, in: Int J Environ Res Public Health 19.

Rumbos, C.I. / Athanassiou, C.G., 2021, "Insects as Food and Feed: If You Can't Beat Them, Eat Them!"-To the Magnificent Seven and Beyond, in: J Insect Sci 21.

Rumpold, B.A. / Schlüter, O.K., 2013, Nutritional composition and safety aspects of edible insects, in: Mol Nutr Food Res 57, 802-823.

Schweigert, F., 2020, Insekten essen. Gebrauchsanweisung für ein Lebensmittel der Zukunft, München: C.H. Beck.

Sileshi, G.W. / Kenis, M., 2010, Food security: farming insects, in: Science 328, 568.

Skrivervik, E., 2020, Insects' contribution to the bioeconomy and the reduction of food waste, in: Heliyon 6, e03934.

Smetana, S. / Ristic, D. / Pleissner, D. / Tuomisto, H.L. / Parniakov, O. / Heinz, V., 2023, Meat substitutes: Resource demands and environmental footprints, in: Resour Conserv Recycl 190, 106831.

Sogari, G. / Amato, M. / Biasato, I. / Chiesa, S. / Gasco, L., 2019, The Potential Role of Insects as Feed: A Multi-Perspective Review, in: Animals (Basel) 9.

Stone, H. / FitzGibbon, L. / Millan, E. / Murayama, K., 2022, Curious to eat insects? Curiosity as a Key Predictor of Willingness to try novel food, in: Appetite 168, 105790.

Tan, H.S.G. / Fischer, A. / Trijp, H. / Stieger, M., 2015, Tasty but nasty? Exploring the role of sensory-liking and food appropriateness in the willingness to eat unusual novel foods like insects, in: Food Quality and Preference 48.

Tanga, C.M. / Egonyu, J.P. / Beesigamukama, D. / Niassy, S. / Emily, K., et al., 2021, Edible insect farming as an emerging and profitable enterprise in East Africa, in: Curr Opin Insect Sci 48, 64-71.

Tzompa-Sosa, D.A. / Moruzzo, R. / Mancini, S. / Schouteten, J.J. / Liu, A., et al., 2023, Consumers' acceptance toward whole and processed mealworms: A cross-country study in Belgium, China, Italy, Mexico, and the US, in: PLoS One 18, e0279530.

Van Huis, A., 2013, Potential of insects as food and feed in assuring food security, in: Annu Rev Entomol 58, 563-83.

Van Huis, A., 2016, Edible insects are the future? in: Proc Nutr Soc 75, 294-305.

Van Huis, A. / Gasco, L., 2023, Insects as feed for livestock production, in: Science 379, 138-139.

Van Huis, A. / Rumpold, B. / Maya, C. / Roos, N., 2021, Nutritional Qualities and Enhancement of Edible Insects, in: Annu Rev Nutr 41, 551-576.

Virey, J.J., 1800/1801, Histoire Naturelle Du Genre Humain, Ou Recherches sur ses principaux Fondemens physiques et moraux: précédées d'un Discours sur la nature des êtres organiques, et sur l'ensemble de leur physiologie, Paris: Dufart.

Voelker, R., 2019, Can Insects Compete With Beef, Poultry as Nutritional Powerhouses? in: Jama 321, 439-441.

Von Bernstorff, C., 2018, Chancen insektenhaltiger Produkte auf dem deutschen Markt – eine empirische Untersuchung anhand soziodemographischer Merkmale, ed. Universität Göttingen.

Wang, Y.S. / Shelomi, M., 2017, Review of Black Soldier Fly (Hermetia illucens) as Animal Feed and Human Food, in: Foods 6.

Essen oder Nicht-Essen?

Handlungsfelder radikaler Nahrungsabstinenz im 19. und 20. Jh.

Bernadett Bigalke

Einleitung

Nicht-essen, Fasten und Diät-halten, das sind übliche Bezeichnungen für Praktiken, um die es in den folgenden Abschnitten gehen soll. Sie gehören zu einem Wortfeld und haben große semantische Überlappungen. Nimmt man jedoch die Bedeutungsunterschiede in den Blick, tauchen ziemlich schnell Fragen auf, von denen einige hier behandelt werden sollen. Radikale Nahrungsabstinenz wird im Folgenden als historische Praxis vorgestellt, die in unterschiedlichen Handlungsfeldern vergangener Gesellschaften praktiziert wurde. Ich stelle vier Fallbeispiele zur Diskussion und werde diese vergleichend kommentieren, insbesondere im Hinblick auf mögliche Motivationen und damit verbundenen kollektiven Vorstellungen. Ich betrachte den Zeitraum zwischen 1800 und 2000 und beziehe mich auf west- und mitteleuropäische sowie US-amerikanische Beispiele. Es geht um Nahrungslosigkeit als religiöse Praxis in katholischen Milieus (a), um einen medizinischen Diskurs, der als Ergebnis die Krankheitskategorie *Anorexie* hervorbringt (b), um temporäres Extremfasten in der Athletikszene (c) und sogenannte Hungerkünstler in der Unterhaltungsbranche (d).[1] Die Funktionen von und Motivationen für komplette oder temporäre radikale Nahrungsabstinenz sind divers. Dabei muss aus heutiger Sicht darauf hingewiesen werden, dass radikal nicht bedeuten musste, dass die Person gar nichts mehr aß und trank. Was als totale Abstinenz gilt und galt, ist historisch bedingt, wurde situativ zwischen Zeitgenoss_innen und Praktizierenden ausgehandelt und war auf das jeweilige Handlungsfeld bezogen. Die jeweiligen Zeitgenoss_innen vor Ort, die Berichterstattung in Zeitschriften und Zeitungen, Fallstudien von Ärzten und die Hagiografien zeigen viele verschiedene Reaktionen: Faszination, Skandalisierung, Betrugsvorwürfe, Pathologisierung und sogar Politisierung. Zugleich wurde darüber gestritten, ob diese Praxis etwas Passives oder Aktives darstellte. Handelte es sich um einen Prozess einer heroischen Überwindung von Hunger oder um einen Zustand des Aushaltens und Erleidens oder gar völlige Bedürfnislosigkeit? Wir werden sehen, dass soziale, rassistische und geschlechtliche Stereotype bei den Deutungen eine Rolle spielen. Wie ein fastender Körper von der

---

1 Das Thema der Nahrungslosigkeit als Mittel der Interessenartikulation und -durchsetzung („Hungerstreik“) klammere ich aus Platzgründen aus. Zeitlich betrachtet, gehört es mit in diesen Kontext. Siehe dazu Buchmann 2015 und Marcinski 2020, 76–86.

sozialen Umwelt wahrgenommen wurde, hing von vielen Faktoren ab. Manche der Praktizierenden kommunizierten ihr Handeln als möglichen Weg einer Körper- und Selbsttransformation. Über die Praxis der Nahrungsabstinenz konnte sich eine Person als religiös auserwählt und damit als Akteur_in im Heilsgeschehen ausweisen. Als öffentlich performte Anstrengung produzierte sie dauerhaft besondere „Tugenden" und generierte damit zugleich Sozialprestige innerhalb der jeweiligen Gemeinschaft oder gar für eine Gemeinschaft als Ganzes. Solche Aussagen vermutet man heute wohl eher im religiösen Feld, sie kamen aber auch in Feldern vor, die nichts mit Religion zu tun hatten. Es stellt sich also die Frage, inwiefern wurde Nahrungsabstinenz als Mittel einer *intendierten* Selbsttransformation insgesamt genutzt?

a) Radikale Nahrungsabstinenz als Frömmigkeitspraxis im Katholizismus

Am Übergang zur Moderne steht in Europa ein religionsgeschichtlicher Wandlungsprozess. Durch die Reformation und nachfolgende Konfessionalisierung einerseits und andererseits die Französische Revolution und die vielen nationalistischen Bewegungen wurden Machtverhältnisse verschoben, die Vielfalt religiöser Gruppierungen wuchs und die jeweiligen Religionspolitiken der einzelnen Herrschaftsgebiete brachten ganz spezifische Konstellationen hervor.

Damit einher gingen neue Frömmigkeitspraktiken und ältere, die zuletzt in den Hintergrund gerückt waren, hatten wieder Konjunktur. So finden sich seit dem 19. Jh. erneut „stigmatisierte"[2], bettlägerig kranke und nahrungsabstinente Frauen. Um nur einige wenige zu nennen Domenica Lazzeri (1815–1848) in Italien, Anna Naßl (1890–1933), Juliana Engelbrecht (1835–1853) und Therese Neumann (1898–1962) in Bayern, Marthe Robin (1902–1981) in Frankreich und Alexandrina da Costa (1904–1955) in Portugal.[3] Diese Frauen und ihr Verhalten wurden vom unmittelbaren lokalen katholischen Umfeld religiös gedeutet und das hat eine lange Vorgeschichte.

Nahrungsabstinenz als Askesepraxis ist von Anfang an Teil der christlichen Religionsgeschichte. Mehrere Begründungen wurden dafür im Verlauf der Jahrhunderte angeführt und von unterschiedlichen Christ_innen praktiziert: Den fastenden Mystikerinnen des Mittelalters ging es in ihrer Frömmigkeitspraxis um die Vereinigung mit dem leidenden Jesus Christus, die nicht nur mittels Stigmatisationen und Selbstgeißelung erfolgte, sondern manchmal auch durch radikale

---

2 Stigmatisiert heißt, dass an Kopf, Füßen und Händen von lebenden Christ_innen Wundmale auftauchen, die regelmäßig bluten und als die Wundmale Jesu Christi gemäß der Passionsgeschichte in den Evangelien gedeutet werden. In der Geschichte des lateinischen Christentums war der erste offiziell anerkannte Stigmatisierte Franz von Assisi (1181-1226), den u.a. deswegen manche Hagiographen als den „zweiten Christus" bezeichneten; Van Osselaer et. al. 2020.

3 Rossi 2020. o.N. 1933, Mehler 1919. Köppl 1997. De Meester 2020. Marques 2017.

Nahrungsabstinenz (als eine Form / ein Teil ihrer *Imitatio Christi*[4]). Dabei wurde z.B. auf diejenige Bibelstelle verwiesen, nach der Jesus 40 Tage in der Wüste gefastet haben soll. Manche Fastenden verwiesen auf das mönchische Ideal eines engelgleichen Lebens (*vita angelica*).[5] Da die Engel ‚feinstofflich' imaginiert wurden,[6] ermöglichte das Fasten das Versprechen einer verwirklichbaren Körpertransformation. Ebenso gibt es das Motiv der stellvertretenden Bußübernahme für andere Mitchrist_innen.[7] Parallel dazu findet sich in den Heiligenlegenden der Topos vom Zustand einer körperlichen Bedürfnislosigkeit. Man brauche bis auf den „Leib Christi" in Form der Hostie keine reichhaltige Nahrung im irdischen Sinne mehr.[8] Die Fortführung der Aufnahme der Hostie durch die Fastenden wird in den Quellen immer betont und damit die hohe Bedeutung dieses „Sakraments" auch für die spezielle Frömmigkeitspraxis der Nahrungsabstinenz, denn es wurde allgemein verbindlich und als notwendig heilsrelevant angesehen.

Die absichtliche Enthaltung von Nahrung war im Spätmittelalter für viele ein klares Zeichen von Heiligkeit, denn nur Heiligen wurde zugetraut, eine solche Leistung überhaupt vollbringen zu können.

Frauen, die im Spätmittelalter als Mystikerinnen verehrt wurden, im Ruf der Heiligkeit standen und bestimmte Askesepraktiken ausübten, war es möglich, eine gewisse Handlungsmacht über ihr Leben zu gewinnen. Gegenüber anderen Frauen, die den Geschlechterrollen und -konventionen ihres jeweiligen Standes ausgesetzt waren, konnten sie (mithilfe religiöser Rahmung) beispielsweise Heiratskandidaten und -pläne der eigenen Familie ausschlagen und manche religiösen Karrieren einschlagen. Das berührt die Frage nach der Handlungsfähigkeit im Zusammenhang mit Nahrungsabstinenz als Praxis. Aber auch im Mittelalter galt nicht jegliches Fasten als Wunder oder Zeichen von Heiligkeit. Nicht zu essen konnte ebenso als ein krankhafter Zustand gedeutet werden.[9]

Im 16. Jahrhundert begannen auch Menschen, die nicht Angehörige von Klöstern oder anderen religiösen Gemeinschaften waren, exzessiv zu hungern und durch die Berichterstattung in den neuen (Druck-)Medien wie Flugblättern und Flugschriften bekannt zu werden. Diese religiösen Laien waren fast ausnahmslos Frauen und wurden als Fastenwunder gepriesen. Ihre Nahrungsabstinenz sahen die Zeitgenossen aber nicht nur als gewollte Askese im Kontext einer *Imitatio Christi*, sondern auch als wundersame Appetitlosigkeit. Die Beschreibungen dieser Frauen knüpften in vielen Hinsichten an die typischen mittelalterlichen

---

4 Das meint die Nachfolge Jesu, welcher als Vorbild dient und dessen Lehren lebenspraktisch umgesetzt werden wollen.

5 Sonntag 2010, 263. Goetz 2016, 148–150. Manche Ordensgemeinschaften verstanden ihre Lebensweise als Vorbereitung auf dieses engelgleiche Leben im Himmel.

6 Bereits spätantike theologische Intellektuellendiskurse haben sich mit der Körperfrage auseinandergesetzt. Origenes sprach von stufenweisen „Einleibungen" der Wesen. Engel hatten in diesem System „Ätherleiber" und „Luftleiber". Im Mittelalter gehörte das Wissen von Engeln und ihrer Eigenschaften zum Allgemeinwissen von Christ_innen. Hafner 2010, 170.

7 Blum 2021.

8 Israel 2005, 69–81.

9 Marcinski 2020, 115.

Heiligenlegenden an. Die als „Fastenwunder" verehrten Protagonistinnen stammten meist aus bescheidenen ländlichen Verhältnissen und waren überwiegend katholisch. Ihre Nahrungsabstinenz begann meist mit einer schweren Krankheit und damit verbundener Appetitlosigkeit. Dies führte manchmal nach und nach zu einer immer radikaleren Abstinenz oder aber zu zeitgenössisch ungewöhnlichen Ernährungsgewohnheiten. Ihre Praxis war öffentlich sichtbar. Manchmal empfingen sie die Besucher_innen gar am eigenen Bett. Die Reaktionen durch das soziale Umfeld, z. B. von Ärzten oder lokalen kirchlichen Autoritäten, beeinflussten oft das weitere Handeln der Frauen. Eine Fastenwundertochter im Haus zu haben, war in manchen Fällen eine zusätzliche finanzielle Einnahmequelle für die Familien.

Im 16. und vor allem ab dem 17. Jahrhundert wurden die Fastenwunder zunehmend des Betrugs verdächtigt und manche Frauen auch desselben überführt.[10] Im sogenannten Konfessionellen Zeitalter entstand eine noch engere Verzahnung von Staat und Kirche. Man bemühte sich um eine geordnete religiöse Organisation des politischen Gemeinwesens in Städten und Fürstentümern. Dieser fundamentale gesellschaftliche Vorgang veränderte das öffentliche und private (religiöse) Leben in Europa stark. Dazu gehörte die dauerhafte Kontrolle von religiösem „Wildwuchs" und damit zusammenhängenden spontanen Menschenaufläufen. Es war also immer auch ein administratives Kontroll- und Ordnungsproblem, was mit der kollektiven Aufmerksamkeit für die nahrungsabstinenten Frauen verbunden war.[11] In bestimmten Kreisen wuchs zudem die (rationalistisch gefärbte) Skepsis gegenüber besonders körperlichen Arten von Wundererscheinungen wie diesen. Während aus dem 16. Jahrhundert noch recht viele Fälle überliefert sind, finden sich kaum Fälle für das 17. Jahrhundert.[12]

Erst im 19. Jahrhundert tauchten erneut Fastenwunder und auch stigmatisierte Frauen in der Öffentlichkeit auf. Bei einigen spielte die eigene Frömmigkeit für ihre Ehrbarkeit eine Rolle, aber die *Imitatio Christi* war nicht ihr zentrales Thema.[13] Andere wiederum hatten neben ihrer Nahrungslosigkeit auch Stigmata und Vision. Um sie scharten sich zum Teil dauerhafte Kultgemeinschaften. Manche wurden sogar als „Mystikerinnen" verehrt – wie die verehrten Vorgängerinnen aus dem Spätmittelalter. Dieses „Wiederauftauchen" hat mit der aktiven Förderung bestimmter Frömmigkeitspraktiken seitens der Katholischen Kirche nach der Französischen Revolution zu tun. In den sogenannten ultramontanen[14]

10 Pulz 2007, 179 f.

11 Siehe die Ausführungen in Holzem 2015, Kap. 4 *Konfessionsgesellschaften und die Verchristlichung der Lebenswelt.*

12 Pulz 2007, 162.

13 Ein typisches Beispiel ist die sogenannte Wassertrinkerin von Frasdorf, die nicht bettlägerig war und um die sich keine Kultgemeinschaft gebildet hat. Schafhäutl 1937. Das gleiche gilt für Marie Kienker: Fiegert 2001. Beide Frauen waren regional bekannt.

14 Die kirchlichen Positionen waren zentralistisch-autoritär. Die ultramontane Bewegung etablierte ein ausgedehntes Presse- und Vereinswesen, welches sowohl politische als auch religiöse Interessen und Ziele verfolgte. In diesem Umfeld kam es zudem zu zahlreichen Ordensneugründungen v. a. karitativer Art. Kennzeichenende Frömmigkeitspraktiken waren

katholischen Milieus lehnte man den Liberalismus, die Säkularisierungstendenzen, demokratische Ideen und den Rationalismus der Aufklärung ab. Manche unterstützten aktiv sogenannte mystische Strömungen. Die Frauen des 19. Jahrhunderts allerdings lebten in einer Gesellschaft, in der die Aufklärungsideen vielerorts Fuß gefasst hatten, in der Ärzte mittlerweile nach anderen medizinischen Paradigmen arbeiteten, und in denen sich in manchen Regionen ein dezidierter Antikatholizismus ausgebreitet hatte.[15] Die entstehenden Massenmedien trugen mir ihren Zeitungsberichten über die Fastenwunder dazu bei, dass diese überregional, ja sogar transnational wahrgenommen wurden.[16] Ihre Nahrungsabstinenz war ein öffentliches Spektakel, das die Massen anzog. Viele Besucher_innen und Pilger_innen gingen von einem göttlichen Wunder aus, viele andere auch von Betrug, manche waren einfach nur neugierig. Ärzte begannen die Frauen zu untersuchen. Häufig diagnostizierten sie „Hysterie", also einen Zusammenhang zwischen Krankheit und Uterus. Mancher Arzt kam aber auch zum Fazit, dass hier tatsächlich „ein Wunder der Natur" vorliege: nicht direkt gottgewirkt (*über*natürlich) im Sinne eines Wunders, aber *außer*natürlich und wunderbar bzw. Staunen hervorrufend. Diese Klassifikationen waren Teil von Gelehrtendiskursen der Frühen Neuzeit, die sich mit den Naturgesetzen, Ausnahmen davon, sowie der Rolle Gottes in der Schöpfung beschäftigten. Das semantische Spektrum zwischen dem „Wunderhaften" und dem „Natürlichen" war dabei stark ausdifferenziert.[17]

Die Frage, ob eine radikale Nahrungsabstinenz dauerhaft physiologisch möglich sei, war unter Ärzten bis in die erste Hälfte des 19. Jahrhunderts noch umstritten. Manche bejahten es, z. B. wurde entlang der damaligen Körpermodelle von einer Ernährung durch Luft über die Haut oder die Lunge ausgegangen.[18] Noch bis Anfang des 20. Jahrhunderts bestanden religiöse und medizinische Erklärungen der Fastenwunder nebeneinander, konkurrierten miteinander oder überschnitten sich.[19] Es lässt sich demzufolge keine einfache Geschichte einer Säkularisierung der Nahrungslosigkeit erzählen, in der eine religiöse von einer rationalen Deutung abgelöst worden ist. Vielmehr standen diese gleichzeitig nebeneinander und waren miteinander verflochten.[20]

Wer keine Nahrung zu sich nahm, und *wo* und *wie* diese Person lebte, beeinflusste die Art der Zuschreibungen durch die soziale Umwelt massiv. Dabei spielten soziale Herkunft, Konfession, Geschlecht und der Wohnort eine wesentliche Rolle.

– neben den „neuen" Mystikerinnen – der Herz-Jesu-Kult und Kulte um Marienerscheinungen. In den einzelnen Ländern Europas bildeten sich spezifische ultramontane Profile heraus. Unterburger 2005, 705–708.

15 Holzem 2017.
16 Graus 2017.
17 Daston 1991.
18 Fiegert 2001, 40. Wurm 2013, 135–136.
19 Marques 2017.
20 Bigalke 2022, 24.

b) Die Beschreibung der Krankheit Anorexie *im Handlungsfeld der Medizin*

Die sogenannte *Anorexie* wurde um 1873/74 erstmals als eine eigenständige Krankheitskategorie beschrieben und benannt. Sie stand von Beginn an im Zusammenhang der Problematisierung und Verwissenschaftlichung der menschlichen Ernährung. Anfangs noch kaum bekannt, wurde sie im Zusammenhang mit Nahrungslosigkeit lange weitestgehend vernachlässigt. Stattdessen bildete in den 1870er Jahren die *Hysterie* noch die grundlegende Matrix, wenn bei Nahrungslosigkeit von einer Krankheit ausgegangen wurde. Hysterie war ein Sammelbegriff, in den die diversesten Symptomatiken als Varianten eingeordnet werden konnten. Appetitlosigkeit und Nahrungsverweigerung galten noch sehr lange als hysterische Symptome. Entsprechend wurde auch die *Anorexia nervosa* anfangs als eine Version der Hysterie verstanden, die sich in Form von Verdauungsstörungen bei jungen Frauen manifestiere. Der französische Internist Charles Lasegue hatte ihr 1873 den Namen „*anorexia hysterique*" gegeben. Der Brite William Gull, der ein Jahr später drei Fallberichte veröffentlichte, bestritt den Zusammenhang mit hysterischen Erkrankungen, denn auch Männer seien von der neuen Krankheit betroffen. Es sei daher eher von einem nervösen Ursprung auszugehen, weswegen er den Begriff *Anorexia nervosa* einführte. Ihm war die Hysterie-Diagnose zu schwammig, um daraus ein in sich stimmiges Krankheitskonzept zu entwickeln. Das hatte unter anderem damit zu tun, dass er sich an den Prämissen der Neurologie orientierte. Gull konzentrierte sich auf die rein physiologischen Merkmale der Krankheit. Diese medizinischen Deutungskämpfe über den Ursprung der Anorexie führten wiederum zu einer erhöhten öffentlichen Aufmerksamkeit, wobei anfangs beide Deutungen – Hysterie oder Nervenkrankheit – nicht eindeutig voneinander zu trennen waren, denn auch die Hysterie wurde zunehmend als Nervenkrankheit debattiert.[21] Langsam aber verschwanden Hysterie-Diagnosen und die Nervosität stand nun für eine lange Zeit paradigmatisch für alles Pathologische.[22] Dagegen zeichnete sich „Lasegues Darstellung [...] im Gegensatz zu Gull durch eine psychologische Herangehensweise aus. Er geht auf die familiären Konflikte ein, aus denen sich die Anorexie entwickeln könne, und betone Probleme, die spezifisch für junge Mädchen des Bürgertums im Übergang zum Erwachsensein waren und die er als ursächlich für die Entwicklung der Anorexie herausarbeitet."[23]

Der Fokus im Umgang mit dem Nichtessen im Kontext des Anorexie-Diskurses lag eher auf dem Problem eines „nervösen" Magens, ganz anders also als heute. Befürchtungen der Patient_innen bezüglich ihrer Figur und ihres Gewichts sind erst viel später zu den charakteristischen Motiven der Nahrungsenthaltung im Konzept der Anorexie geworden. Aber Ernährung spielte auch in der bürgerlichen Kultur des ausgehenden 19. Jahrhunderts eine zentrale normierende Rolle:

21 Scull 2009.
22 Brumberg 2000. Marcinski 2020, 91–92.
23 Marcinski 2020, 92.

Sie war moralisch und genderspezifisch codiert. Wenig Nahrung zu sich zu nehmen, galt für Frauen als Zeichen für Disziplin und Anstand, Selbstbeherrschung und Bescheidenheit. Nahrungsverweigerung wurde zu einem verbreiteten Typus des Krankseins bürgerlicher junger Frauen. Manche zeigten ein Kontinuum von äußerst wählerischem Essverhalten, geringem Appetit und Verdauungsstörungen bis hin zur Nahrungsverweigerung. Ihre Rolle als magersüchtige Kranke in der Familie scheint für die Lösung spezifischer sozial-psychologischer Probleme besonders geeignet gewesen zu sein. Die Betroffenen entzogen sich belastenden Situationen, indem sie nicht mehr an den gemeinsamen Mahlzeiten der Familie teilnahmen und als Kranke zunächst nicht verheiratet werden konnten. Erst nach ihrer Heilung konnten Heiratspläne erneut thematisiert werden.[24] Der mehrheitlich weiblich codierten Krankheit des Nichtessens stand eine männlich codierte, gesundheitspräventive und charakterförderliche Praxis der Nahrungsenthaltung gegenüber.

c) Temporäres radikales Fasten in der Athletikszene der USA

Das dritte Handlungsfeld ist die US-amerikanische Körper- und Fitnesskultur. Einer ihrer Protagonisten war Bernarr Macfadden (1868-1955). Fitnesskultur war eine Kombination aus Bodybuilding verbunden mit eigenen Ernährungs- und Gesundheitstheorien. Macfadden gründete früh seinen eigenen Verlag und prägte über Jahrzehnte den US-amerikanischen Fitnessdiskurs. Er veröffentlichte sein erstes Buch über das Fasten (*Macfadden's fasting, hydropathy and exercise*) im Jahr 1900[25] und entwickelte Bildungsprogramme, wie z. B. *The Physical Culture Training School.*[26]

Temporäres radikales Fasten wurde von Macfadden und anderen Vertretern wie dem Arzt Edward Dewey (1837–1904) und dem Verleger Charles Haskell als gesundheitspräventive Maßnahme und zur Heilung von akuten und chronischen Krankheiten beworben. Es sei gut gegen Grippe, Asthma, Katarrh und sogar gegen Krebsleiden. Damit wurde es als Allheilmittel kategorisiert. Fast alle Befürworter des Fastens in diesem Handlungsfeld zwischen 1890 und 1930 waren Männer. Diese Fitness-Autoren machten temporäre Nahrungsabstinenz zum Schlüssel für physische Stärke und wahre Männlichkeit. Sie rahmten diese Praxis als unerschrocken, heroisch und als ein klares Zeichen für oder einem Weg zu finanziellem und sozialem Erfolg. Da diese Praxis manchmal in der Öffentlichkeit mit Anorexie in Verbindung gebracht wurde, betonten diese Männer immer wieder, dass sie reichlich aßen, wenn sie nicht fasteten, und dass sie nur in bestimmten Abständen und für eine begrenzte Dauer auf Nahrung verzichteten. Dewey und Haskell behaupteten, dass das Fasten ihre persönlichen Tugenden zu

24 Ebd. 96.
25 Macfadden 1900.
26 Whorton 1982.

kultivieren helfe. Damit rahmten sie die Praxis als geeignetes Instrument für die Weiterentwicklung der eigenen Selbstbeherrschung.[27]

In den von ihnen publizierten Gesundheitsratgebern basierten weitere Begründungen für das Fasten auf der neu entdeckten medizinischen Keimtheorie. Sie warnten die Leser_innen vor Selbstvergiftungen der eigenen Gedärme durch die falsche Ernährung. Dahinter stand das Ideal des reinen Körpers – sowohl innen wie außen. Idealisiertes Ziel war ein Leib, der gründlich deodoriert war und durch das Fasten zusätzlich einen angenehmen und respektablen Duft verströmte. Selbst die Idee von geruchlosen Exkrementen als Ideal wurde von den Fastenbefürwortern ausführlich thematisiert. Im Allgemeinen empfahl Macfadden eine siebentägige Pause vom Essen. Er vermarktete diese kurzen Fastenperioden als vergnügliche Erfahrung. Es gehe nicht um Leid und dessen Überwindung, sondern um die Entwicklung der tugendhaften Selbstbeherrschung.[28] Das Schrifttum von Bernarr Macfadden war zudem durchdrungen von Vorstellungen der damaligen Eugenik und Rassetheorien. Er setzte schwarze und asiatische Männer den weißen Männern als Gegenstücke gegenüber, um dann die körperliche Überlegenheit der „weißen Rasse" zu verdeutlichen. Das geschah sowohl textlich als auch visuell. Die Befähigung zu und Kultivierung von Selbstbeherrschung sei nur den Vertretern der angelsächsischen Rasse zu eigen und markiere den Unterschied zu den „degenerierten Rassen", die an die tierische Befriedigung des Essens gebunden blieben und viel zu schwach zum Fasten seien. Die Fähigkeit zum Fasten und das Weißsein fügten sich dabei in eine größere Logik von Körperbeherrschung und der Demonstration von Überlegenheit ein.[29]

d) Lebende Skelette und Hungerkünstler in der Unterhaltungsbranche

Isaac Sprague (1841-1887) begann im Alter von 12 Jahren an Gewicht zu verlieren und dieser Gewichtsverlust setzte sich trotz seines normalen Appetits sein Leben lang fort.[30] Nach dem Tod seiner Eltern konnte Sprague nicht genug arbeiten, um seinen Lebensunterhalt zu bestreiten, so dass er zunächst arbeitslos wurde. Im Jahr 1865 wurde ihm dann eine Stelle bei einem Zirkus angeboten, wo er als „lebendes Skelett" in einer sogenannten *Sideshow*[31] auftrat. Phineas Taylor

27 Griffith 2004, Kap.: *Living on Air: Gospels of Fasting, Conquest, and Purgation.*

28 Ebd.

29 Ebd., 128–129.

30 Auch wenn Historiker_innen mit ex-post Diagnosen vorsichtig sein müssen, gibt es Vermutungen, dass er und andere an progressiver Muskelatrophie litten. Bei der Arbeit mit historischen Text- und Bildquellen werden solche Diagnosen kontrovers diskutiert. Naturwissenschaftliche Methoden, die zunehmend in der Geschichtsforschung angewendet werden und mit menschlichen Überresten arbeiten, haben andere methodische Möglichkeiten der expost Diagnostik (z.B. Untersuchungen von Knochen). Stolberg 2012, 209–227.

31 Eine *Sideshow* war in den USA ein spektakuläres Nebenprogramm von großen Zirkus- oder Jahrmarktsveranstaltungen. Sie waren für ein Publikum mit weniger Geld konzipiert. Die Shows ähnelten den deutschen Schaubuden. Oft wurden dort körperliche Abnormitäten von

Barnum (1810-1891), der Unterhaltungsunternehmer und Direktor des *Barnum and Bailey Circus* entdeckte Sprague und heuerte ihn dann für seine *American Museum Freak Show* an. Seitdem tourte Sprague durch die USA und schließlich auch in Übersee.

Der als Hungerkünstler bekannt gewordenen Giovanni Succi fastete im Jahr 1880 öffentlich in New York 45 Tage und ging mit dieser Praxis später auf Europatour. Dieses Schauhungern hatte von Anfang an Wettbewerbscharakter: ein Spektakel, das mit der Schaulust der Zuschauer_innen spielte und sofort zum Medienereignis wurde. Manche hielten Succi für verrückt oder für einen Betrüger. Bald begannen andere Männer – seltener Frauen – seine Praxis zu imitieren und nahmen dafür ebenfalls italienische Künstlernamen an, weil sie sich davon mehr Erfolg verhofften, wie der Norweger Francisco Cetti, der Deutsche Riccardo Sacco oder der Franzose Stefano Merlatti. Diese Spektakel riefen regelmäßig ambivalente Emotionen bei den Betrachter_innen hervor.[32] Im Jahr 1904 ließ sich Ricardo Sacco alias Wilhelm Bode zum Münchner Oktoberfest auf „der Wiesn" in einen Glaskasten einschließen, in dem er fünfzehn Tage ohne Nahrung ausharren wollte. Direkt neben dem gastronomischen Angebot wie den Ochsen am Spieß und dem Massenbesäufnis in den Bierzelten fastete Bode in einem Glaswürfel. Drei Tage lang gab es Tumulte entrüsteter Besucher um den Glaskasten, dann kapitulierten die städtischen Ordnungshüter. Der Hungerkünstler wurde aus seinem Käfig zwangsbefreit und zu einer Brotzeit im *Cafe Wittelsbach* verpflichtet. Woher kam diese Rage der Besucher? Eine mögliche Deutung könnte sein, dass diese öffentlich sichtbaren Dauerfaster die ärmeren Besucher_innen der Wiesn an ihre alltäglichen Entbehrungen erinnerte, die man auf dem Oktoberfest für ein paar Stunden hinter sich lassen wollte.[33]

Die Zurschaustellung in abgeschlossenen Glaskästen setzte sich auch bei den anderen Hungerkünstlern durch. Sie wurden zunehmend streng bewacht, um den Betrugsvorwürfen der Zuschauer zu begegnen und die Glaubwürdigkeit zu steigern. Die Hungerkunst war angewiesen auf ein Publikum und wurde in ihrer kommerzialisierten Form zum Beruf, der den Lebensunterhalt sicherte. Die Mineralwasserfirmen, die das Trinkwasser lieferten, brachten ihre Reklame an die Außenwände dieser Kästen an. Ihre Bühnen waren Jahrmärkte, Theater und Wirtshäuser. Neben der Bewunderung und dem Staunen war es immer auch ein Gruseleffekt, den das inszenierte Hungern bei Zuschauer_innen auslöste. „Das Hungern offenbarte die eigene Verletzlichkeit und damit den Tod als möglichen Endpunkt der Darbietung."[34] Manche Hungerkünstler rahmten ihr Handeln religiös: Giovanni Succi sprach von einem spirituellen Akt, bei dem er mit Gott in Kontakt trete.

Menschen zur Schau gestellt: bärtige Frauen, superstarke Männer, lebende Skelette oder kleinwüchsige Menschen. Siehe Chemers 2008. Durbach 2020.

32 Payer 2000. Gooldin 2003, 47. Marcinski 2020, 67.

33 Kubitza 2022.

34 Marcinski 2020, 65.

Die Hungerkunst als Praxis war eng verbunden mit der Entstehung der Wissenschaftsdisziplin der Physiologie, die sich (unter anderem) mit der Erforschung des menschlichen Stoffwechsels beim Hungern im Feld der Medizin etablierte und diese dadurch verwissenschaftlichte. Diese Verbindung war eine *win-win*-Situation für die Akteure beider Seiten: Die Möglichkeit zur empirischen Hungerforschung am Menschen war nun gegeben und diese wiederum verlieh der Hungerkunst eine gewisse gesellschaftliche Seriosität, da ihre Praxis als Beitrag für den wissenschaftlichen Fortschritt betrachtet werden konnte.[35]

Bei der Hungerkunst ging es primär um das Zurschaustellen des Hungerns, welches zunächst als Leiden dann aber als dessen sichtbare Überwindung performt werden sollte. Die Fähigkeit zu hungern, wurde als ein bewusster Akt der Entsagung inszeniert, der einen starken Willen und Selbstdisziplin verlangte. All dies seien Fähigkeiten, die vor allem Männer, und nur wenige Frauen aufbringen könnten, so die vermittelte Botschaft. Die Hungerkunst verdeutlichte und machte leiblich sichtbar – wie schon das Fasten der Gesundheitsreformer der Fitnesskultur – was bürgerliche Tugenden wie Disziplin sind und dass diese erstrebenswert seien. Die Hochzeit der Hungerkunst dauerte bis zum I. Weltkrieg, in dem viele Menschen erneut selbst die Erfahrung mit Hunger und Mangelernährung machen mussten.[36]

In der Öffentlichkeit litten die lebenden Skelette nicht: ihre knochigen Silhouetten stellten sie als nicht schmerzhaft zur Schau. Ihre abgemagerten Körper wurden nicht als Resultat einer Willensanstrengung oder einer Überwindung von Hunger gezeigt, sondern vielmehr als ein staunenswerter, aber natürlicher physiologischer Zustand.

Schlussbemerkungen

Phänomene der radikalen Nahrungsabstinenz und des Hungerns waren im 19. und 20. Jahrhundert in vielen Handlungsfeldern zu finden: katholische Kultgemeinschaften um weibliche Mystikerinnen und sogenannte Fastenwunder, männerdominierte Fastenkuren für die Gesundheit, gegen Krankheiten und für die eigene Fitness, unterhaltende Hungerkunst und die Freak Shows der „lebenden Skelette", sowie junge weibliche Anorexie-Patientinnen in medizinischer Behandlung. Diese Menschen lebten und praktizierten zur gleichen Zeit und an den gleichen Orten ihre Nahrungsabstinenz. Dies führte auch zu Wechselwirkungen zwischen den einzelnen Phänomenen. Anorexie beeinflusste die Selbstdarstellung der Akteure der athletischen Fastenkuren. Die Hungerkünstler wurden Objekte medizinisch-physiologischer Forschung ebenso wie die katholischen Fastenden, die unter psychologischen, neurologischen und physiologischen Aspekten untersucht worden waren.

---

35 Ebd., 66.

36 Ebd., 72.

Aber die Deutungen durch die Zeitgenossen, ob nun Laien oder medizinische und religiöse Experten, variierten stark in den verschiedenen Handlungsfeldern. Diese Unterschiede waren nicht nur vom professionalen Wissen der Experten beeinflusst (juristisch, medizinisch, psychologisch, theologisch), sondern auch von den sozialen Merkmalen (soziale Herkunft, Geschlecht, Bildungsniveau, Religionszugehörigkeit, Herkunftskultur, Hautfarbe oder Alter). Diese Merkmale müssen bei der historischen Untersuchung als voneinander abhängig betrachtet werden. Männer dominierten die unterhaltende Hungerkunst und die öffentlichen Fastenkuren der Fitnesskultur der weißen Mittelschicht. Wenig gebildete Frauen dominierten dagegen die meist ländlichen katholischen Kulte und wurden dabei zu potenziellen Heiligen. Städtische junge Bürgersfrauen wiederum wurden als magersüchtig oder hysterisch beschrieben.

Die historischen Rahmenbedingungen in den jeweiligen Handlungsfeldern hatten ebenfalls einen Einfluss auf die Urteile der Zeitgenoss_innen über die Praxis der Fastenden: Was war damals eine legitime, ethisch vertretbare Unterhaltung? Welcher Grad an Kommerzialisierung war im Handlungsfeld Religion erlaubt? Welche rechtlichen Regelwerke setzten Grenzen für Akteur_innen im Bereich des Gesundheitsmarktes? Wie weit durften Ärzte bei der Untersuchung von Patient_innen gehen, z. B. im Hinblick auf Experimente mit ihnen?

Der Vergleich lässt Ähnlichkeiten aber auch Unterschiede in den vier Handlungsfeldern sichtbar werden:[37] Die Darbietung in der Öffentlichkeit und die Tendenz zur Kommerzialisierung finden sich sowohl bei der Hungerkunst, der Fastenkur und auch bei den eher säkularen weiblichen Fastenwundern, nicht aber hingegen bei den Magersuchtkranken. Narrative mit positiven Tugendzuschreibungen, wie etwa körperliches Leid klaglos ertragen können oder die Performanz von Selbstdisziplin, finden sich bei den Fastenwundern und den Hungerkünstlern, nicht aber bei den Anorektikerinnen und lebenden Skeletten. Staunen über die Bedürfnislosigkeit sieht man seitens der Zuschauer_innen bei den lebenden Skeletten und bei den Fastenwundern. Betrugsvorwürfe ließen sich dagegen überall außer bei den lebenden Skeletten finden.

Die Selbst- und Fremddeutungen bei den Fastenwundern changierten zwischen den Deutungen des Ausgeliefertseins an einen kranken Körper, der Unfähigkeit zu essen im Rahmen einer passiv gedachten Weiblichkeit, oder aber dem heroischen Aushalten von Leid zur Ehre Gottes in der *Imitatio Christi* sowie als Sühne für die Welt. Das Spektrum der Interpretationen reichte bei den Fastenwundern sehr weit: von der heiligen Heldin, über Personen in einem geschlechtslosen Zustand zwischen Leben und Tod, vom Opfer der eigenen sozialen Lebensumstände, bis zum listigen und betrügerischen Bauernmädchen, oder Frauen, die wahlweise ihrem Unterbewusstsein oder den suggestiven Einflüsterungen ihre Beichtväter ausgeliefert sind. Insbesondere die Kategorie Geschlecht ist integraler Bestandteil der wissenschaftlichen und gesellschaftlichen Diskurse über Praktiken der

[37] Zur erkenntnistheoretischen Unterscheidung zwischen „Ähnlichkeit" und „Gemeinsamkeit" siehe Freiberger 2011, 200.

radikalen Nahrungsabstinenz. Darin ist die Zuschreibung von *Aktivität* oder *Passivität*, also die Frage nach der Absichtlichkeit der Nahrungsabstinenz zentral. Über die Deutung der Praktiken des Nichtessens wurden auch in diesen Handlungsfeldern Geschlechterverhältnisse reproduziert und stabilisiert.[38]

Wichtige professionale Akteure, welche die Themen bearbeiteten und in der Öffentlichkeit verhandelten, waren Mediziner, z. B. Vertreter der Neurologie oder Physiologie, manchmal auch Psychiater. Die Nahrungsabstinenz in allen genannten Handlungsfeldern wurde zu einem wissenschaftlichen Objekt gemacht. Die Antworten auf die Frage nach den Motivationslagen der Praktiker_innen bleiben heterogen: Wie sind sie überhaupt empirisch-historisch untersuchbar? Handelt es sich zu Beginn der Nahrungsabstinenz um die gleichen Motive wie am Ende? Kann es mehrere Motive geben? Ist es naiv nach individuellen Intentionen und Motiven zu fragen angesichts der stets sozialen Eingebundenheit menschlichen Denkens und Handelns.[39] Handelt es sich um physiologische oder/und psychologisch bedingte Phänomene? Nicht einmal die zunächst als physiologische Krankheit beschriebene *Anorexie* ist ein eindeutiger Fall im Sinne eines rein naturwissenschaftlichen Gegenstandes. Das Krankheitskonzept hat zugleich ein kulturelles und soziales Eigenleben. Es ist zeit- und ortsgebunden und verfügt mittlerweile über eine 150-jährige Geschichte. Die Existenz der *Anorexie* als anerkannte Krankheit ist auch abhängig von den jeweiligen zeitgenössischen Diskursen und Institutionen. Die Anorektikerinnen sind nicht nur passive Personen, also Patientinnen, die diagnostiziert werden. Sie waren und sind zugleich Akteurinnen ihrer Krankheit und bringen die Anorexie als sichtbares Phänomen mit hervor. Und dabei prägen und verändern sie es. Dieser diachrone, wechselseitige Prozess lässt sich auch für die weiblichen Fastenwunder beobachten.[40]

So bleibt die Ausgangsfrage: Wurde Nahrungsabstinenz als Mittel einer *intendierten* Selbsttransformation genutzt? Insbesondere in den Quellen zu den bettlägerigen Fastenwundern, die im Ruf der Heiligkeit standen, und bei den fastenden Männern der Fitnesskultur lassen sich in deren Selbstaussagen sowie auch in den Zuschreibungen der Zeitgenoss_innen Hinweise finden, die auf ein solches Ziel oder Effekt schließen lassen. Das Kultivieren eines zukünftigen Heiligenkörpers und das Hervorbringen heroischer weißer, gesunder, wohlriechender Männlichkeit sind gute Beispiele für eine intendierte Körpertransformation, die zugleich auch als Versuch der Selbsttransformation betrachtet werden können.

---

38 Setzwein 2004. Scheer 2013.

39 Bei dieser Frage können Historiker_innen von denjenigen Soziolog_innen profitieren, die sich mit Theorien des sozialen Handelns beschäftigen. So differenzieren akteurszentrierte Ansätze zwischen Begründungen, Ursachen und Motivlagen. Abels 2009, 134–157.

40 Mit diesen Fragen wird sich intensiv in der Wissenschaftsgeschichte und Wissenschaftsphilosophie beschäftigt. Ian Hacking hat für diesen wechselseitigen Prozess zwischen Klassifikationen und Klassifizierten den Begriff des Rückkoppelungseffektes eingeführt. Hacking 1995. Vgl. Marcinski 2020, 41–47.

Bibliographie

Abels, Heinz, 2019, Einführung in die Soziologie Band 2: Die Individuen in ihrer Gesellschaft, Wiesbaden: VS Verlag für Sozialwissenschaften.

Bigalke, Bernadett, 2022, „Mir langt der Heiland“: Vorstudie zu religiös begründeter Nahrungsabstinenz im modernen Katholizismus, in: Zeitschrift für Religionswissenschaft 30,1, 22–59.

Blum, Daniela, 2021, Intercessio, nicht nur imitatio: Konzepte der Nachahmung Christi in hagiographischen Texten des 13. Jahrhundert, in: Leppin, Volker (Hg.), Schaffen und Nachahmen: Kreative Prozesse im Mittelalter, Berlin: de Gruyter, 407–422.

Brumberg, Joan J., 2000, Fasting girls: The history of anorexia nervosa, New York: Vintage Books.

Burkart, Matthias / Mehler, Johann Baptist (Hg.), 1919, Juliana Engelbrecht, die gottbegnadete Jungfrau von Burgweinting, Regensburg: Manz.

Buschmann, Maximilian, 2015, Hungerstreiks. Notizen zur transnationalen Geschichte einer Protestform im 20. Jahrhundert, in: APuZ 49, 34–40.

Chemers, Michael, 2008, Staging stigma: a critical examination of the American freak show, Basingstoke: Palgrave Macmillan.

Daston, Lorraine, 1991, Marvelous Facts and Miraculous Evidence in Early Modern Europe, in: Critical Inquiry, 18, 1, 93-124.

Durbach, Nadja, 2020, Atypical Bodies: The Cultural Work of the Nineteenth-Century Freak Show, in: Huff, Joyce/ Stoddard Holmes, Martha (Hg.), A cultural history of disability in the long nineteenth Century, London: Bloomsbury Academic, 23–42.

Griffith, Ruth Marie, 2004, Born Again Bodies: Flesh and Spirit in American Christianity, Berkeley, Los Angeles: University of California Press.

de Meester, Conrad, 2020, La fraude mystique de Marthe Robin, Paris: Editions du cerf.

Fiegert, Monika (Hg.), 2001, Kranke, Betrügerin oder Wundermädchen?: die Geschichte der Anne Marie Kienker aus Eppendorf bei Borgloh im Fürstbistum Osnabrück, Osnabrück: Landkreis Osnabrück.

Freiberger, Oliver, 2011, Der Vergleich als Methode und konstitutiver Ansatz der Religionswissenschaft, in: Lehmann, Karsten / Kurth, Stefan (Hg.), Religionen erforschen: Kulturwissenschaftliche Methoden in der Religionswissenschaft, Wiesbaden: VS Verlag für Sozialwissenschaften, 199–218.

Goetz, Hans-Werner, 2016, Gott und die Welt: Teil 1, Band 3. IV. Die Geschöpfe: Engel, Teufel, Menschen, Göttingen: V&R unipress.

Gooldin, Sigal, 2003, Fasting Women, Living Skeletons and Hunger Artists: Spectacles of Body and Miracles at the Turn of a Century, in: Body & Society 9, 2, 27–53.

Graus, Andrea, 2017, A visit to remember: stigmata and celebrity at the turn of the twentieth century, in: Cultural and Social History 14,1, 55–72.

Hacking, Ian, 1995, The looping effect of human kind, in: Sperber, Dan, (Hg.), Causal Cognition: A Multidisciplinary debate, Oxford: Clarendon Press, 351–383.

Hafner, Johann Evangelist, 2010, Angelologie, Paderborn: Schöningh.

Holzem, Andreas, 2015, Christentum in Deutschland 1550–1850: Konfessionalisierung, Aufklärung, Pluralisierung, Bd. 1, Paderborn: Schöningh.

Holzem, Andreas, 2017, Katholizismus, europäischer Ultramontanismus und das Erste Vatikanische Konzil, in: Schjørring, Jens H. (Hg.), Geschichte des globalen Christentums, Teil 2, 19. Jahrhundert, Stuttgart: Verlag W. Kohlhammer, 161–234.

Israel, Uwe, 2005, Leben vom lebendigen Gott: Hostienesser im Mittelalter, in: Mediaevistik 18, 69–81

Köppl, Christiane, 1997, Mystik und Öffentlichkeit: Der Kult der Therese Neumann, Aachen: Fischer.

Kubitza, Michael, 2022, München um 1900: Arm und Reich, in: Bayrischer Rundfunk, Sendung Radiowissen: https://www.br.de/mediathek/podcast/radiowissen/muenchen-um-1900-arm-und-reich/1798894 (letzter Zugriff: 11. Mai 2023).

Macfadden, Bernarr, 1900, Macfadden's fasting, hydropathy and exercise: nature's wonderful remedies for the cure of all chronic and acute diseases, London: Bernarr Macfadden.

Marcinski, Isabella, 2020, Hunger spüren: Leib und Sozialität bei Essstörungen, Frankfurt a. M.: Campus Verlag.

Marques, Tiago Pires, 2017, Experiencing Religion and Medicine: Marian Apparition and victim souls in Portugal, 1910–1950, in: Smaele, Henk de / Osselaer, Tine / Wils, Kaat (Hg.), Sign or Symptom?: Exceptional Corporeal Phenomena in Religion and Medicine in the Nineteenth and Twentieth Centuries., Leuven: Leuven University Press, 141–162.

o.N., 1948, Steigendes Licht: Anna Nassl; eine Sühneseele aus dem Dritten Orden des heiligen Franziskus; gestorben im Rufe der Heiligkeit am 18. Februar 1933, Donauwörth: Cassianeum.

Payer, Peter, 2000, Hungerkünstler in Wien, Wien: Verein für die Geschichte der Stadt Wien.

Pulz, Waltraud, 2007, Nüchternes Kalkül – verzehrende Leidenschaft: Nahrungsabstinenz im 16. Jahrhundert, Köln: Böhlau.

Rossi, Leonardo, 2020, ‚Religious virtuosi' and charismatic leaders. The public authority of mystic women in nineteenth-century Italy, in: Women's History Review 29, 1, 90–108.

Schafhäutl, Karl Emil von, 1937, Die Wassertrinkerin Marie Furtner, die 50 Jahre lang nur von Wasser lebte, [Rähnitz-]Hellerau/Dresden: Bittner Verl. f. Volksheilkunde.

Scheer, Monique, 2013, Das Medium hat ein Geschlecht: Fünf Thesen zum besonderen Verhältnis zwischen Frauen und „angemaßter Heiligkeit" aus kulturwissenschaftlicher Sicht, in: Wolf, Hubert (Hg.), „Wahre" und „falsche" Heiligkeit:

Mystik, Macht und Geschlechterrollen im Katholizismus des 19. Jahrhunderts, München: De Gruyter Oldenbourg, 169–192.

Setzwein, Monika, 2004, Ernährung – Körper – Geschlecht: zur sozialen Konstruktion von Geschlecht im kulinarischen Kontext, Wiesbaden: VS Verlag für Sozialwissenschaften.

Stolberg, Michael, 2012, Möglichkeiten und Grenzen einer retrospektiven Diagnose, in: Pulz, Waltraud, (Hg.), Zwischen Himmel und Erde: Körperliche Zeichen der Heiligkeit, Stuttgart: Franz Steiner Verlag, 209–227.

Scull, Andrew, 2009, Hysteria: The Disturbing History, New York, Oxford: Oxford University Press.

Sonntag, Jörg, 2010, Speisen des Himmels: Essgewohnheiten und ihre biblischen Konzeptionalisierungen im christlichen Kloster des Hochmittelalters zwischen Anspruch und Wirklichkeit, in: Saeculum 60, 2, 259–276.

Klaus Unterburger, „Ultramontanismus," in RGG^4 8, 2005, 705–708.

Van Osselaer, Tine u.a. (Hg.), 2020, The Devotion and Promotion of Stigmatics in Europe, c. 1800–1950 Between Saints and Celebrities, Leiden: Brill.

Whorton, James C., 1982, Crusaders for fitness: the history of American health reformers, Princeton: Princeton University Press.

Wurm, Clara, 2013, Medizinische Konzepte zur religiösen Stigmatisation im 19. Jahrhundert, Köln: Deutsche Zentralbibliothek für Medizin.

„Keine Seele von euch soll Blut essen!“ (Lev 17,12)

Das Blutverbot in Judentum, Christentum und Islam als Kannibalismusverbot

Ulrike Kollodzeiski

Einleitung: Was ist Kannibalismus?

Claude Lévi-Strauss gibt einem seiner Essays den Titel „Wir sind alle Kannibalen“. Er meint diesen Satz keinesfalls metaphorisch, sondern ganz wörtlich.[1] In der Anthropologie besteht seit dem 19. Jahrhundert eine Auseinandersetzung über die Faktizität von Kannibalismus. Während die einen wie Lévi-Strauss ihn als anthropologische Konstante ansehen, bestreiten die anderen, dass es die sog. Menschenfresserei je als gesellschaftlich akzeptierte Praxis gegeben hat.[2] Diese Negation von Kannibalismus ist jedoch kaum haltbar und scheint vor allem durch dessen Tabuisierung in der eigenen Gesellschaft bedingt zu sein. Ihr liegen die folgenden Annahmen zugrunde: Wenn es ein allumfassendes Nahrungstabu überhaupt gibt, dann das Verbot, Menschen zu essen. Kannibalismus löst Entsetzen aus. Solches Entsetzen, das ein solcher Akt schlicht für unmöglich erklärt und an den äußersten Rand der menschlichen Gesellschaft gestellt wird. Kannibalismus ereigne sich wenn überhaupt, dann nur in absoluten Notsituationen. Er wird als Ausdruck einer psychischen Störung oder eines absoluten Mangels von Zivilisation betrachtet.

Viele Welt- und Reisebeschreibungen berichten seit der Antike von sog. Menschenfressern am Rande der bekannten Welt. Diese sind als Belege für tatsächlichen Kannibalismus zwar höchst fragwürdig, weil sie in den meisten Fällen allenfalls vom Hörensagen berichten. Es gibt aber auch Berichte, die nicht einfach von der Hand zu weisen sind. Ein Beispiel dafür ist der Bericht zur Weltumseglung von James Cook aus Neuseeland, wo er und seine Schiffsbesatzung selbst Augenzeugen eines solchen Aktes geworden sind.[3]

Kannibalismus ist zudem eine Frage der Wahrnehmung. Vieles, was genau genommen unter diese Kategorie fällt, wird gar nicht als solcher thematisiert. Kannibalismus im strengen Sinn bezeichnet jeglichen Konsum von Teilen des Körpers eines Wesens derselben Art. Darunter fällt auch oraler Geschlechtsverkehr und sogar das Lecken des eigenen Blutes nach einer Verletzung oder das Fingernägelkauen als Autokannibalismus.[4] Was Kannibalismus von einer Bluttransfusion oder Organtransplantation unterscheidet, ist letztlich nur der Akt

---

1 Lévis-Strauss 2014.
2 Arens 2017.
3 Heesen 2008, 115-163.
4 Ebd., 21.

des Essens. Gerade im medizinischen Kontext wird Kannibalismus auffällig häufig gesellschaftlich akzeptiert und gar nicht als solcher wahrgenommen. Dies gilt besonders auch für die europäische Medizingeschichte. In der Frühen Neuzeit wurde weder das literweise Trinken von noch warmem menschlichem Blut als Mittel gegen Epilepsie problematisiert, noch der Verzehr antiker oder neuer menschlicher Mumien mit Kannibalismus assoziiert. Gerade letzteres war kein Randphänomen. Es gab eine ganze Branche, die sich nur mit der Beschaffung und dem Vertrieb von menschlichen Leichnamen vorrangig vom amerikanischen Kontinent beschäftigte, um sie als Mumien zu medizinischen Zwecken dem europäischen Markt zuzuführen.[5]

Ob eine Praxis als Kannibalismus bezeichnet wird, hängt auch davon ab, wer in die Kategorie „Wesen derselben Art" eingeschlossen wird. Der Verzehr von jedwedem Fleisch, woher es auch stammt, ist im heutigen Buddhismus und Hinduismus eine Form von Kannibalismus, da es sich hierbei gemäß der Einheit des Lebens und dem Prinzip der Wiedergeburt um ehemalige oder zukünftige Menschen handelt, potentiell sogar um die nächsten Verwandten. Lévi-Strauss schließt deswegen konsequenterweise: „Der Kannibalismus an sich hat keine objektive Realität. Es handelt sich um eine ethnozentrische Kategorie: er existiert nur in den Augen der Gesellschaften, die ihn verbieten."[6]

Ein Blick in die Begriffsgeschichte zeigt zudem, dass es sich bei dem sog. Menschenfresser, griechisch Anthropophage, und dem sog. Kannibalen um Fremdbezeichnungen handelt, d. h. um Begriffe mit denen aus europäischer Perspektive weit entfernte, fremde Völker beschrieben wurden.[7] Allem Anschein nach waren es die alten Griechen, die das Stereotyp der Anthropophagie als typisches Merkmal des wilden, noch nicht zivilisierten Menschen entwickelten. Sie schufen damit ein negatives Gegenbeispiel, über das sie ihre eigene gesellschaftliche Ordnung und Kultur positiv herausstellen konnten.[8]

„Kannibalismus" als Begriff geht wahrscheinlich auf Christoph Kolumbus zurück. Als er 1492 die karibischen Inseln erreichte, berichtet er, man habe ihm erzählt, dass auf der Insel Bohio die Bewohner sich von Menschfleisch ernährten; weiter entfernt, wohne sogar ein noch wilderer Stamm, der jeden sofort enthaupte, um sein Blut zu trinken. Kolumbus dachte bekanntlich, er habe den Seeweg nach Asien entdeckt. Über Asien wusste er aus spätmittelalterlichen Reiseberichten etwa von Marco Polo oder Mandeville, dass es dort Menschenfresser geben müsse. So lag es nahe, dass Kolumbus das vorgeblich menschenfressende Volk der Caniba als jenes asiatische Volk des Großen Khan identifizierte. Die Canibas bzw. Canibales und mit ihnen die gesamte sog. Neue Welt wurden binnen kürzester Zeit zum Synonym für Menschenfresser und Wilde.[9]

5 Sugg 2006, 229f.
6 Lévis-Strauss 2014, S. 157.
7 Heesen 2008, S. 19.
8 Fink 2015, 61.
9 Pöhl 2015, 33.

Menschenfresser und Kannibalen – das sind immer die anderen. Die aktuelle Kannibalismusforschung beschäftigt sich deshalb vorrangig mit Kannibalismus als Zuschreibung in Prozessen kollektiver Identitäts- und Alteritätsbildung.[10] Im Folgenden soll es jedoch nicht um das Reden über Kannibalismus bei anderen, sondern um das Verbot dieser Praxis innerhalb einer Gemeinschaft gehen. Dazu gilt es zu klären: Was genau versteht eine Gemeinschaft unter Kannibalismus? Wer fällt unter das Verbot und wie wird es begründet? Diese Fragen werden immer wieder unterschiedlich beantwortet. Das folgende Beispiel aus der jüdisch-christlich-islamischen Tradition soll veranschaulichen, wie komplex schon die scheinbar einfache Frage danach ist, wer überhaupt zur eigenen Gemeinschaft gehört und deswegen nicht gegessen werden darf. Denn dies gilt unter Umständen nicht nur für Menschen, sondern auch für weitere Lebewesen. Darauf hat auch kürzlich Philippe Descola aufmerksam gemacht: „Denn wenn die Tiere Personen sind, dann kommt ihr Verzehr einer Form von Kannibalismus gleich [...] Wie soll ich mich des Lebens eines Anderen bemächtigen, der mit denselben Attributen ausgestattet ist wie ich, ohne daß diese zerstörerische Tat die Bande des Einverständnisses gefährdet, die ich mit der Gemeinschaft seiner Artgenossen herstellen konnte?“[11]

Blutsordnung

Wer in den abrahamitischen Religionen nach einem expliziten Verbot Menschen zu essen sucht, wird nicht so leicht fündig. Endokannibalismus, d. h. in diesem Fall, das Fleisch der eigenen Nachkommen essen zu müssen, wird aber als eine der schlimmsten Strafen Gottes benannt: „Und wenn ihr mir trotzdem nicht gehorcht und euch mir entgegenstellt, dann werde ich mich euch im Grimm entgegenstellen, und ich meinerseits werde euch züchtigen wegen eurer Sünden, [und zwar] siebenfach. Und ihr werdet das Fleisch eurer Söhne essen, und das Fleisch eurer Töchter werdet ihr essen“ (Lev 26,27-29).[12] Auch wenn Kannibalismus nicht explizit verboten ist, so ist er doch ein Zeichen absoluter Verwerfung. Die eigenen Kinder zu essen steht nicht unter Strafe, sondern ist selbst die schlimmste göttliche Strafe. Wer ein gottesfürchtiges Leben führt, den würde Gott nie in eine solche Situation bringen.[13]

Das Fehlen eines expliziten Verbots bedeutet also nicht, dass Kannibalismus in den abrahamitischen Traditionen eine akzeptierte Praxis darstellt. Bereits in der Tora findet sich zudem ein Verbot, welches das formale Kriterium von

10 Gronau 2015, 66.
11 Descola 2011, 40.
12 Vgl. auch Dtn 28,53: „Dann wirst du die Frucht deines Leibes essen, das Fleisch deiner Söhne und deiner Töchter, die der Herr, dein Gott, dir gegeben hat in der Belagerung und Bedrängnis, mit der dich dein Feind bedrängt hat.“ Der Beitrag verwendet im Wesentlichen die Übersetzung der Elberfelder Bibel 2015. Abweichungen sind durch Fußnoten kenntlich gemacht.
13 Heesen 2008, 37.

Kannibalismus erfüllt, dass ein Wesen nicht ein anderes Wesen derselben Art essen soll. Dabei wird der Fokus jedoch nicht auf die biologische Art gesetzt, sondern auf das Leben selbst. Es ist das Blutverbot:

> „Und jedermann aus dem Haus Israel und von den Fremden, die in ihrer Mitte als Fremde wohnen, der irgendwelches Blut isst – gegen die Seele, die das Blut isst, werde ich mein Angesicht richten und sie aus der Mitte ihres Volkes ausrotten. Denn die Seele des Fleisches ist im Blut, und ich selbst habe es euch auf den Altar gegeben, Sühnung für eure Seelen zu erwirken. Denn das Blut ist es, das Sühnung tut durch die Seele [in ihm]." (Lev 17,10-11)

Eine Seele soll demzufolge also keine andere Seele essen. Da die Seele im Blut lokalisiert wird, bedeutet dies vor allem, dass kein Blut gegessen werden darf. Das Verbot bezieht sich dabei nicht nur auf menschliches, sondern auf irgendwelches Blut. Es schließt damit auch Blut anderer Lebewesen mit ein.[14]

Diese Anweisung ist so grundsätzlich, dass es nicht nur für das Volk Israel gilt, sondern auch für die Angehörigen anderer Völker. Für das Zusammenleben der verschiedenen Völker unter der Hoheit Israels ist es in vielen Bereichen nicht notwendig, dass sich diese sog. Fremden der israelitischen Ordnung anpassen. Sie können „in ihrer Mitte als Fremde wohnen", d. h. gemäß ihrer eigenen Ge- und Verbote leben. Das Blutverbot aber sollen auch sie beachten, sonst droht die Ausrottung durch Gott selbst. Eine menschliche Instanz ist zur Ausführung der Strafe nicht vorgesehen.[15]

Das Verbot findet sich noch an einer weiteren zentralen Stelle in der Tora, im Bericht über Gottes Bund mit Noah: „Alles, was sich regt, was da lebt, soll euch zur Speise sein; wie das grüne Kraut – [hiermit] gebe ich euch alles. Nur Fleisch mit seiner Seele, seinem Blut, sollt ihr nicht essen" (Gen 9,3-4). Alles ist zunächst erlaubt, nur Blut darf unter keinen Umständen gegessen werden. Das Verbot, Blut zu essen, wird damit als das grundsätzlichste und wichtigste aller Gebote mit Bezug zum Essen dargestellt.

Als entscheidende Begründung wird an beiden Stellen angeführt, dass die Seele im Blut sei. In der Hebräischen Bibel steht für Seele *nefesch*. *Nefesch* bedeutet 1. *Hauch, Atem*, 2. *Leben* bzw. *das, was lebendig macht* und 3. das *Herz als Sitz der Affekte*.[16] In der antiken griechischen Bibelübersetzung, der Septuaginta, steht an dieser Stelle *psyche*. *Psyche* hat eine ganz ähnliche Bedeutung: 1. *Hauch, Atem, Leben(skraft)*, 2. *Seele, Geist* im Sinne von *Verstand* oder auch *Herz als Sitz der Affekte* und 3. *Person*.[17] Die *nefesch* bzw. *psyche* ist in der Tora nicht etwas, das allein dem Menschen vorbehalten ist. Sie ist vielmehr das, was ein lebendes Wesen als solches ausmacht. Dies wird besonders deutlich im zweiten Schöpfungsbericht: „Da bildete Gott, der Herr, den Menschen [aus] Staub vom Erdboden und

---

14 Vgl. auch Lev 7,26-27: „Ihr sollt kein Blut essen in allen euren Wohnsitzen, es sei von den Vögeln oder vom Vieh. Jede Seele, die irgendwelches Blut isst, diese Person soll aus ihren Volksgenossen ausgerottet werden."

15 Hieke 2014, 618. 625.

16 Gesenius 1962, nefesch, 514.

17 Gemoll/Vretska 2019, psyche, 873-874.

hauchte in seine Nase Atem des Lebens; so wurde der Mensch *eine lebende Seele.*" (Gen 2,7) „Und Gott, der Herr, bildete aus dem Erdboden alle Tiere des Feldes und alle Vögel des Himmels, und er brachte sie zu dem Menschen, um zu sehen, wie er sie nennen würde, und genau so, wie der Mensch sie, die *lebenden Wesen*, nennen würde, [so] sollte ihr Name sein." (Gen 2,19) An beiden Stellen, „eine lebende Seele" in Gen 2,7 und „die lebenden Wesen" in Gen 2,19, steht in der Hebräischen Bibel der Ausdruck *(l)nefesch haia (l)nefesch, Leben, das Leben hat,* und in der Septuaginta *psychen zosan, lebendes Leben.*

Hebräisch *nefesch* bzw. Griechisch *psyche bzw.* Deutsch *Seele* ist in diesem Zusammenhang zunächst einmal zu verstehen als das, was belebt. Nicht mehr und nicht weniger. Sie ist nicht etwas, was den Menschen von anderen Lebewesen unterscheiden würde, sondern im Gegenteil das, was er mit ihnen gemeinsam hat. In diesem Sinne ist auch der Verzehr jedes anderen Lebewesens problematisch und wird in der Tora besonders reguliert. Problematisiert wird aber nicht nur der Verzehr, sondern auch der Akt, der ihm zwangsläufig vorausgeht: das Töten. Anders jedoch als beim Verbot von Blutkonsum, das sich differenzlos auf jedwedes Blut bezieht, weisen die Bestimmungen zu Tötungen und der damit verbundene Umgang mit dem Blut deutliche Unterschiede auf, je nachdem wessen Blut vergossen wird. Wird ein Mensch getötet, ein Nutztier geschlachtet oder ein Wildtier bzw. Vogel erjagt? Schon diese Terminologie weist darauf hin, dass bei der Tötung von Lebewesen Unterschiede gemacht werden.

Es gilt der Satz aus den zehn Geboten: „Du sollst nicht töten!" (Ex 20,13 und Dtn 5,17). Wer aber dennoch Menschenblut vergossen und damit ein Leben genommen hat, muss mit dem eigenen Blut und Leben dafür bezahlen. „Jedoch euer eigenes Blut werde ich einfordern; von jedem Tiere werde ich es einfordern, und von der Hand des Menschen, von der Hand eines jeden, [nämlich] seines Bruders, werde ich die Seele des Menschen einfordern. Wer Menschenblut vergießt, dessen Blut soll durch Menschen vergossen werden, denn nach dem Bilde Gottes hat er den Menschen gemacht" (Gen 9, 5-6). Dies gilt für Menschen wie für Tiere,[18] die Menschenblut vergießen. Wer einen Menschen tötet, bezahlt dafür mit dem eigenen Leben. Blut für Blut. Ein Leben für ein Leben. Die besondere Bedeutung und Unantastbarkeit des menschlichen Lebens wird hier mit seiner Gottebenbildlichkeit begründet.

Während in Bezug auf den Täter kein Unterschied gemacht wird, ob ein Mensch oder ein Tier für den Tod verantwortlich ist, so gilt dies jedoch nicht für das Opfer. Menschen dürfen nicht getötet, Tiere aber unter bestimmten Umständen geschlachtet werden: „Jedermann aus dem Haus Israel, der ein Rind[19] oder

---

18 Vgl. Ex 21,29. Paganini 2021, 41-43.

19 Die Elberfelder Bibel übersetzt hier hebräisch *schor* mit Stier. Diese Spezifikation auf ein männliches, unkastriertes Hausrind ist aber nicht im Begriff enthalten. *Schor* kann grundsätzlich auch einen Ochsen, eine Kuh und sogar ein Kalb bezeichnen. Am häufigsten wird es als Bezeichnung für Hausrind ohne Rücksicht auf Geschlecht und Alter verwendet. Gesenius 1962, III. schor, 816.

ein Schaf oder eine Ziege im Lager schlachtet oder der außerhalb des Lagers schlachtet und es nicht an den Eingang des Zeltes der Begegnung gebracht hat, um [es] dem HERRN als Opfergabe darzubringen vor der Wohnung des HERRN, diesem Mann soll [es] als Blut zugerechnet werden: Blut hat er vergossen; und dieser Mann soll aus der Mitte seines Volkes ausgerottet werden" (Lev 17,3-4). Das Blut von Rindern, Schafen und Ziegen, also von Nutztieren, darf nicht einfach vergossen, sondern muss immer auch Gott geopfert werden. Anders formuliert: Nutztiere dürfen überhaupt nur in Opferzusammenhängen geschlachtet werden. Andere Formen von Schlachtungen werden damit verunmöglicht.[20] Wer ein Nutztier schlachtet, ohne dessen Blut dem einen Gott darzubringen, der hat getötet und soll dafür selbst getötet werden.

Anders verhält es sich dagegen, wenn es um Wildtiere geht: „Und jedermann von den Söhnen Israel und von den Fremden, die in eurer Mitte als Fremde wohnen, der ein Wild oder einen Vogel erjagt, die gegessen werden dürfen, soll ihr Blut ausfließen lassen und es mit Erde bedecken" (Lev 17,13). Das Blut von Wild und Vögel soll lediglich ausfließen und mit Erde bedeckt werden. Es darf wie alles andere Blut auf keinen Fall gegessen werden, sonst droht die Ausrottung. Ein zwingender Bezug zu Opferungen wird bei ihnen aber nicht hergestellt.

Noch einmal anders ist es bei Lebewesen, die bereits tot aufgefunden werden: „Jeder, der ein Aas oder Zerrissenes isst, er sei Einheimischer oder Fremder, der soll seine Kleider waschen und sich im Wasser baden, und er wird bis zum Abend unrein sein, dann wird er rein sein. Und wenn er sich nicht wäscht und sein Fleisch nicht badet, so wird er seine Schuld tragen" (Lev 17,15). Aas oder Zerrissenes zu essen, ist also nicht unproblematisch. Wer es tut, wird in den Zustand der Unreinheit versetzt, der zur Schuld führt, wenn keine entsprechende Reinigung vollzogen wird. Obwohl davon auszugehen ist, dass solches Fleisch noch Blut enthält, fehlt hier die Androhung der Ausrottung. Es wird also ein deutlicher Unterschied darin gemacht, ob die Tötung durch einen Menschen vorgenommen wurde, oder ob ein Lebewesen auf andere Weise zur Tode kam, d. h. ob es selbst verendet ist oder durch ein Tier gerissen wurde. Der Mensch wird darauf verpflichtet, bei der Tötung eines anderen Lebewesens mit dessen Blut auf besondere Weise zu verfahren. Kommt er jedoch in Kontakt mit einem Lebewesen, das nicht durch eine menschliche Hand gestorben ist, greift dieses Gebot nicht mehr, sondern es fällt in eine andere Kategorie: Unreinheit, die durch den Kontakt mit einem Toten ausgelöst wird.

In diesen Bestimmungen zum Umgang mit Blut wird eine bestimmte Ordnung sichtbar: Gott allein ist derjenige, dem es zusteht, Leben zu geben und zu

[20] Dies steht in einem gewissen Widerspruch zu Dtn 12,15.20-25, wo andere Schlachtungen durchaus erlaubt werden, allerdings auch dort mit dem Verbot des Blutgenusses. Dies wird aktuell damit erklärt, dass es sich um zwei verschiedene Rechtsordnungen handelte, die in unterschiedlichen Kontexten bzw. zu unterschiedlichen Zeiten entstanden sind, und erst nachträglich zusammengefügt wurden. Die absolute Beschränkung von Schlachtung auf den Kontext eines Heiligtums setzt den allgemeinen Zugang zu einem solchen voraus. Hieke 2014, 620.

nehmen. Menschliches Blut darf nicht vergossen werden bzw. muss mit Blut kompensiert werden. Tierisches Blut darf zwar vom Menschen vergossen werden, aber nur wozu Gott es dem Menschen gegeben hat: zu Sühnezwecken. Dies gilt für Nutztiere, also Tiere, die mit dem Menschen zusammenleben und für die er Sorge trägt. Dies gilt in abgeschwächter Form aber auch für Wildtiere. Sofern von Menschhand vergossen, darf Blut auf gar keinen Fall gegessen werden, sonst droht die Ausrottung. Bereits Totes kann dagegen gegessen werden. Dies führt zwar zu Unreinheit, das Blut muss aber nicht besonders behandelt werden. Der Mensch hat es nicht genommen, er muss es Gott nicht zurückgeben. Er steht in diesem Fall nicht in der Verantwortung. In die Blutbestimmungen werden zudem nur Tiere einbezogen, die mit dem Menschen denselben Lebensraum Land teilen und gemäß dem ersten Schöpfungsbericht am selben Tag von Gott geschaffen wurden. Für Fische im Wasser oder Vögel in der Luft gelten sie nicht.[21]

Diese Blutsordnung ist Ausdruck einer Hierarchie, die aber auch in eine besondere Verantwortung mündet. An höchster Stelle steht nicht der Mensch, sondern Gott. Er allein ist Herr über das Leben. In dem strengen Verbot, Blut zu essen, unterwirft sich der Mensch gewissermaßen Gott: Der Mensch selbst ist nicht der Herr über das Leben irgendeines Geschöpfes. Er darf es nicht nehmen. Blut zu essen, wäre damit nicht einfach nur ein Verstoß gegen ein Gebot, sondern wer Blut isst, erhebt sich selbst zu Gott. Deswegen wird er auch nicht von anderen Menschen, sondern direkt von Gott selbst für ein solches Vergehen bestraft. Dem Menschen ist als Ebenbild Gottes zwar die Schöpfung unterstellt, er darf aber nicht beliebig mit ihr verfahren. Umso näher die Beziehung zwischen den Lebewesen ist, desto stärker wird eingeschränkt, in welchen Zusammenhängen der Mensch bestimmte Tiere töten und essen darf.

Schlachtopfer als Weg zur Fleischgewinnung

Bei der Betrachtung von Lev 17 und ähnlichen Texten wird das Blutverbot und die Beschränkung von Schlachtungen heute häufig damit begründet, dass es die Vermeidung fremder Kulte zum Ziel gehabt hätte. Damit die Israeliten keinen Götzendienst leisteten, wurde ihnen nicht nur die Anwesenheit bei anderen Kulten untersagt, sondern auch das dort geopferte Fleisch und Blut.[22] Das legitime Schlachtopfer selbst wird weiter als ein Mittel zum Zweck interpretiert. Es dient der Kommunikation zwischen Mensch und Gott und bewirkt die Kompensation einer Schuld, die an anderer Stelle vom Menschen begangen wurde. Die Funktion von Tieropfern wird dabei auch als Ersatz für Menschenopfer[23] verstanden: Stellvertretend für den Menschen, der eigentlich mit seinem eigenen Blut für seine Schuld bezahlen müsste, wird ein Tier geopfert. Um Tiere zu diesem

21 Siehe hierzu auch der Beitrag von Daniel Krochmalnik „Kaschrut" in diesem Band.
22 Hieke 2014, 620.
23 Die entsprechende Erzählung, die dies begründet, ist die sog. *Akeda*, Bindung Issaks in Gen 22,1-19.

Stellvertreteropfer zu qualifizieren, wird ihr Blut dem menschlichen Blut gleichgestellt und ihnen quasi der Status einer Person zuerkannt.[24] Im Zuge solcher Opferschlachtungen wurde dann immer auch ein Teil des Tieres von Menschen gegessen, während ein bestimmter Teil, in diesem Fall das Blut, allein Gott vorbehalten blieb. Das Fleisch fiel quasi als Nebenprodukt bei einer Schlachtung an, die eigentlich einem anderen Opferzweck diente.

Tiere als ethische Bezugsgröße finden bei diesen Formen der Interpretation der Ge- und Verbote in der Regel keinerlei Beachtung. Thomas Hieke argumentiert sogar explizit, dass die Rede ja nur von bestimmten Nutztieren sei, weswegen es hier nicht um grundsätzlich tierethische Fragen gehen könne.[25] Ilja Steffelbauer hat in seiner Geschichte des Fleischverzehrs aber darauf hingewiesen, dass es wahrscheinlich genau umgekehrt war: Die Menschen aßen nicht das Fleisch, das als Nebenprodukt durch Schlachtopferungen anfiel, sondern um überhaupt Fleisch essen zu dürfen, musste wenigstens ein Teil des Tieres geopfert werden. Gerade bei Nutztieren! Die Opferung diente dem Zweck, ihr Fleisch überhaupt erst für den Verzehr freizugeben, weil es als höchst problematisch angesehen wurde, ein Mitglied der Gemeinschaft zu verspeisen.[26] Steffelbauers These gewinnt an Überzeugungskraft angesichts der folgenden Fragen: Worin besteht die Schuld, auf die diese Opferung eine Antwort bietet? Was wird hier kompensiert? Warum werden in diesem Zusammenhang Rind, Schaf und Ziege geopfert? Warum gelten für Wild und Vögel andere Regeln?

Die Opferung von tierischem Blut wie in Lev 17 beschrieben kann nur schwer als Stellvertreteropfer verstanden werden. Ihr Zweck kann es nicht sein, die Entsühnung des Menschen von einer Schuld zu erwirken, die er *an anderer Stelle* auf sich geladen hat und für die er eigentlich mit seinem eigenen Blut bezahlen müsste. Für ein solches Vergehen, nämlich die Tötung eines Menschen, ist gerade kein Stellvertreteropfer vorgesehen. Wer das Blut eines Menschen vergießt, muss mit *seinem eigenen* Blut dafür bezahlen. Auch wer sich an Blut in einer anderen Weise schuldig macht, weil es nicht geopfert oder sogar gegessen wird, soll ausgerottet werden. Auch hier ist keine Kompensation oder Übertragung der Schuld auf ein stellvertretendes Opfer vorgesehen.

Wie aber ist dann der Satz zu verstehen: „Denn die Seele des Fleisches ist im Blut, und ich selbst habe es euch auf den Altar gegeben, Sühnung für eure Seelen zu erwirken. Denn das Blut ist es, das Sühnung tut durch die Seele [in ihm]" (Lev 17,11)? Was muss gesühnt werden? Die Tötung eines Tieres kommt dafür in Betracht. Nicht nur Menschen, sondern auch Tiere dürfen nicht beliebig geschlachtet werden. Dies widerspricht einer Schöpfungsordnung, in der dem Menschen zwar die Herrschaft über die Schöpfung anvertraut ist, in der aber allein Gott als Herr über Leben und Tod angesehen wird. Gerade für seine Nutztiere hat der Mensch eine besondere Verantwortung. Rind, Schaf und Ziege

24 Krochmalnik 2003, 12-13. Hieke 2014, 634.
25 Hieke 2014, 625.
26 Steffelbauer 2021, 139.

dienen dem Menschen viele Jahre als Zugtier, Milch- und Wolllieferant. Sie werden zu einem gewissen Maß als Teil der eigenen Gemeinschaft angesehen. Sie zu töten ist Mord, [27] sie zu essen eine Form von Kannibalismus. Nutztiere werden nach diesem Verständnis nicht zu Quasipersonen erhoben, um sie stellvertretend für den Menschen opfern zu können. Sondern weil Nutztiere als Teil der Gemeinschaft angesehen werden, können sie nicht einfach geschlachtet und gegessen werden. Dies kann nur im Rahmen einer Opferung und Kompensation der daraus entstanden Schuld erfolgen, in der ihr Blut und damit ihr Leben ihrem eigentlichen Herrn, Gott, zurückgegeben wird.

Der Vorteil dieser Lesart von Lev 17 ist, dass sie erklärt, warum für Wildtiere und Vögel ein anderes Verfahren gilt als für die Nutztiere Rind, Schaf und Ziege. Wildtiere leben nicht mit dem Menschen zusammen. Für Wildtiere trägt der Mensch nicht dieselbe Verantwortung wie für Nutztier und lädt damit bei ihrer Tötung auch nicht die gleiche Schuld auf sich. Nichtsdestotrotz muss auch ihr Blut als Sitz des Lebens vom Fleisch getrennt werden. Über das Blut wird auch ihnen also ein besonderer Status zuteil und das obwohl sie in keinem Opferzusammenhang stehen. Sie werden also offensichtlich nicht in diesen Rang erhoben, um sie zu einem Stellvertreteropfer zu qualifizieren, sondern weil sie über Blut verfügen, das sie als Lebewesen auszeichnet.

Die Beständigkeit des Blutverbotes

Die Bestimmungen von Lev 17 finden sich im sog. Heiligkeitsgesetz (Lev 17-26). Diese Bezeichnung schließt an das Zitat „Ihr sollt heilig sein, denn ich, der Herr, euer Gott, bin heilig“ (Lev 19,2) an. Über den Entstehungszusammenhang der Passage kann nur spekuliert werden. Das Heiligkeitsgesetz wird von einigen auf die Zeit vor, von anderen auf die Zeit nach dem Babylonischen Exil (597-539 v.d.Z.) datiert. Auch über die Beziehung zu anderen Rechtstexten innerhalb der Tora gibt es unterschiedliche Hypothesen, ob etwa das Heiligkeitsgesetz diesen vorausgeht oder an sie anschließt.[28] Aussagen darüber, in welchem konkreten historischen Kontext diese Regeln entwickelt und praktiziert wurden, sind deshalb kaum möglich.

Bemerkenswert ist, mit welcher Beständigkeit das Blutverbot über Jahrhunderte hinweg tradiert wurde. Die Bestimmungen in Gen 9 und Lev 17 sind nicht nur ein integraler Bestandteil der Tora und der jüdischen Tradition. Sie fanden auf unterschiedliche Weise auch Eingang in die christliche und die islamische Tradition. Lev 17 gilt als zentraler Bezugstext des sog. Aposteldekrets, von dem die Apostelgeschichte berichtet. [29] Da es hierbei um einen kanonischen Text des

---

[27] Milgrom 2008,1476-1478.

[28] Auch die Beziehung zu anderen Teilen der Tora wie der sog. Priesterschrift sind ungeklärt. Einerseits wird die Eigenständigkeit des Heiligkeitsgesetzes hervorgehoben, anderseits wird sie als Teil der Priesterschrift begriffen. Otto 2000. Ders 2008.

[29] Wehnert 1997, 209-238.

Neuen Testaments handelt, haben seine Bestimmungen auch in der christlichen Tradition verbindlichen Stellenwert. Die Apostelgeschichte berichtet, dass Mitte des 1. Jahrhunderts die Apostel und Ältesten in Jerusalem zu einer Versammlung zusammenkamen, um zu klären, wie mit denjenigen aus den Völkern zu verfahren sei, die zum Glauben berufen worden waren. Die Versammlung, darunter Paulus, Petrus und Jakobus, einigte sich darauf, dass es nicht notwendig sei, dass alle die Gebote der Tora hielten. Wer bisher kein Jude gewesen sei, müsse sich nicht beschneiden lassen, um sich der Jesusbewegung anzuschließen. Es komme allein auf den Glauben an Jesus als den Christus an. Auch sie sollten jedoch vier Verbote beachten: „Dem Heiligen Geist und uns hat gut geschienen, keine größere Last auf euch zu legen als diese notwendigen Stücke: euch zu enthalten von Götzenopfern und von Blut und von Ersticktem und von Unzucht" (Apg 15, 28-29).

Diese Verbote sind offenbar so elementar, dass sie im 7. Jahrhundert auch in den Koran eingegangen sind: „Verboten ist euch Verendetes, Blut, Schweinefleisch und Fleisch, worüber ein anderer als Gott angerufen worden ist, und Ersticktes, Erschlagenes, Gestürztes oder Gestoßenes und das, was ein wildes Tier gefressen hat – ausgenommen das, was ihr schächtet –, und das, was auf Opfersteinen geschlachtet worden ist" (Q 5,3).[30]

In Judentum und Islam findet das Blutverbot bis heute Beachtung und deutlichen Ausdruck in der Art und Weise, wie Tiere geschlachtet werden, dem Schächten. Auch viele christliche Denominationen lehnen es ab, Blut zu konsumieren, auch wenn sie diesbezüglich keine ausgeprägte Schlachtpraxis befolgen. Für die meisten christlichen Denominationen in Europa spielt das Blutverbot zwar heute keine Rolle mehr, aber es lässt sich auch hier bis ins Mittelalter nachverfolgen.[31] Wann und wie es zu seinem Bedeutungsverlust kam, ist bisher ungeklärt.

Schluss

Das Blutverbot aus Lev 17 kann als eine Form von Kannibalismusverbot verstanden werden: Die eine *nefesch* soll keine andere *nefesch* essen! Auch wenn der Mensch in der Schöpfungsordnung als Ebenbild Gottes eine besondere Stellung innehat, so ist er nicht so erhaben, dass er sich als Herr über Leben und Tod aufspielen und beliebig Blut vergießen oder gar essen dürfte. Dies gilt für das Blut von Menschen, aber auch für das von Tieren. Ob menschliches oder tierisches Blut, es ist immer Sitz des Lebens und darf deswegen auf keinen Fall verzehrt werden. Kannibalismus als Blutkonsum verstanden orientiert sich damit nicht an der biologischen Art, sondern am Leben als solchem. Er ist viel weiter gefasst. Er betrifft nicht nur ein Wesen derselben biologischen Art, sondern alle Lebewesen.

---

30 Vgl. ebenfalls Q 6,145 und den Beitrag von Kadir Sanci und Arhan Kardas „Die islamische Speiseordnung – Alles *ḥalāl* oder *ḥarām*?" in diesem Band.

31 Lutterbach 1998.

Im Sinne von Lev 17 sind Lebewesen daran zu erkennen, dass sie über rotes Blut verfügen, welches als Sitz des Lebens angesehen wird.

In diesem Sinne gibt es hier keinen radikalen Unterschied zwischen den Menschen auf der einen und den Tieren auf der anderen Seite. Was dagegen einen Unterschied macht, sind die Beziehungen, in denen die Lebewesen zueinanderstehen und in welcher Form von Gemeinschaft sie miteinander leben. Sie bestimmen darüber, wie mit dem Blut und dem Fleisch genau zu verfahren sei. Aber auch hier gibt es kein radikales innerhalb und außerhalb der Gemeinschaft. Ein Lebewesen ist nicht entweder drinnen oder draußen. In den Geboten von Lev 17 zeigen sich vielmehr verschiedene Grade von Gemeinschaft um ein Zentrum herum: a) das Volk Israel, b) zuzüglich der Fremden, die in seiner Mitte leben, c) zuzüglich der Nutztiere innerhalb und außerhalb seines Lagers, d) zuzüglich der Wildtiere und Vögel. Die gesamte Schöpfung ist nach diesem Prinzip Teil einer einzigen Gemeinschaft.

Nun ist dies eine Form von Argumentation und Begründung des Blutverbotes, die sich wahrscheinlich vom aktuellen Selbstverständnis der meisten jüdischen, christlichen oder muslimischen Personen unterscheidet, die diese Speiseregel befolgen. Sie identifizieren sich womöglich mit der Aussage, dass sie damit die göttliche Schöpfungsordnung und Hoheit Gottes über Leben und Tod achten. Die wenigsten würden aber die Befolgung des Blutverbots damit begründen, dass Nutztiere Teil der Gemeinschaft sind und deswegen nur gegessen werden dürfen, wenn gleichzeitig eine Entsühnung für ihre Tötung vorgenommen wird. Unser Verhältnis hier und heute – auch in den drei erwähnten Religionen – ist maßgeblich dadurch bestimmt, dass wir Tiere, abgesehen von unseren Haustieren, meist nicht mehr als Teil unserer Gemeinschaft ansehen.

Die Tiere, die heute gegessen werden, kommen vorwiegend aus der Massentierhaltung und -schlachtung. Sie sind keine Individuen, sondern eine anonyme Masse, zu denen viele Menschen keinen Kontakt haben und keine Beziehung aufbauen. Ihr Fleisch liegt portioniert und in Plastik verpackt im Supermarkt bereit. Auch wenn dies eine vergleichsweise junge Entwicklung ist, die erst im 19. Jahrhundert eingesetzt hat, hat sie das Verhältnis zwischen Menschen und Tieren tiefgreifend verändert. Die Distanz zu Nutztieren kann auch zu einer Vermenschlichung der Tiere führen. Dies wird als „Bambi-Syndrom" oder „Natur-Defizit-Störung" bezeichnet und betrifft zunehmend vor allem Kinder und Jugendliche in städtischen, wohlhabenden Schichten. Kennzeichnend für diese Erscheinung ist eine maximale Romantisierung, Verniedlichung und Vermenschlichung von Tieren und Natur an sich bei gleichzeitiger zunehmender Unkenntnis der Fakten und fast völlig fehlender Erfahrung im alltäglichen Umgang mit Tieren und der natürlichen Umwelt.[32]

Dies gilt aktuell auch für einige Bewegungen, die unter dem Sammelbegriff „New Animism" zusammengefasst werden können und häufig mit einer veganen

32 Steffelbauer 2021, 132f.

Lebensweise einhergehen. Tierisches Leben wird dem menschlichen Leben gleichgestellt und sein Verzehr tabuisiert. Im Unterschied zu den Bestimmungen in Lev 17, wo sich das Verbot allein auf das Blut als Sitz des Lebens bezog, sind hier nun alle tierischen Produkte verboten. Während in Lev 17 gerade die Beziehung des Menschen vor allem zu den Nutztieren entscheidend für einen besonderen Umgang mit deren Blut und Leben war, gilt hier nun die Nutztierhaltung als Grundübel. Sie wird als Ausbeutung und Versklavung der Tiere abgelehnt. Es gelte vielmehr Tieren ihren natürlichen Lebensraum zurückzugeben, befreit von der Knechtschaft durch den Menschen. Während also beide Ansätze für einen verantwortungsbewussten Umgang mit der Schöpfung bzw. Natur plädieren und in anderen Lebewesen, Wesen wie den Menschen erkennen, so unterscheiden sie sich jedoch grundsätzlich darin, welche Beziehung beide zueinander einnehmen sollen.

Bibliographie

Descola, Philippe, 2011, Jenseits von Natur und Kultur, Berlin: Suhrkamp.

Fink, Sebastian, 2015, Menschenfleisch – eine griechische Spezialität? Kannibalen vor den Griechen, in: Pöhl, Friedrich / Fink, Sebatsian (Hg.): Kannibalismus, eine anthropologische Konstante? Wiesbaden: Harrassowitz Verlag, 51-61.

Gronau, Martin, 2015, Primitives Essen? Überlegungen zum kulturanthropologischen Beigeschmack klassischer Menschenfresserei. in: Pöhl, Friedrich / Fink, Sebatsian (Hg.): Kannibalismus, eine anthropologische Konstante? Wiesbaden: Harrassowitz Verlag, 65-100.

Heesen, Sabine te, 2008, Der Blick in die kannibalische Welt. Anthropophagie in Daniel Defoes Robinson Crusoe, den Reisebeschreibungen zu James Cooks Weltumsegelungen und bei Marquis de Sade, Freiburg/Berlin/Wien: Rombach.

Hieke, Thomas, 2014, Levitikus 16-27. Herders Theologischer Kommentar zum Alten Testament, Levitikus, 2. Teilband, Freiburg, Basel, Wien: Herder.

Kaliff, Andreas / Oestigaard, Terje, 2017, Cremation, Corpses and Cannibalism. Comparative Cosmologies and Centuries of Cosmic Consumption. Newcastle upon Tyne: Cambridge Scholars Publishing.

Krochmalnik, Daniel, 2003, Die Bücher Levitikus, Numeri, Deuteronomium im Judentum. Neuer Stuttgarter Kommentar. Altes Testament. Stuttgart: Verlag Katholisches Bibelwerk.

Lévis-Strauss, Claude, 2014, Wir sind alle Kannibalen, Berlin: Suhrkamp.

Lutterbach, Hubertus, 1998, Die Speisegesetzgebung in den mittelalterlichen Bußbüchern (600-1200), in: Archiv für Kulturgeschichte 80, 1, 1-37.

Milgrom, Jacob, 2008, Leviticus 17-22. A new translation with introduction and commentary. The Anchor Bible. New Haven, London: Yale University Press.

Otto, Eckhart, 2000, Art. „Heiligkeitsgesetz“, in: RGG, 4. Aufl., Tübingen: Mohr Siebeck.

Otto, Eckhart, 2008, Das Heiligkeitsgesetz im Narrativ des Pentateuch und die Entstehung der Idee einer mosaisch-mündlichen Tradition neben der schriftlichen Tora des Mose, in: ders., Altorientalische und biblische Rechtsgeschichte. Gesammelte Studien, Wiesbaden: Harrassowitz, 539-546.

Paganini, Simone, 2021, Das Tier als Rechtsperson in der hebräischen Bibel, in: TIERethik, Heft 22, 1, 34-62.

Pöhl, Friedrich, 2015, Kannibalismus – eine anthropologische Konstante? in: Pöhl, Friedrich / Fink, Sebatsian (Hg.): Kannibalismus, eine anthropologische Konstante? Wiesbaden: Harrassowitz Verlag, 9-49.

Steffelbauer, Ilja, 2021, Fleisch. Weshalb es die Gesellschaft spaltet. Brandstätter Verlag: Wien.

Sugg, Richard, 2006,Good Physic but Bad Food': Early Modern Attitudes to medical Cannibalism and its Suppliers, in: Social History of Medicine 19, 2, 225-240.

Wehnert, Jürgen, 1997, Die Reinheit des „christlichen Gottesvolkes" aus Juden und Heiden. Studien zum historischen und theologischen Hintergrund des sogenannten Aposteldekrets, Göttingen: Vandenhoeck & Ruprecht: Göttingen.

William Arens, William, 1979, The Man-Eating Myth: Anthropology and Anthrophagy, Oxford: Oxford University Press.

Hilfsmittel

Elberfelder Bibel, 2015, 5. Auflage der Standardausgabe, Witten: SCM R. Brockhaus.

Gemoll, W. / Vretska, K. 2019, Gemoll. Griechisch-deutsches Schul- und Handwörterbuch. München: Oldenbourg.

Gesenius, Wilhelm, 1962, Hebräisches und Aramäisches Handwörterbuch. 17. Auflage, Berlin, Göttingen, Heidelberg.

Kaschrut[1]

Die jüdische Speiseordnung

Daniel Krochmalnik

Für Ruth in spe

„Koscher"

Die Adjektive „kascher" (jidd. Aussprache: „koscher"), „nicht-koscher", auch „trefa" (jidd.: „trejf")[2], bezeichnen nach dem jüdischen Speisegesetz die zum Verzehr erlaubten bzw. verbotenen Lebensmittel. Sie können sowohl pflanzlichen als auch tierischen Produkten aufgrund ihrer Ernte oder Schlachtung, ihrer Verarbeitung oder Zubereitung, ihrer Abgabenfälligkeit oder ihres Essenszeitpunkts gegeben werden. So sind z. B. fünf fermentierte Getreidearten, Weizen, Hafer, Roggen, Gerste und Dinkel, die das ganze Jahr über koscher sind, während des einwöchigen Pessach-Festes nicht „koscher LePessach", ebenso die aus ihnen gefertigten Produkte wie Brot, Kuchen, Kekse, Nudeln, Grieß u. a. Ihre Aufbewahrung und ihr Genuss sind in dieser Zeit halachisch streng verboten.

Jüdisches Essen nach allen Regeln der „Kaschrut" ist eine ganze Wissenschaft für sich. Sie bildet den Lehrstoff der Unterstufe der orthodoxen Rabbinerausbildung. Der erste rabbinische Grad „Issur WeHeter" (Verbot und Erlaubnis) ist die Entscheidungsbefugnis in Kaschrut-Fragen. Übersichten wie der Entscheidungsbaum „Was ist koscher?" der Zwi-Perez-Chajes-Schule der Israelitischen Kultusgemeinde (IKG) Wien auf Wikipedia[3] wiegen in falscher Sicherheit, denn nahezu bei jeder Verzweigung ergeben sich weitere Komplikationen. Allein für die Trennung von „Fleischigem" und „Milchigem" („Bassar BeChalaw") wird in den Online-Rabbinerausbildungsprogrammen ein Semester veranschlagt. Ein klassischer Fall: Ob, unter welchen Bedingungen und in welchem Mengenverhältnis ist eine Vermischung („Ta'arowet") von fleischigen und milchigen Ingredienzen

---

1 Das aramäische Lehnwort „Kaschrut" bedeutet „Tauglichkeit" und bezeichnet im Mittelhebräischen den Inbegriff sämtlicher religionsgesetzlicher Vorschriften bezüglich der zum Verzehr geeigneten Lebensmittel. Von der gleichen Wurzel ist das Adjektiv „kascher", in jiddischer Aussprache „koscher", abgeleitet. Eine erste zuverlässige Einführung bietet hier wie überall: Rabbi Hayim Halevy Donin, *To Be a Jew* (1991). Eine moderne Einführung in die sozialen, wirtschaftlichen und rechtlichen Aspekte der Kaschrut bietet das „Que sais-je?"-Bändchen: Bauer, *La Nourriture casher* (1994). Eine sehr gute traditionelle Einführung gibt R. Binyomin Forst, *The Laws of Kashrus* (1993). Zu empfehlen ist vom selben Autor in derselben Serie: *A Kosher Kitchen – A Practical Guide* (2009).

2 „Trefa" heißt im Bibelhebräischen „(von wilden Tieren) Zerrissenes" und ist als Speise verboten, Ex 22,30. In der Halacha bezieht sich das Wort auch auf die inneren Verletzungen eines Tieres.

3 https://de.wikipedia.org/wiki/Kascher.

dennoch erlaubt („Bittul Issurim“)? Es ist der Job eines orthodoxen Rabbiners, solche Anfragen zur Kaschrut zu beantworten. Wie komplex diese Aufgabe sein kann, mag das folgende Beispiel illustrieren: Auf der Seite „kosherkitchen.info“ wird die Anfrage einer Hausfrau zitiert, die ihre Küche „kaschern“ will. Als Antwort bietet die Seite „Lektion 1: Das Kaschern nicht-koscherer Gegenstände“, mit der Warnung, dass dies „nur der Anfang sei“. Der erste Satz wirkt zunächst beruhigend: „Kaschrut einzuhalten ist viel einfacher, als man denken könnte.“ Doch dann folgen nicht weniger als 244 Seiten Anweisungen! Als Anfang, wohlgemerkt! Dem verzweifelten Leser entringt sich der jiddische Stoßseufzer: „Schwer zu sajn a jid!“ Doch wer in einem traditionellen jüdischen Milieu aufgewachsen ist, braucht solche Gebrauchsanweisungen nicht, er/sie kennt die jüdische Küche aus Gewohnheit. Und wenn doch einmal ein Zweifel aufkommt, dann fragen sie eben den zuständigen Rabbiner.

In den Augen vieler moderner Jüdinnen und Juden ist dieses „Küchenjudentum“ jedoch *passé*, sie halten allenfalls aus Pietät noch einige der Speiseregeln ein, so vor allem das Schweinetabu. Das Christentum (Apg 15,29) und teilweise der Islam (Q 2: 173) haben auf dem Weg zur Weltreligion den Ballast der Kaschrut über Bord geworfen (Mk 7,14–23; Mt 15,10–20) – wie Marvin Harris in seinem Bestseller *Wohlgeschmack und Widerwillen* glänzend gezeigt hat: die Grenzen der religiösen Speisekarte sind auch die Grenzen der religiösen Welt.[4] Lehrreich ist in dieser Hinsicht die Bekehrung des ersten Heidenchristen, des römischen Hauptmanns Cornelius, wie sie im 10. und 11. Kapitel der Apostelgeschichte geschildert wird. Davor erscheint dem Apostel Simon Petrus vom Himmel her ein nicht sehr appetitliches Tischleindeckdich mit lauter unkoscherem Getier und Gewürm (Apg 10,12; 11,6). Dazu hört er den himmlischen Befehl: „Schlachte und iss!“ Der Jude Simon schreckt angewidert zurück: „Um Gottes willen!“ Der Himmel muss sich nicht weniger als dreimal wiederholen: „Was Gott gereinigt hat, das heiße nicht unrein“. Damit war das größte Hindernis für die weltweite christliche Heidenmission überwunden – wohingegen der Islam in Gegenden, in denen die Schweinezucht eine Hauptstütze des traditionellen landwirtschaftlichen Systems bildete, nur schwer vordringen konnte.[5]

Die gesetzestreuen Juden haben freilich umso fester ihre Speisegesetze gehalten, die bei ihnen den Charakter von Identitätsmarkern zunächst gegenüber Heiden und später gegenüber Christen und Muslimen annahmen. Angesichts des kulinarischen Diktats der hellenistischen Leitkultur und der Schweinefleischmärtyrer (2 Makk 7) wurde das Schwein, das „halb-koscher“ ist (Lev 11,7), zum Star in der Menagerie der Unkoscheren.[6] Die liberale Richtung des Judentums hat die Kaschrut in das Belieben des/der Einzelnen gestellt. Angesichts der unmenschlichen Massentierhaltung und der damit verbundenen Umweltzerstörung musste der Liberalismus seinen antihalachischen Affekt aufgeben, die

4 Vgl. Harris 1990, 66–88.
5 Vgl. ebd., 86.
6 Vgl. Krochmalnik 2003, 24–26.

„Allgemeine Rabbinerkonferenz" beim Zentralrat der Juden in Deutschland verlangt z. B. einen Ökoscher-Standard. Wobei der Ökoscher-Stempel ganz gewiss mehr Nachweis- und Aufsichtspflichten verlangt als der traditionelle Koscher-Stempel. Auch bei den Orthodoxen bahnt sich ein Bewusstseinswandel an. Während der BSE-Krise (2002) antwortete der orthodoxe Rabbiner von Fürth auf meine besorgte Frage, ob Rinder, die mit Tiermehl gefüttert werden, überhaupt koscher seien, noch unbekümmert: „die können auch Plastiktüten fressen". Dabei ist nach der Halacha nur das Fleisch eines lebensfähigen Tieres koscher. Diese Norm unterliegt aber einem Wandel. Der Talmud verlangt, dass der Schochet das Tier bei der Fleischbeschau („Bediqah") auf acht lebensbedrohliche innere Verletzungen („Trefot") untersucht, die das Fleisch „taref", also ungenießbar machen (mChul III,1-2, bChul 43a). Moses Maimonides zählt in seinem halachischen Kodex *Mischne Tora* bereits 70 „Trefot" auf (Hilchot Schechita 10,9) und will die „Bediqah" unabhängig von weiteren tierärztlichen Erkenntnissen darauf beschränken (ebd. 12–13). Die Kasuistik konnte er freilich nicht bremsen. Im gültigen halachischen Kodex *Schulchan Aruch* nehmen die „Hilchot Trefot" bereits 31 Kapitel ein (Jore Dea 29–60). Die Forderung, dass nur ein lebensfähiges Tier (vielleicht auch Tierart) koscher ist,[7] ist ein Einfallstor für den Ökoscherstandard in den Koscherstandard. Jedenfalls interessiert sich der Gott der Bibel von Anfang an sehr genau dafür, „was in den Menschen hineingeht" (gegen Mt 7,15). Vergessen wir nicht, aus Eden wurde der Mensch wegen der Übertretung eines Speiseverbots ausgewiesen (Gen 2,17; 3,3; 3,11; 3,22 usw.). Auch jenseits von Eden und der Arche des Lebens ist es Gott keineswegs gleichgültig, was der Mensch isst (Gen 9,4).

Die biblischen Speisegebote interessieren heute aber nicht nur Rabbiner_innen. In den letzten Jahrzehnten haben sich Exeget_innen und Religionswissenschaftler_innen, Ethnolog_innen und Anthropolog_innen, Psycholog_innen und Psychoanalytiker_innen intensiv damit beschäftigt und zum Teil leidenschaftlich diskutiert.[8] Einen wichtigen Anteil daran hat die strukturale Anthropologie von Claude Lévi-Strauss, der erkannt hat, dass die „prohibitions alimentaires" eine Sprache für sich sind, die die grundlegenden kosmischen und sozialen Gegensätze einer Kultur artikulieren. In einem berühmten Nachtrag zu seinem Aufsatz zu *Sprachwissenschaft und Anthropologie* 1952 spekuliert er: „man kann, so scheint mir, wie die Sprache auch die Küche einer Gesellschaft in konstitutive Elemente zerlegen, die man dann ‚Gusteme' nennen könnte und die in bestimmten gegensätzlichen und sich entsprechenden Strukturen angeordnet sind"[9]. Darauf folgen strukturalistische Vergleiche zur englischen bzw. chinesischen und zur französischen Küche. Seine *Traurigen Tropen* (1955)[10] und mehr noch seine *Mythologica*

7 Es hätte mit dem Fehler wenigstens noch ein Jahr leben können müssen.

8 Vgl. Douglas 1988, 74–78. Milgrom 1991, 641–742. Staubli 1996, 89–105. Krochmalnik 2003, 13–19. Hieke 2014. Staubli 2014, 92–95.

9 Lévi-Strauss 1967, 100.

10 Vgl. Lévi-Strauss 1955, 345ff.

(1964–71)[11] sind auch Untersuchungen zu Essgewohnheiten und Tischsitten und ihrer Bedeutung.[12] Dieser Lévi hat es aber verschmäht, sich mit den levitischen Speisegeboten auseinanderzusetzen. Das hat einige Jahre später Jean Soler in seinem viel beachteten und von Claude Lévi-Strauss ausdrücklich approbierten Aufsatz *Sémiotique de la nourriture dans la bible* (1973) übernommen. Da war Soler noch nicht der französische „Jan Assman", der in seiner Gewaltkritik des Monotheismus vor allem den Partikularismus und Exklusivismus der biblischen Speisegesetze hervorhob, er unterstrich vielmehr ihre universalistische Absicht. „Lévi-Strauss a mis en évidence l'importance de la cuisine, qui est le propre de l'homme, au même titre que le language. Mieux même: la cuisine est un language à travers lequel une sociéte s'exprime. Car la nourriture que l'homme absorbe pour vivre, il sait qu'elle va s'assimiler à son être, devenir lui. Il faut donc qu'il y ait une relation entre l'idée qu'il se fait de tel ou tel aliment et l'image qu'il se donne de lui-même et de sa place dans l'univers. La cuisine d'un peuple et son appréhension du monde sont liées."[13] Die Speisegesetze sind eine Art von Schrift, deren Grammatik es zu ermitteln und deren Sinn es zu entziffern gilt.

Koscherliste

Der Kulturrelativismus von Lévi-Strauss und seiner Schule führt aber leicht zu dem Fehlschluss, dass die biblische und rabbinische Kaschrut *lediglich* die Verabsolutierung des altisraelitischen Kochbuchs ist.[14] Ein „Tscholent" (vom Altfranzösischen „chalant", d. h. „heiß") ist ein typischer „Schabbes"-Eintopf aus Fleisch, Kartoffeln, Bohnen und Graupen, der wegen des Kochverbots am Schabbat am Freitag vor Beginn des Schabbats aufgesetzt und dann bis Samstagmittag bei niedriger Temperatur gegart wird. Der Duft und Geschmack des Tscholents kann wie Marcel Prousts „Madeleine" die süßesten Erinnerungen an die „Jiddische Mame" und an den „heimischen Schabbes" wecken. Der beste Tscholent ist aber nicht „koscher", wenn das Fleisch von einem unkoscheren Tier stammt und z. B. nicht gewässert und gesalzen wurde, so dass es bis zum letzten Tropfen ausblutet

---

11 *Mythologica I: Das Rohe und das Gekochte; Mythologica II: Vom Honig zur Asche; Mythologica III: Vom Ursprung der Tischsitten.* Zum „kulinarischen Dreieck" von Lévi-Strauss in den ersten drei Bänden der Mythologica vgl. Leach 1991, 33ff. Edmund Leach war zugleich derjenige, der den Strukturalismus in die Bibelexegese eingeführt hat, vgl. Leach 1969.

12 Vgl. Lévi-Strauss 1967, 100.

13 „Lévi-Strauss hat die Bedeutung des Kochens hervorgehoben, das dem Menschen ebenso eigen ist wie die Sprache. Mehr noch: Die Küche ist eine Sprache, durch die sich eine Gesellschaft ausdrückt. Denn die Nahrung, die der Mensch zu sich nimmt, um zu leben, er weiß, dass sie sich in sein Wesen assimiliert und zu ihm wird. Es muss also eine Beziehung bestehen zwischen der Vorstellung, die er sich von diesem oder jenem Nahrungsmittel macht, und dem Bild, das er sich von sich selbst und seinem Platz im Universum macht. Die Küche eines Volkes und seine Weltanschauung sind miteinander verbunden." Diese Untersuchung ist in Amerika mehrmals veröffentlicht worden (1979 u. 1997). Zitat: Soler 1973, 943.

14 Einen solchen Arbitrarismus der Prohibitions alimentaires scheint er manchmal in *La pensée sauvage* (1962) einzunehmen, vgl. Lévi-Strauss 2009, 79f.87–101.120ff. u. ö.

(Gen 9,4; Lev 17,10–15). Nach dem Religionsgesetz kommt es nicht darauf an, dass der Fisch „gefillt", sondern dass er geschuppt ist. Umgekehrt können „koschere" Gerichte bei polnischen Juden osteuropäisch, bei marokkanischen Juden nordafrikanisch und bei fernöstlichen Juden chinesisch schmecken – und durchaus „koscher" sein. Das Gleiche gilt für jüdische oder israelische Restaurants. Sie sind nur „koscher", wenn das Restaurant einen gültigen „Hechscher", d. i. ein amtliches rabbinisches „Koscher"-Zertifikat besitzt. Gegenüber von der Synagoge in der Rykestraße in Berlin gibt es ein Restaurant mit dem verheißungsvollen Namen „Masel Topf". Der jüdische Gast wird indes gewarnt, dass das Restaurant keinen Hechscher besitzt, also nicht „koscher" ist. Damit ein Restaurant einen Hechscher bekommt, müssen bestimmte halachische Bedingungen erfüllt und eine dauernde rabbinische Aufsicht („Maschgiach") ihrer Einhaltung gewährleistet sein – wobei ein gewisses halachisches Minimum nicht unterschritten werden darf. Dem Optimum durch Regelverschärfungen („Chumrot") ist freilich keine Obergrenze gesetzt. Was Orthodoxen („Mehadrin") recht ist, das ist Ultraorthodoxen („Mehadrin Min HaMehadrin") noch lange nicht genug, koscher reicht nicht, es muss „glat koscher" sein. Der Grad der Orthodoxie einer Gruppe lässt sich geradezu an seinem Hechscher ablesen. Eine orthodoxe Sezession beginnt meistens damit, dass ihre Rabbiner den Hechscher der anderen Gruppen verwerfen und ihren Mitgliedern eine striktere Observanz auferlegen („glatt koscher" usw.) und auf Produkte ausweiten, die im Prinzip eines Hechschers gar nicht bedürfen. Damit erzwingen sie eine Trennung der Gemeinschaften an Tisch und Bett und schaffen das Bewusstsein, dass nur die eigene Gruppe koscher ist: „Sag mir, nach welchem Hechscher du isst, und ich sage Dir, wer du bist."[15]

Der Afrikanist Günther Schlee hat gezeigt, dass die sektiererischen Dynamiken auch sonst mit der Rigidisierung der Speisegebote einhergehen.[16] Nimmt man sich von hier aus die biblische Koscherliste vor (Lev 11 und Deut 14), dann könnte man leicht dem Fehlschluss erliegen, dass sie vor allem dazu diene, die Spaltung zwischen dem Gottesvolk und den Völkern zu vertiefen. Das Volk, das sich durch seine Halacha (hebr.: „Gang") abspaltet (Num 23,10), isst nur Vierbeiner mit durchgespaltenen Hufen. Der kulinarische Isolationismus mag eine Wirkung der Kaschrut sein, sie ist aber nicht unbedingt ihre Ursache. Eine Erkenntnis der Bibelwissenschaft in Bezug auf die verschiedenen Quellengruppen sollte nachdenklich stimmen. Die Koscherliste ist ein Produkt von P(riester), dem auch der universalistische Schöpfungsbericht Genesis 1 zugeschrieben wird, nicht vom nationalreligiösen D(euteronomist), auch wenn dieser die Koscherliste aufnimmt (Deut 14). Verbirgt sich in der biblischen Koscherliste also ursprünglich ein universalistisches Weltordnungs- und Lebenskonzept, auch wenn sie in der Folge zur weiteren Absonderung der Juden beigetragen hat?

---

15 Zur chassidischen Verschärfung der Kaschrut vgl. Gutwirth 2004, 49–51 u. 186–187.
16 Vgl. Schlee 2006.

Ta'ame HaMizwot

Die Bibel verkündet die Kaschrut, sie begründet sie nicht. Die jüdische Tradition räumt die Unverständlichkeit der Kaschrut-Gebote ein und akzeptiert den Aufschub der Aufklärung. Ein bekannter Midrasch dazu lautet: Dereinst werde „Gott dasitzen und den Gelehrten die Gründe des Gesetzes enthüllen, weshalb er uns das Schwein und Blut und Fett und Fleisch und Milch verboten hat"[17]. Das Fehlen einer *ratio legis* nimmt dem Gesetz nichts von seiner Kraft: *auctoritas non veritas facit legem*. Ja, die unverständlichen Gebote (sog. „Chukkim" oder „Schimij'ot") werden geradezu als Disziplinarmaßnahme und Gehorsamstest angesehen und ihre Einhaltung *quia absurdum* gilt als besonders verdienstliches Werk. Nichtsdestotrotz forschten die Schriftgelehrten zu allen Zeiten nach den Gründen, wörtlich nach den „Geschmäckern" („Te'amim") der Gebote („Ta'ame HaMizwot"). Schließlich verlangt die Schrift keinen Kadavergehorsam, sie sagt ganz im Gegenteil: „So wahret und tuet sie (sc. Mizwot), denn das ist eure Weisheit und euer Verstand in den Augen der Völker, welche vernehmen werden all diese Satzungen (Chukkim), dass sie sprechen: Wohl, ein weises und verständiges Volk ist dieses große Volk" (Deut 4,6). Die Disziplin, welche die Weisheit der Gebote erforscht, heißt justament „Ta'ame HaMizwot", Isaak Heinemann hat ihre Geschichte geschrieben.[18] Diese Disziplin setzt bei der mosaischen Formulierung der 613 Ge- und Verbote der Schrift an und lässt ihre rabbinische Ausformung meist außer Acht, die demgegenüber als „gigantische Ausuferung, als eine immer abenteuerlichere Wucherung"[19] erscheint. Fritz Eric Hoevels illustriert das am erwähnten Beispiel des Mischungsverbots von Milchigem und Fleischigem.[20] Aus dem nicht näher begründeten, aber dreimal wiederholten biblischen Verbot „Koche nicht ein Böcklein in der Milch seiner Mutter" (Ex 23,19; 34,26; Deut 14,21) folgert die Mündliche Lehre das allgemeine Verbot (mChul 8), Milch und Fleisch zusammen zu kochen, zu essen oder sonst wie zu verwenden und treibt die Kasuistik bis zu dem Punkt, an dem sie, wie Hoevels humorvoll schreibt, „wurstbelegte Butterbrote und Sahnegeschnetzeltes als eine Art hochgefährlichen binären Kampfstoff behandelt"[21]. Hoevels, der an der Psychogenese des Tabus interessiert ist, schreibt: „immer ängstlicher werden im Verlauf der jüdischen Religionsentwicklung alle denkbaren und konstruierbaren Berührungen der beiden an sich nach wie vor wertneutralen [...] Substanzen Fleisch und Milch ausgeschlossen; schon die talmudische Stufe hat [...] das Verbot auf jedes Fleisch und jede Milch, ja alles, was derlei nur enthalten könnte, ausgedehnt. Doch damit ist die Ausuferung noch nicht zu Ende; in späteren Entwicklungsstufen wird die Frage aufgeworfen, ob sie sich vielleicht nach der Nahrungsaufnahme berühren

17 Fritz Erik Hoevels zitiert den Midrasch als Motto, vgl. Hoevels 1993, 63.
18 Heinemann 1962.
19 Hoevels 1993, 63.
20 Vgl. dazu Hoevels 1993, 63–85.
21 Hoevels 1993, 65.

könnten, und über den Zeitraum nachgegrübelt, der eine milchhaltige von einer fleischhaltigen Mahlzeit zu trennen habe (drei Stunden nach lässlicher, fünf Stunden nach strenger rabbinischer Auffassung). Doch damit nicht genug: aufgrund der Idee, mikroskopische Speisereste, die gespültem Geschirr anhaften könnten, könnten doch zu einer Vermischung von Fleisch und Milch führen, unterhielt der orthodoxe Jude [...] zwei vollständig getrennte Geschirrsets für ‚Fleischernes' (sic!) und ‚Milchernes' (sic!), und [...] sogar zwei getrennte Küchen. Hier ist das ursprüngliche Berührungstabu schon zum bedenklichen [...] sekundären Berührungstabu explodiert oder steht zumindest dicht davor – etwas, das etwas berührt hat, darf nicht mit etwas in Berührung kommen, das etwas anderes berührt hat, das das nicht berühren darf, was der erste Gegenstand berührt hat usw."[22] Auf dieses exponentielles Wachstum der Gesetzesbestimmungen („Dinim") rund um das Milch/Fleisch-Tabu passt der rabbinische Ausdruck: „wie Berge, die an einem Haar hängen (KeHaririm HaTelujin BeSsa'ara), denn sie bestehen aus wenigen Schriftworten und zahlreichen Bestimmungen" (mChag 1,8).

Welche Weisheit aber steckt im Endstadium dieses Tabus? Für das mosaische Kochverbot liegen *grosso modo* zwei Begründungsstrategien vor. Wegen des kultischen Kontextes des biblischen Verbots liegt die kultpolemische Deutung des Maimonides nahe (*Führer der Verirrten* III,48).[23] Interessant ist, dass das Gebot im Zusammenhang mit dem Erntefest Schawuot erscheint (Ex 34,26). Nun ist es bis heute üblich, an diesem Feiertag die strikte Trennung von Fleischigem und Milchigem etwas zu lockern. In heidnischer Vorzeit mag zu diesem Fest Lamm in Muttermilch auf der Speisekarte gestanden haben. Deshalb musste gerade bei dieser Gelegenheit das Verbot *contra gentiles* eingeschärft werden. Auf eine kleine Reihe ähnlicher „Muttertierschutzgesetze" (Ex 22,29; Lev 22,27–28; Deut 22,5–6) kann sich dagegen eine „philanthropische" Deutung stützen. Der erste Exponent dieser Deutung ist Philon von Alexandrien in seinem Buch *Über die Tugenden* (§143): „Denn er (der Gesetzgeber Moses) hielt es für widersinnig, dass die Nahrung des lebenden (Tieres) als Würze und schmackhafte Zutat des getöteten Tieres dienen solle, und während die Natur in weiser Fürsorge für seine Erhaltung die Milch spende, [...] die Unmäßigkeit der Menschen so weit gehen solle, dass sie diese Mittel zum Leben zur Verwendung der Überreste des Körpers (des geschlachteten Tieres) missbrauchen."[24] Philon, der die rabbinische Verallgemeinerung des Verbots auf jedwede Vermischung von Milch und Fleisch scheinbar noch nicht kannte, schlägt vor, dass man doch andere als Muttermilch verwenden könnte. Jedenfalls reicht sein humanitärer Erklärungsansatz, der später auch von rabbinischen Schriftauslegern vertreten wurde (z. B. vom

---

22 Hoevels 1993, 71.

23 Dem folgt auch der Exodus-Kommentar von Dohmen 2012, 190f. u. 373.

24 Deutsche Übersetzung von Cohn (Hg.) 1910, 355 u. Anm. 2. An dieser Ausgabe hat auch Isaak Heinemann mitgewirkt, dessen Werk *Philons Jüdische und griechische Bildung. Kulturvergleichende Untersuchung zu Philons Darstellung des jüdischen Gesetzes* (Breslau 1932) maßgeblich ist. Die Deutung des Gebotes im Sinne des Lebensschutzes bzw. des Mutter-Kind-Schutzes folgt im Wesentlichen auch die ikonographische Untersuchung von Keel 1980.

Enkel von Raschi, R. Schmuel ben Meir zu Ex 23,19), kaum als Erklärung für eine rabbinische Bestimmung, der zufolge Geflügel und Käse, ganz gleich, welcher Provenienz, nicht zusammen auf den Tisch kommen dürfen (mChul 8,1). Solche Konsequenzen des ursprünglichen Verbots muten eher an wie die Kapriolen einer Zwangshandlung. Philon, der Zeitgenosse des Tempels war, weist noch auf einen weiteren gesetzlichen Kontext hin: die generelle Vermeidung von Totem. Damit trifft er sicherlich einen Nerv der levitischen Reinheitsgebote sowie ihrer späteren rabbinischen Erweiterungen. Der Kadaver gilt als „Vater der Väter aller Unreinheit" („Awi Awot HaTumah") und der göttliche Bereich, das Lager des „lebendigen Gottes" („El Chaj"), soll tunlichst vor Kontaminierung mit Totem geschützt werden. So lassen sich noch die entferntesten Berührungstabus zwischen dem Saft des Lebens (Milch) und der Saat des Todes (Fleisch) als Vorsichtsmaßnahme, als *cordon sanitaire*, als „Zaun um die Tora" („Sejag LaTora", mAw I,1) deuten. Einem ähnlichen Erklärungsmuster folgt auch ein Klassiker der Ta'ame-Mizwot-Literatur, das R. Aharon HaLevi aus Barcelona zugeschriebene *Buch der Erziehung* (*Sefer HaChinuch*, 13. Jh.). Für ihn ist das Verbot Nr. 92 der 613 Gebote und Verbote ein Sonderfall der Mischungstabus („Kilajim", Lev 19,19). Es soll nicht vermischt werden („Ta'arowet"), was der Schöpfer getrennt hat. Dem folgt auch der Kommentar des neoorthodoxen R. S. R. Hirsch zu Ex 23,19. Auf diesen u. E. zutreffenden Ansatz kommen wir weiter unten zurück.

Man kann freilich auch nach der starken psychischen Motivation für die aufwändige Trennung von Milch und Fleisch forschen. Der Psychoanalytiker Hoevels sieht darin eine Wiederkehr der in der oralen Phase eingeübten Beißhemmung: der Säugling soll an der Mutterbrust saugen, nicht knabbern.[25] Nach Jean Soler, gefolgt von Julia Kristeva,[26] ist das jüdische Milch/Fleisch-Tabu hingegen eine Variation zum Inzestverbot.[27]

Ma'achalot Assurot

Die biblische Koscherliste in Levitikus 11 und Deuteronomium 14 ist mehr als ein lokaler „steinzeitlicher Speisezettel" (T. Staubli). Das wiederkehrende unbestimmte Pronomen „alle" („Kol") zeigt schon die Weite des Anspruchs an. Beabsichtigt ist eine vollständige Klassifikation sämtlicher Tiere in koschere und nicht-koschere. In Stil und Aufbau ist diese Liste mit den universellen Listen von P(riester) – dem Weltschöpfungs- und dem Weltuntergangsbericht in Genesis 1 und Genesis 6 und 7 – eng verwandt. Das Tierreich ist da wie dort *divisa in partes tres*: Wasser, Luft und Erde mit ihren jeweiligen Bewohnern, den Spezies der Wasserwimmler, der Luftschwinger und der Landtreter (Gen 1,20–25). Für jede

25 Vgl. Hoevels 1993, 78–79.

26 Vgl. Kristeva 1980, 123. Kristeva stützt sich nach eigenem Bekunden auf den „excellent article" von Jean Soler.

27 Vgl. Soler 1973, 953: „… tu ne mettra pas dans la même casserole, pas plus que dans le même lit, und fils et sa mère"; vgl. Kristeva 1980, 123f.

Provinz von Animalia werden die allgemeinen Zeichen („Simanim") der koscheren bzw. nicht-koscheren Spezies angegeben. Die Bibel verwendet freilich noch nicht das Begriffspaar koscher/nicht-koscher bzw. „taref" der Mischna, sie vergibt stattdessen die Prädikate „tahor" (rein)/tame" (unrein) bzw. „schekez" (Abscheu, Gräuel) – wobei alle Lebewesen zu Wasser, zu Land und in der Luft in den Augen des Schöpfers „gut" gelungen sind, sogar die großen Seeungeheuer (Gen 1,21.25). „Unrein" sind die Nicht-Koscheren, wie die biblische Koscherliste ausdrücklich sagt, nur „für euch" („Tame Hu Lachem", Lev 11,4 u. ö.). An sich sind die Unreinen nicht schlechter als die Reinen. Auch wenn die Tiere wie die Menschen durchaus eine Entwicklung zum Schlechteren und zum Besseren durchmachen. So war ihre Ernährung im Urzustand unblutig (Gen 1,29) und im Endzustand soll sie es wieder werden (Jes 11,7). Aber alle Tiere, ob rein oder unrein, sind unterschiedslos dem Schutz des Menschen anvertraut (Gen 7,7.14f.). Die Unreinen haben gegenüber den Reinen sogar den Vorteil, dass sie nicht auf dem Speisezettel des nachsintflutlichen Menschen stehen, weshalb Noah sechs Mal mehr reine als unreine Tiere in die Arche packt (Gen 7,2–3).

Die Tiere werden anhand von zwei Zeichen („Simanim") unterschieden: hinsichtlich ihrer Fortbewegung in ihrem jeweiligen Lebenselement (Füße/Beine, Flossen, Flügel) und hinsichtlich ihrer Verdauung (Pansen, Kaumagen). Unter den Landtretern sind die Paarhufer und Wiederkäuer koscher (Lev 11,3), unter den Wasserwimmlern die Fische mit Flossen und Schuppen (Lev11,9). Bei den Luftschwingern fehlen die allgemeinen Merkmale der koscheren Tiere. Man kann aber nach anderen Bibelstellen davon ausgehen, dass das Geflügel zwei flugtaugliche Flügel und zwei landungstaugliche Füße besitzen muss (Gen 1,20.22–23; Deut 4,17). Die biblische Koscherliste beschränkt sich aber auf eine lange Aufzählung von nicht-koscheren Vögeln. Davon passieren etliche als Zugvögel die Landbrücke zwischen Europa, Afrika und Asien und erhielten bei dieser Gelegenheit wohl ihre hebräischen Namen (Gen 1,20), so der Weißstorch („Chassida", Lev 11,19) und der Pelikan („Ka'at", Lev 11,18) oder Greifvögel wie der Milan („Da'ah", Lev 11,14) oder der Schreiadler („Aja'h", Lev 11,14). Obwohl sich die biblischen Vogelartenamen nicht immer eindeutig bestimmen lassen, ist ihr gemeinsamer Nenner leicht zu ermitteln: Die 20 bzw. 21 nichtkoscheren Arten (Lev 11,13–19; Deut 14,12–18) sind mehrheitlich Raubvögel oder Allesfresser. Die Mischna ergänzt die fehlenden Merkmale: „alle" Greifvögel („Kol Of HaDoress") sind unrein, rein sind alle Vögel mit „überzähligen Zehen" („Ezba Jetera"),[28] einem Kropf („Sefeq") und einem Kaumagen („Qurqewan"), der den Körnerfressern bei der Verdauung hilft (mChul II,6).[29] Die beiden Reinheitszeichen der Landtreter weisen in die gleiche Richtung, sie bezeichnen offensichtlich herbivore Graser: Hufe taugen nicht zum Greifen der Beute und im Pansen wird das Gras gespalten. Nicht ganz so klar liegen die Dinge bei den Fischen, wenn auch der

28 Nach einer Sondermeinung ist jeder Vogel, der seine Füße teilt, unrein.

29 Spätere Dezisionäre haben daraus das Kriterium der mit Federn geschlüpften Nestflüchter abstrahiert, siehe die oben erwähnte „Was ist koscher?"-Tafel bei Wikipedia.

Schuppenpanzer eher die Beute schützt, Raubfische können es sich dagegen leisten, nackt zu schwimmen. Diese Zeichen der Reinen bzw. Unreinen werden in der Bibel nicht motiviert, sie sind aber nicht arbiträr und unschwer zu entziffern. Fleisch- und Allesfresser sind nicht-koscher, wenn auch nicht automatisch alle Pflanzenfresser koscher sind. Die nachsintflutliche Menschheit bekommt zwar eine Konzession für den Fleischkonsum, diese ist aber auf den unblutigen Konsum von Pflanzenfressern beschränkt (Gen 9,4–7). Die Semiotik der reinen Tiere artikuliert eine vegane Utopie, die dem „hunting Ape" ein genau umschriebenes und zeitlich befristetes Zugeständnis macht. „Rein" heißt, wie Jean Soler treffend bemerkt, so weit wie unter den gegenwärtigen Umständen möglich, „schöpfungsgemäß"[30]. Dieser göttliche Speisezettel wird, wohlgemerkt, der ganzen nachsintflutlichen Menschheit verordnet, nicht nur der Judenheit.

Damit ist die *Simantik* der reinen Tiere aber noch nicht erschöpft. Es bleibt, das auffälligere *Siman* an den Fortbewegungsmitteln zu erklären. Dass die Bibel überhaupt an dieser Stelle ansetzt, ist ganz natürlich, zeichnet sich doch das Tier durch Bewegungsfähigkeit aus. Flossen, Flügel, Beine üben in ihren drei Lebenselementen analoge motorische Funktionen aus, sie bewirken die Lokomotorik des Tieres gegen den Widerstand seines Lebenselements. So erzeugen etwa die Schwimmflossen bei den Fischen den Vortrieb im Wasser, während die Schwanzflosse lenkt; der Schlagflug der Flügel bei den Vögeln sorgt für den Auf- und Vortrieb in der Luft; die Extremitäten der Vierbeiner bewirken den Ab- und Antrieb bei der Überwindung der Schwerkraft. Allerdings weiß die Bibel nichts von einer Evolution dieser Glieder. Die drei Provinzen von Animalia sind vielmehr strikt getrennte, ebenbürtige Lebensräume. Ihre Tierarten werden ausdrücklich als Produkte ihres jeweiligen Lebensraums eingeführt (Gen 1,20.24). Sie lassen sich kaum dem gemeinsamen Taxon Tier subsumieren. Jedenfalls unterliegt ihr Fleisch ganz verschiedenen halachischen Bestimmungen. Das Fleisch von Landtieren gehört z. B. einer anderen Kategorie an als das von Fischen und Vögeln. Der Vegetarier („Noder Min HaBassar") darf Fisch essen und dessen Fleisch kann zusammen mit Milch verspeist werden (mChul 8,1), es gehört einer dritten, „parwe" genannten Kategorie von neutralen Lebensmitteln an, die weder „milchig" noch „fleischig" sind (mChul 8,1). Als unrein gelten nun jene Tiere, die sich anders in ihrem Element fortbewegen als vorgesehen: Was auf dem Meeresgrund krabbelt und im Wasser schlängelt, was auf der Erde kriecht (Lev 11,41–44) und schleicht (Lev 11,27–28), was in der Luft wimmelt und schwärmt (Lev 11,23–24), das alles ist nicht koscher. Als ob diese Tiere in ihrem Lebenselement gegen ihre „Halacha", ihre natürliche Gangart, verstießen und darum dem Menschen, der nach der Halacha geht, verboten wären. Mary Douglas, die unter den Simanim das lokomotorische Merkmal besonders hervorgehoben hat, schreibt: „Jede

30 Soler 1973, 946. Er fragt: „Y a-t-il eu, historiquement, une tenative pour imposer aux Hébreux un régime végétarien? Und antwortet: „en tous cas de cet idéal, la bible porte des traces." Er erinnert an das vegetarische Manna (Ex 16,31) und an die Fleischlust der Israeliten in der Wüste (Ex 16,3; Num 11,4) sowie an die Strafe des Fleischekels (Sara', vgl. ebd., 19–20).

Gruppe von Tieren, denen die Ausstattung für die richtige Fortbewegungsweise in ihrem Element fehlt, verstößt gegen das Heiligkeitsgebot."[31] Der tiefere taxonomische Grund dafür ist offensichtlich: Wassertiere, die wie Landtiere gehen oder wie Vögel fliegen, Vögel, die nicht fliegen, sondern gehen und laufen oder schwimmen und tauchen, nicht zu vergessen, die berühmte Schlange, die sich auf dem Bauch schleppt und Dreck frisst (Gen 3,14; Lev 11,42), sind Amphibien im etymologischen Sinn des Wortes, sie sind Bürger zweier Reiche, als hybride Grenzgänger bedrohen sie die klaren und deutlichen Unterscheidungen der Schöpfungsordnung („Hawdalah", Gen 1,4.6.7.14.18) und ihrer artgemäßen Bewohner („LeMino", Gen 1,11-13.21–22.24–25), sie beschwören das Tohuwabohu vor der Schöpfung herauf, jedenfalls beleidigen sie die Reinlichkeit der Priester und lösen Ekelreaktionen aus („Schekez", Lev 11,41). Insofern wären die Speiseverbote tatsächlich ein Sonderfall der biblischen Mischungstabus („Kilajim", Lev 19,9; Deut 22,9).

In diesem Sinn kann man schließlich auch den dritten Siman der koscheren Landtiere interpretieren: die durchgespaltenen Klauen. Sie bilden eine Analogie zwischen den Tieren und ihrem Schöpfer, der durch Scheidung schafft, zu den Leviten, die zwischen Reinem und Unreinem unterscheiden, insbesondere zwischen Getier, das gegessen werden darf und Getier, das nicht gegessen werden darf (Lev 11,47), sowie zum charakteristischen Gestus des Priesters, der den Digitus medius und den Digitus anularis zu einem V spreizt.

Wie man immer zu dieser biblischen Biologie und Trophologie stehen und wieviel man von unserer Analogik halten mag, jedenfalls war die Kaschrut ursprünglich ein universalistisches Ernährungsprogramm, auch wenn sich heute nur noch eine verschwindend kleine jüdische Minderheit daranhält, von denen die meisten obendrein nichts von dieser Simantik verstehen.

Bibliographie

Bauer, Julien, 1994, La Nourriture casher, Paris: Presses Universitaires de Frances.

Dohmen, Christoph, 2012², Exodus 19-40 (HThK-AT), Freiburg/Basel/Wien: Herder.

Donin, Hayim Halevy, 1991², To Be a Jew. A Guide to Jewish Observance in Contemporary Life. Selected and Compiled from the Shulhan Arukh and Responsa Literature and Providing a Rationale for the Laws and the Traditions, New York: Basic Books.

Douglas, Mary, 1966, Purity and Danger, London: Routledge & Kegan Paul (franz. Üb. 1971, dtsch. Üb. v. Brigitte Luchesi, Frankfurt/M 1988).

Forst, Binyomin, 1993, The Laws of Kashrus. A Comprehensive Exposition of their Underlying Concepts and Applications, Rahway: ArtScroll Mesorah.

31 Douglas 1988, 76.

Forst, Binyomin, 2009, A Kosher Kitchen – A Practical Guide, Rahway: ArtScroll Mesorah.

Gutwirth, Jacques, 2004, La renaissance du hassidisme. De 1945 à nos jours, Paris: Odile Jacob.

Harris, Marvin, 1990[3], Wohlgeschmack und Widerwillen. Die Rätsel des Nahrungstabus, aus dem Amerikanischen von Ulrich Enderwitz, Stuttgart: Klett-Cotta Verlag.

Heinemann, Isaak, 1962, Ta'ame HaMizwot BeSifrut Jisrael (Die Bedeutung der religiösen Gebote in der Jüdischen Literatur), französische Übersetzung und Bearbeitung v. Charles Touati, Paris: Albin Michel (Bd. 1: Antike und Mittelalter [1942], 1954[3]; Bd. 2 Moderne und Gegenwart [1950], 1956[2]).

Heinemann, Isaak, 1973, Philons griechische und jüdische Bildung. Kulturvergleichende Untersuchung zu Philons Darstellung der jüdischen Gesetze (Breslau: Marcus 1932), Nachdruck: Hildesheim: Georg Olms Verlag.

Hieke, Thomas, 2014, Levitikus, (Herders Theologischer Kommentar Altes Testament), Freiburg/Basel/Wien: Herder.

Hoevels, Fritz Erik, 1993, Ein jüdisches Speisetabu und sein Geheimnis, in: Zeitschrift für klassische Psychoanalyse 1, 63–85.

Keel, Othmar, 1980, Das Böcklein in der Milch seiner Mutter und Verwandtes, (OBO 33), Fribourg: Universitätsverlag / Göttingen: Vandenhoeck & Ruprecht.

Kristeva, Julia, 1980, Pouvoirs de l'horreur. Essai sur l'abjection, Paris: Seuil.

Krochmalnik, Daniel, 2003, Die Bücher Levitikus, Numeri, Deuteronomium im Judentum (NSK – AT 33/5), Stuttgart: Katholisches Bibelwerk.

Leach, Edmund, 1969, Genesis as Myth and Other Essays, London: Cape.

Leach, Edmund, 1991, Lévi-Strauss. Zur Einführung, aus dem Engl. v. Lutz W. Wolff, Hamburg: Junius.

Lévi-Strauss, Claude, 1955[4], Traurige Tropen. Aus dem Französischen von Eva Moldenhauer, Frankfurt a. M.: Suhrkamp.

Lévi-Strauss, Claude, 1964–71, Mythologica, Frankfurt a. M.: Suhrkamp (Mythologica I: Das Rohe und das Gekochte 1964; Mythologica II: Vom Honig zur Asche 1966; Mythologica III: Vom Ursprung der Tischsitten 1968).

Lévi-Strauss, Claude, 1967, Strukturale Anthropologie, (1958), Dtsch. v. Hans Naumann), Frankfurt a. M.: Suhrkamp.

Lévi-Strauss, Claude, 2009, La pensée sauvage (1962), Paris: Plon.

Milgrom, Jacob, 1991, Leviticus 1–16. A New Translation with Introduction and Commentary (The Anchor Bible, Vol. 3), New York: Doubleday.

Philon von Alexandria, 1910, Die Werke Philos von Alexandria, Bd. 2, Tl. 2, Deutsche Übersetzung von Leopold Cohn, Breslau: Marcus.

Schlee, Günther, 2006, Wie Feindbilder entstehen: Eine Theorie religiöser und ethnischer Konflikte, München: Beck.

Soler, Jean, 1973, Sémiotique de la nourriture dans la Bible, in: Annales: économies, sociétés, civilisations 28, 943–955.

Staubli, Thomas, 1996, Die Bücher Levitikus und Numeri (Neuer Stuttgarter Kommentar - Altes Testament 3), Stuttgart: Katholisches Bibelwerk.

Staubli, Thomas, 2014, Essen: die tägliche Herausforderung zur Heiligung; der steinzeitliche Speisezettel, Levitikus 11, Kaschrut und Ökologie, in: Bibel und Kirche. Die Zeitschrift zur Bibel in Forschung und Praxis 69, 2, 92–95.

Die islamische Speiseordnung

Alles *ḥalāl* oder *ḥarām*?

Kadir Sanci / Arhan Kardas

Die *ḥalāl*- und *ḥarām*-Problematik steht im Zentrum der islamischen Speiseethik. Neben der Beziehung des Menschen zu Gott geht es in der islamischen Speiseordnung auch um Lebensschutz, Schöpfungserhalt und soziale Gerechtigkeit. Daher sollen zuerst die zentralen Begriffe analysiert und danach auf die theologischen Kernfragen der Thematik, insbesondere im Koran, eingegangen werden. Im zweiten Teil wird Bezug auf den Gegenwartskontext genommen. Dafür werden der Umgang heutiger Musliminnen und Muslime mit der Speiseethik beleuchtet, die Gewährleistungsprobleme der islamischen Ernährungsgrundsätze in der *ḥalāl*-Produktion behandelt und die Handhabung von entsprechenden Zertifikaten reflektiert. Der folgende Text verfolgt zwei zentrale Fragen: Erstens, welche normativen Prinzipien liegen der islamischen Speiseordnung zugrunde? Zweitens, wie werden diese Prinzipien in der heutigen Zeit umgesetzt, die Umsetzung geprüft und sichergestellt?

Alles ḥalāl *oder* ḥarām?

Der Islam als Religion ist nicht nur eine Frage des Glaubens (*īmān*), sondern auch des Verhaltens in Gottergebenheit (*islām*). Somit wird er zu einer Lebensweise, in der neben gottesdienstlichen Angelegenheiten auch alltägliche Entscheidungen eine religiöse Relevanz erhalten. Aus dieser Perspektive stellt sich bei jedem menschlichen Verhalten die Frage nach der göttlichen Beurteilung. Im Grunde ist dies eine Suche nach gottgewollten Entscheidungen, für die diverse Kategorien in Anlehnung an den Koran und der Vorgehensweise des Propheten in der islamischen Normenlehre entstanden sind.[1] An dieser Stelle soll lediglich auf die Begriffe *ḥalāl* und *ḥarām* eingegangen werden.

Eine kurze etymologische Reise

Das Verb *ḥalla* trägt die Bedeutung, einen Knoten aufzuknüpfen bzw. loszubinden. Das Antonym dazu lautet *ʿaqada* – knüpfen, binden, oder auch einen Bund

1 Übliche Kategorien wie prioritär verpflichtend (*farḍ* bzw. *wāǧib*), aus Verbundenheit zum Propheten bedingt verpflichtend (*sunna*), erstrebenswert (*mandūb* bzw. *mustaḥabb*), erlaubt (*ḥalāl* bzw. *mubāḥ*), verpönt (*makrūh*) und verboten (*ḥarām*) helfen Musliminnen und Muslimen, sich nach Verbindlichkeit bzw. Wertigkeit einer Tat vor Gott zu orientieren. Allein diese Kategorisierung zeigt, dass die islamische Normenlehre kein Pendant zur modernen Rechtssystem darstellt.

schließen. Als Fachbegriff sagt jedoch *ḥalāl*, das Adjektiv von *ḥalla*, das Gegenteil von *ḥarām* aus. In der Normenlehre steht letzterer Begriff für *unerlaubt*. Wird er aber in Verbindung mit Orten und Zeiten verwendet, wird *ḥarām* oft mit *heilig übersetzt. Also handelt es sich hier um ein arabisches Wort, welches unerlaubt* und *heilig* gleichermaßen ausdrücken kann. Dementsprechend kann *ḥarām* mit *unnahbar, geschützt* oder *unantastbar* übersetzt werden. In Anlehnung daran ist *ḥalāl* zu verstehen als *durch die Aufhebung der Unantastbarkeit erlaubt.*

Aus ethischer Perspektive lässt sich somit folgern, dass die Schöpfung als Ganze unantastbar bzw. heilig zu verstehen ist. Diese Unantastbarkeit wird nur im Rahmen des Erforderlichen aufgehoben. Grundsätzlich steht daher der Begriff *ḥarām* für die Schöpfungsverantwortung des Menschen. Aus islamischrechtlicher Perspektive wird dennoch der Genuss und die Nutzung der Schöpfung im Prinzip als *ḥalāl* verstanden. Unter Berufung auf die Primärquellen sind somit die Rechtsgelehrten der Ansicht, dass alles erlaubt ist, solange kein explizites Verbot vorliegt (*al-ibāḥa al-aṣliyya*).[2] Diese Grundregel wird von der überwiegenden Mehrheit der Gelehrten vertreten.[3] So liegt *ḥalāl*, der Auslegung von Ibn ʿAbbās (gest. 687) – dem prominentesten Koranexegeten und -lehrer unter den Prophetengefährten – zufolge, außerhalb dessen, was Gott verboten hat.[4] Entsprechend erklärt der anatolische Gelehrte Bediuzzaman Said Nursi (gest. 1960), warum die Verbote keine Last darstellten. Die Grenzen des Erlaubten seien weit gesteckt und reichten aus, um das menschliche Bedürfnis nach Vergnügen zu befriedigen.[5]

Im Ergebnis wird der menschliche Umgang mit der Schöpfung Gottes in *ḥalāl* und *ḥarām* unterteilt.[6] Diese können Q 16:116 zufolge nur von Gott bestimmt werden und liegen nicht im Entscheidungsspektrum der Menschen. Auch wenn das Erlaubte göttlich festgelegt wurde, ist es nicht zwingend erforderlich, alles Erlaubte zu konsumieren. An vier Stellen im Koran kommt *ḥalālan ṭayyiban* vor.[7] Anders als Mālik ibn Anas (gest. 795), der *ṭayyib* als ein Synonym für *ḥalāl* versteht und somit in der gemeinsamen Verwendung dieser Begriffe von einer Betonung des Erlaubten ausgeht, sieht u. a. der hanafitische Gelehrte al-Māturīdī (gest. 941) zwischen *ḥalāl* und *ṭayyib* einen Unterschied. *Ṭayyib* sei etwas, dass die Seele durch den Genuss erfreut. Die Seele erfreue sich nicht am Verzehr von

---

2 Vgl. Q 2:168.

3 Vgl. az-Zuḥaylī 2006, 190; Karagedik 2021, 67. Für die entsprechenden Stellen im Koran: u. a. Q 2:29, 31:20 und 45:13. Zudem wurde von dem Prophetengefährten Abū ad-Dardāʾ folgende Worte des Propheten überliefert: „Was Gott in seinem Buch erlaubt hat, ist erlaubt. Was er verboten hat, ist verboten. Und was Er verschwiegen hat, ist Vergebung. Akzeptiert also die Vergebung von Gott, denn Gott vergisst nichts." Vgl. al-Beyhaqī, as-sunan al-kubrā, Hadith-Nr. 19754–19756 (insb. Nr. 19756). Für weitere Hadithe: Abū Dāwūd, kitāb al-aṭʿima 65; Ibn Māǧa, kitāb al-aṭʿima 117. Arabische und türkische Zitate wurden von den Verfassern dieser Arbeit ins Deutsche übersetzt.

4 Vgl. Ibn ʿAbbās o. J., 23.

5 Vgl. Nursi 2021, 94.

6 Vgl. Q 10:59.

7 Vgl. Q 2:168, 5:88, 8:69 und 11:114.

allem Erlaubten, sondern vielmehr an dem, was für sie schmackhaft und angenehm ist. Diese Freude würde schließlich Dankbarkeit zu Gott auslösen.[8]

Ḥalāl und ḥarām – mittelbar oder unmittelbar?

Ḥalāl und *ḥarām* werden jeweils in *unmittelbar* und *mittelbar* (*li-ʿaynihī* und *li-ġayrihī*) unterschieden. *Ḥalāl li-ʿaynihī* bzw. *ḥarām li-ʿaynihī* beschreiben, dass etwas *von sich aus erlaubt* oder *verboten* ist. Mit anderen Worten geht es hierbei um das *unmittelbar* Erlaubte und Verbotene. Somit fallen alle expliziten Verbote aus dem Koran und der Vorgehensweise des Propheten (*sunna*) in die Kategorie *des* unmittelbar Verbotenen und alles, was darüber hinaus geht, ist als unmittelbar erlaubt zu verstehen. In dieser Kategorie sind die Gebote universell, unabhängig von Zeit und Ort und abgesehen von Ausnahmen unveränderlich.

Dagegen ist mittelbar Erlaubtes (*ḥalāl li-ġayrihī*) bzw. Verbotenes (*ḥarām li-ġayrihī*) aufgrund äußerer Auswirkungen erlaubt bzw. verboten. So können verbotene Substanzen wie Rauschmittel im Falle der Notwendigkeit als Medizin verwendet werden. Auch die Bluttransfusion wird im Notfall als *ḥalāl li-ġayrihī* erlaubt. Umgekehrt wird sauberes Wasser, das gestohlen wird, dadurch zu etwas Verbotenem und darf nicht mehr getrunken werden. Diese Kategorien werden aus dem Koran und der Lebensweise des Propheten abgeleitet.[9]

Vier Verse – Vier Verbote

Musliminnen und Muslime, die auf Speisevorschriften achten, stehen vor der Herausforderung, unterschiedliche Verbotsfestlegungen der islamischen Schulen vorzufinden. Jedoch gibt es – abgesehen von Alkoholverbot – vier Nahrungstabus, auf die sich alle Musliminnen und Muslime in Anlehnung an vier Stellen im Koran einigen können.[10]

Erstens ist der Verzehr von Fleisch verendeter Tiere (*al-mayta*) untersagt, zweitens ist der Konsum von Blut (*ad-dam*), drittens der Verzehr von Schweinefleisch (*laḥm al-ḫinzīr*) und viertens der Verzehr von Tieren, die in einem anderen Namen als Gott geschlachtet bzw. „auf und für errichtete Kultsteine geopfert“[11] werden.[12] Werden weitere Stellen im Koran herangezogen, in denen bei der

8 Vgl. al-Māturīdī 2005, 617–618; al-Qurṭubī 1964, 207.

9 Für die Notstandsklausel (*aḍ-ḍarūra*): Vgl. Q 2:172–173, 6:145 und 16:115.

10 Vgl. Q 2:168–176 (insb. 173), 5:1–5 (insb. 3), 6:141–146 (insb. 145) und 16:111–119 (insb. 115).

11 Vgl. Q 5:3.

12 In Q 6:145 heißt es außerdem: „Sprich: In dem, was mir offenbart worden ist, finde ich nichts, was einem Speisenden an Essen verboten wäre, es sei denn das Verendete oder das vergossene Blut oder das Fleisch vom Schwein – denn es ist abscheulich – oder das Frevelhafte, was nicht [Gott] geweiht ist, weil es im Namen anderer als Gott geschlachtet wurde. […]“ Vergleichbar steht in der Apostelgeschichte Folgendes geschrieben: „Denn der Heilige Geist und wir haben beschlossen, euch keine weitere Last aufzuerlegen als diese notwendigen Dinge: Götzenopferfleisch, Blut, Ersticktes und Unzucht zu meiden. Wenn ihr euch davor hütet, handelt ihr

Schächtung das Aussprechen des Namen Gottes gefordert wird, kann der vierte Punkt auch wie folgt formuliert werden: Der Verzehr von geschächteten Tieren, bei deren Schlachtung nicht der Name Gottes angerufen wurde, ist unzulässig.[13]

Verendete Tiere, Schächtung und Befugnis

In Q 5:3 werden neben verendeten Tieren auch erwürgte, erschlagene, gestürzte, gestoßene und von Raubtieren angefressene Tiere erwähnt. Das heißt, dass Tiere, die ohne menschliches Eingreifen – sei es auf natürliche Weise oder nicht – gestorben sind, nicht verzehrt werden dürfen. Wenn aber vor Eintritt des Todes das Tier noch durch Schächtung *gereinigt* werden kann, wird der Verzehr koranisch erlaubt.[14] Tierschutzgesetze[15] stellen für Musliminnen und Muslime heute eine große Herausforderung dar.[16] Angesichts der Gefahr, dass das Tier vor dem Schächten stirbt, werden diverse Betäubungsmaßnahmen in Frage gestellt. Folglich beharrt die islamische Gelehrtengemeinschaft darauf, dass die für den Verzehr erlaubten Landtiere[17] beim Schächten oder beim Jagen noch am Leben sein müssen. Beispielsweise qualifiziert der unter den Namen al-Ǧaṣṣāṣ[18] bekannt gewordene hanafitische Rechtsgelehrte und Koranexeget Abū Bakr ar-Rāzī (gest. 925) jedes tote Tier, das auf natürliche Weise verendet oder durch eine Handlung eines Menschen stirbt, die nicht in Übereinstimmung mit den zulässigen Schächtungsmethoden erfolgt, als *al-mayta*.[19]

In diesem Zusammenhang wurde klar geregelt, wer befugt ist, das Tier zu schächten. Gemäß der allgemein anerkannten Meinung ist der Verzehr von Tieren grundsätzlich erlaubt, die von Männern, Frauen oder von Kindern im zurechnungsfähigen Alter (*at-tamyīz*) geschächtet wurden. In der Regel wird davon ausgegangen, dass Kinder ab einem Alter von sieben Jahren zurechnungsfähig sind. Darüber hinaus spielt in Bezug auf die Frage der Schächtung die religiöse Zugehörigkeit eine entscheidende Rolle. So wird neben Musliminnen und

richtig. Lebt wohl!" (Apg 15:28–29, EÜ 2016). An dieser Stelle stimmen die neutestamentlichen Gebote mit denen im Koran überein, abgesehen von dem Unterschied, dass Unzucht anstelle von Schweinefleisch erwähnt wird.

13 Vgl. Q 6:121. Siehe u. a. auch: Q 5:4, 6:118 und 22:36.

14 „Verboten sind euch die Verendeten und Blut und Schweinefleisch und die, worüber ein anderer als Gott preisend gerufen wurden; die Erwürgten, Erschlagenen, Gestürzten, Gestoßenen sowie die, was Raubtiere anfraßen – außer ihr reinigt sie [schächtend]; die, auf und für errichtete Kultsteine geopfert wurden […]." Vgl. Q 5:3. Alle Koranverse in diesem Beitrag wurden unter Zuhilfenahme der Übersetzungen von Bobzin (2010) und Ünal/Aymaz/Kardaş (2015) von den Verfassern dieser Arbeit ins Deutsche übersetzt. Vgl. auch Abū Ḥayyān 1999, 156; Çayıroğlu 2014, 111.

15 Vgl. § 4a TierSchG und TierSchlV Abschnitt 4.

16 Vgl. Rohe 2001, 186–192.

17 Für die zum Verzehr erlaubten Tiere: az-Zuḥaylī o. J., 2593–2598.

18 Übersetzt: der Stuckateur.

19 Vgl. al-Ǧaṣṣāṣ 1984, 132.

Muslimen auch das Schächten von Schriftbesitzern (*ahl al-kitāb*),[20] was im Koran legitimiert wird, anerkannt.[21] Nüchternheit, d. h. der Verzicht auf den Konsum von Rauschmitteln, sowie geistige Gesundheit gelten außerdem als weitere Voraussetzungen für die Schächtung.[22]

Im Namen des „einen" Gottes

In Bezug auf verendete Tiere, Blut und Schweinefleisch fanden die islamischen Rechtsgelehrten somit eine gewisse Klarheit in den Aussagen des Korans vor, was wenig Raum für Diskussionen und Streitgespräche ließ. Auch hinsichtlich des Verbots, Tiere zu verzehren, die im Rahmen eines polytheistischen Götterkultes oder zur Verehrung von Persönlichkeiten geopfert wurden, herrscht Konsens. Allerdings gibt es eine deutliche Meinungsvielfalt, wenn es um Tiere geht, die weder im Namen anderer Gottheiten bzw. Personen noch im Namen des *einen* Gottes geschlachtet wurden.

Der andalusisch-malikitische Rechts- und Hadithgelehrte Abū Bakr Ibn al-ʿArabī (gest. 1148) fasst die verschiedenen Meinungen in mehreren Punkten zusammen. Vier relevante Rechtsmeinungen sollen an dieser Stelle erwähnt werden: Die erste Meinung besagt, dass das Tier verzehrt werden kann, wenn beim Schächten das Aussprechen des Namen Gottes versehentlich unterlassen wird. Wird es aber absichtlich unterlassen, darf das Fleisch nicht gegessen werden. Diese Meinung wurde unter anderem von Abū Ḥanīfa (gest. 767) und Mālik ibn Anas (gest. 795) überliefert. Der zweiten Meinung zufolge kann das Tier unabhängig davon, ob versehentlich oder vorsätzlich der Name Gottes nicht ausgesprochen wird, verzehrt werden. Diese Position geht auf al-Ḥasan al-Baṣrī (gest. 728) und aš-Šāfiʿī (gest. 820) zurück. Gemäß der dritten Meinung führt das Unterlassen, sei es versehentlich oder absichtlich, zum Verbot des Verzehrs. Diese Meinung wurde von Ibn Sīrīn (gest. 729) und Aḥmad ibn Ḥanbal (gest. 855) vertreten. Die vierte Meinung besagt, dass ein absichtliches Unterlassen zwar nicht zum Verbot des Verzehrs führt, aber die Handlung als verpönt (*makrūḥ*) angesehen wird.[23] Trotz Aufforderungen im Koran wie „Esst nicht das, worüber der Name Gottes nicht gesprochen wurde!"[24] gibt es somit, angefangen von der Notwendigkeit, den

---

20 *Ahl al-kitāb* ist eine koranische Bezeichnung, die in der Offenbarungszeit primär für Juden und Christen verwendet wurde. In Bezug auf das Schächten beschränken die Gelehrten allerdings diese Erlaubnis auf Juden und Christen. In Q 5:5 wird darauf verwiesen, dass „die Speisen derer, denen das Buch gegeben wurde", den Musliminnen und Muslimen erlaubt sind. Die Mehrheit der Gelehrten, so auch Ibn ʿAbbās – legen den Begriff Speisen (*ṭaʿām*) im Vers mit geschächteten Tieren (*ḏabāʾiḥ*) aus. Vgl. Ibn ʿAbbās o. J., 89. Abū Ḥayyān 1999, 182.

21 Der mehrheitlichen Rechtsmeinung der ersten zwei Generationen der Musliminnen und Muslime zufolge kann ein Fleisch auch dann verzehrt werden, wenn ein Christ beim Schächten den Namen „Messias" ausspricht. Vgl. al-Baġawī 1999, 19.

22 Vgl. Çayıroğlu 2014, 114–116.

23 Vgl. Abū Bakr Ibn al-ʿArabī 2003, 271–272; Şenol 2018, 496–497.

24 Vgl. Q 6:121.

Namen Gottes beim Schächten auszusprechen, bis hin zur Akzeptanz des Unterlassens dessen, verschiedene Rechtsmeinungen.

Somit lässt sich festhalten: Je nach Rechtsschule sind die als essbar definierten Landtiere nur dann zum Verzehr erlaubt, wenn beim Schächten keine falschen Intentionen vorliegen bzw. der Name Gottes ausgesprochen wird, das Tier erst durch menschliches Eingreifen zu Tode kommt und das Blut aus dem Körper des Tieres austreten kann.

Die schrittweise Untersagung des Alkoholkonsums

Die Speiseverbote im Koran in Bezug auf Tiere werden als eine Reaktion auf die – aus islamischer Sicht – unbegründeten Nahrungsrestriktionen u. a. der polytheistischen Araber verstanden.[25] An vier Stellen werden die Verbote auf die oben genannten vier eingeschränkt. Auffallend ist, dass diese Regelung sowohl am Anfang als auch am Ende der spätmekkanischen Zeit (615-621)[26], in den Anfangsjahren in Medina (ab 622)[27] und am Ende der Offenbarungszeit (632)[28] mehrmals ohne Veränderungen Erwähnung findet.[29] Bezüglich des Alkoholverbots scheint dies im Koran aber anders zu sein. Auch zu diesem Thema finden sich vier Stellen, die nahezu im selben Zeitfenster offenbart wurden.

Berauschendes vs. Gutes

> Und aus den Dattelfrüchten und den Trauben gewinnt ihr sowohl Rauschgetränk [*sakar*] als auch schöne Versorgung. Siehe, darin liegt fürwahr ein Zeichen für Menschen, die ihren Verstand nutzen.[30]

Diese Worte wurden in den Anfängen der spätmekkanischen Zeit offenbart. Der Koranvers verdeutlicht, dass in der damaligen mekkanischen Gesellschaft Früchte wie Datteln und Trauben sowohl als Quelle für Rauschgetränke als auch als gute Nahrungsmittel dienten. Die Gegenüberstellung von Berauschendem und Gutem zeigt die Haltung im Koran zu berauschenden Getränken. Obwohl zu dieser Zeit noch kein direktes Verbot ausgesprochen wurde, ist eine Positionierung gegenüber dem Alkoholgenuss mit einem Appell an die Vernunft der Menschen erkennbar.

25 Vgl. Q 5:103 und 6:138–139.
26 Vgl. Q 16:115 und Q 6:145.
27 Vgl. Q 2:173.
28 Vgl. Q 5:3.
29 Vgl. Bell 1953, 102.
30 Vgl. Q 16:67.

Nutzen und Schaden des Alkoholkonsums

> Sie fragen dich nach dem Wein und nach dem Glücksspiel. Sprich: „In beiden liegen großes Übel und Nutzen für die Menschen. Das Übel aber, das in beidem liegt, ist grösser als ihr Nutzen. [...][31]

In dieser Offenbarung der ersten Jahre der medinischen Zeit wird der Nutzen und Schaden von alkoholischen Getränken abgewogen. Schließlich werden diese Getränke aufgrund des überwiegend Schädlichen als ein großes Übel definiert, das die Menschen vom Guten abhält. Aus dem Wortlaut des Koranverses geht hervor, dass dieser Beurteilung eine vorangegangene Fragestellung zugrunde lag. Gemäß den Überlieferungen suchte eine Gruppe von Prophetengefährten, darunter auch der spätere zweite Kalif ʿUmar (gest. 644), den Propheten auf und erfragte von ihm eine Rechtsmeinung über den Wein. Sie begründeten ihre Bitte mit den Worten „Der Wein nimmt den Verstand und raubt das Vermögen" und positionierten sich gegen den Alkoholkonsum in ihrer Gesellschaft. Nach der Verkündung von Q 2:219 mieden einige der Prophetengefährten Alkoholisches, obwohl zu diesem Zeitpunkt immer noch kein klares Alkoholverbot vorlag.[32]

Alkohol als Hindernis zum Gebet

Im dritten bzw. vierten Jahr der Auswanderung nach Medina (625–626) folgte eine weitere Verkündung über Rauschgetränke:

> Oh ihr, die ihr glaubt! Naht euch nicht zum Hauptgebet, solange ihr euch im Zustand der Trunkenheit befindet, auf dass ihr wisst, wovon ihr spricht![33]

In Überlieferungen, die auf ʿAlī ibn Abī Ṭālib (gest. 661), den Vetter und Schwiegersohn des Propheten, zurückgehen, wird von einem Vorfall berichtet, bei dem es sich um ein gemeinschaftliches Hauptgebet im alkoholisierten Zustand handelte. Diesen Berichten zufolge hat der Vorbeter aufgrund seiner Trunkenheit den Koran im Gebet falsch rezitiert, woraufhin der Koranvers Q 4:43 offenbart wurde.[34] Rauschgetränke werden an dieser Stelle als Hindernis für die täglichen Hauptgebete betrachtet. Dennoch wird kein absolutes Alkoholverbot ausgesprochen, sondern lediglich eine zeitliche Einschränkung des Konsums festgelegt. Es ist jedoch anzunehmen, dass aus praktischen Gründen oder aus Frömmigkeit heraus die Anzahl derer, die auf Alkohol gänzlich verzichteten, weiter zugenommen hat.

---

31 Vgl. Q 2:219.
32 Vgl. al-Baiḍāwī 1997, 137.
33 Vgl. Q 4:43.
34 Vgl. Abū Dāwūd, kitāb al-ašriba 3; aṭ-Ṭabarī o. J., 376.

Vom Geduldeten zum Verbotenen

Gegen Ende der Offenbarungszeit heißt es schließlich:

> Oh ihr, die ihr glaubt! Gewiss, Wein, Glücksspiel, Opfersteine und Lospfeile sind eine Abscheulichkeit aus dem Satanswerk! So meidet das, auf dass ihr Heil findet! Zweifellos, der Satan will zwischen euch Feindschaft und Hass durch Wein und Glücksspiel entstehen lassen. Und er will euch vom Gedenken Gottes und vom Hauptgebet abhalten. Also habt ihr doch damit aufgehört, oder?[35]

In diesen zwei Koranversen wird das Verbot von Wein auf unterschiedlichen Ebenen gedeutet. Erstens wird der Wein mit Glücksspielen, Opfersteinen und Lospfeilen auf die gleiche Wertigkeitsebene gestuft und als eine Abscheulichkeit (*riǧs*) bezeichnet. Zweitens wird er als Werk bzw. Verlockungsmittel Satans benannt, der durch Wein Feindschaft und Hass unter den Menschen zu säen und die Gottesbewussten vom Gedenken an Gott und vom Hauptgebet fernzuhalten plane. Drittens wird das Wohlergehen mit dem Weinverzicht verknüpft. Und viertens wird mit einer rhetorischen Abschlussfrage gefordert, Wein zu meiden. „Also habt ihr doch damit aufgehört, oder?“[36] Mit diesen Koranversen scheint das letzte Wort gesprochen zu sein.[37]

Über den Prophetengefährten ʿAbdullāh Ibn ʿUmar (gest. 693) wurden vom Propheten die Worte „Jedes Berauschende ist Wein (*ḫamr*) und jedes Berauschende ist verboten (*ḥarām*)“ überliefert.[38] Basierend auf diesem und ähnlichen Hadithen wird vom spezifischen Verbot des Weins im Koran auf ein allgemeines Alkoholverbot geschlossen.

Zusammengefasst können Schweinefleisch und Alkohol als die prominentesten Nahrungsmittelverbote im Islam bezeichnet werden. Während Schweinefleisch, verendetes Fleisch und Blut über mehrere Jahre hinweg unverändert verboten waren und mehrmals darauf hingewiesen wurde, wurde das Verbot von Alkohol prozesshaft etabliert. Bereits aus diesem Umstand lässt sich erkennen, wie weit verbreitet der Alkoholkonsum in der Gesellschaft zur Zeit der Offenbarung gewesen ist. Dies führte dazu, dass Alkohol in vier Schritten und über mehrere Jahre hinweg zu einem Tabu wurde. Eine Einschätzung der Hadith- und Rechtsgelehrten ʿĀʾiša bint Abī Bakr (gest. 678), Ehefrau des Propheten, verdeutlicht das schrittweise Verbot. „Wenn zuerst ein Vers wie ‚Trinkt keinen Wein!‘ offenbart worden wäre, würden sie [d. h. die ersten Adressaten der Offenbarung] sagen: ‚Wir werden niemals auf Wein verzichten!‘“[39] Im Vergleich zum abrupten Schweinefleischverbot zeigt das sukzessive Weinverbot, wie schwer es für die

---

35 Vgl. Q 5:90–91.

36 Wortwörtliche Übersetzung: „Also seid ihr jene, die aufgehört haben, oder?“

37 Vgl. Çayıroğlu 2014, 171–172.

38 Vgl. Muslim, kitāb al-ašriba 92. Vgl. u. a. auch Muslim, kitāb al-ašriba 95; at-Tirmiḏī, kitāb al-ašriba 1; Ibn Māǧa, kitāb al-ašriba 20; Abū Dāwūd, kitāb al-ašriba 11; an-Nasāʾī, kitāb al-ašriba 163.

39 Vgl. al-Buḫārī, kitāb faḍāʾil al-qurʾān 15.

Musliminnen und Muslime des 7. Jahrhunderts gewesen sein muss, sich darauf einzustellen.

Die Spielregeln von ḥalāl *und* ḥarām*: Grundprinzipien im Kontext von Gottesdienst, Notstand und Weisheit*

Die rationale Begründung (*ʿilla*) von Normen und die Weisheit (*ḥikma*) dahinter sind zentrale Themen der Urteilsfindung. Für die Normativität wird aber vor allem der Wille Gottes in den Geboten als entscheidend erachtet. Demzufolge ist das, was Gott verboten hat, untersagt und Gegenteiliges legitim. Somit ist die Einhaltung von *ḥalāl* und *ḥarām* als gottesdienstlich (*taʿabbudī*) zu verstehen. Gerade die Gottesdienstlichkeit verleiht der islamischen Speiseordnung für Musliminnen und Muslime Alltagsrelevanz.

Daneben wird davon ausgegangen, dass sie dem Schutz gewisser Rechtsgüter dienen. Der Rechtstheoretiker aš-Šāṭibī (gest. 1338) fasste diese als Ziele der islamischen Normenlehre (*maqāṣid aš-šarīʿa*) in fünf Grundprinzipien[40] zusammen.[41] Dementsprechend werden in den Essensvorschriften und im Alkoholverbot der Schutz des Lebens und des Verstandes erkannt. Denn Gott verbiete nichts, was letztendlich dem menschlichen Leben und Verstand dient. Solange aber das Verbotene ein höheres Rechtsgut schützt, darf es zugelassen werden. Folglich dürfen in Notsituationen wie Hungersnot sowohl Schweinefleisch als auch Alkohol konsumiert werden.[42] Deshalb sind auch Bluttransfusion und der Einsatz von Betäubungsmitteln im Rahmen von gesundheitlichen Behandlungen durchaus legitim.[43]

Darüber hinaus spielen die Weisheiten hinter dem Verbotenen eine wichtige Rolle. Beispielsweise könnte sie bei dem Verbot von verendeten Tieren darin liegen, dass diese als Nahrung für Raubtiere, Insekten sowie Mikroorganismen von Gott vorgesehen sind.[44] Außerdem ist Verschwendung jeglicher Art verboten.[45]

Kurzum sind die Gebote nicht rein normativ, aber auch nicht statisch zu verstehen, sondern enthalten theologische (Gehorsam gegen Gott), medizinische (Schutz der Gesundheit) und diakonische (Sicherstellung von Nahrungsquellen für andere Lebewesen) Dimensionen. Die islamischen Nahrungsvorschriften lassen sich somit als Konzepte des Gottesdienstes und der Schöpfungserhaltung verstehen. Die Frage ist, inwieweit diese Konzepte auch in die heutige Zeit getragen werden können.[46]

---

40 Diese sind: Die Religion (*ad-dīn*), das Leben (*an-nafs*), das Vermögen (*al-māl*), die Nachkommenschaft (*an-nasl*) und die Vernunft (*al-ʿaql*).
41 Vgl. al-Shāṭibī 2012, 6.
42 Für die Notstandsklausel (*aḍ-ḍarūra*): Vgl. Q 2:172–173, 6:145 und 16:115.
43 Vgl. az-Zuḥaylī o. J., 2592–2619; Çayıroğlu 2014, 40–54.
44 Vgl. Nursi 2007, 328 (28. Lem'a, 2. Nükte, 2. Vecih).
45 Vgl. Q 7:31.
46 Vgl. Q 4:29; 2:195.

Die ḥalāl*-Beziehung der Musliminnen und Muslime in Deutschland*

Verständlicherweise nehmen die meisten Musliminnen und Muslime in islamisch geprägten Ländern an, dass *ḥalāl* in Bezug auf Lebensmittel der gesellschaftliche Regelfall ist. Nur wenige mit besonderer Sensibilisierung ziehen gezielt – aus ihrer Sicht – vertrauenswürdige Metzgereien bzw. Restaurants vor und vermeiden andere Geschäfte. In Ländern wie Deutschland, in denen Musliminnen und Muslime eine Minderheit bilden, sieht es ganz anders aus. *Halāl* wird nicht mehr als Regelfall verstanden, weshalb eine kritische Haltung gegenüber der Lebensmittelindustrie wichtiger wird.

Den Vegetariern sei Dank!

Mit der Verbreitung von Vegetarismus und Veganismus wurde in den 1990er Jahren das V-Label eingeführt.[47] In den vergangenen fünf bis zehn Jahren verbreitete sich die Nutzung des Labels durch die großen Lebensmittelkonzerne.[48] Entsprechend vermehrten sich auch die vegetarischen Angebote auf dem Markt. Diese positiven Entwicklungen erleichtern den Alltag vieler Musliminnen und Muslime. Da vegetarische Lebensmittel keine Produkte von getöteten Tieren enthalten, gelten sie in der Regel als zum Verzehr erlaubt. Unüberschaubare Listen über E-Nummern, mühseliger Schriftverkehr mit Lebensmittelfirmen über nicht deklarierte Inhaltsstoffe und nicht aktualisierte bzw. nicht funktionierende Halal-Check-Applikationen werden dadurch größtenteils verzichtbar.[49] Ein weiteres Label für alkoholfreie Lebensmittel käme den Musliminnen und Muslimen sehr entgegen.

Ist ḥalāl *auch* ḥalāl?

Geht es um den Fleischkonsum selbst, bleibt die *ḥalāl*-Landschaft in Deutschland weiterhin unüberschaubar. Eine Reihe von *ḥalāl*-Zertifizierungsprogrammen und die entsprechenden Label verschärfen die Situation. Im Zuge der sich alle paar Jahre wiederholenden Fleischskandale auf dem *ḥalāl*-Markt forderte 2013 der Koordinierungsrat der Muslime (KRM)[50] vom Bundesamt für Verbraucherschutz

---

47 Vgl. European Vegetarian Union (EVU), The History of V-Label.

48 Vgl. ebd., General Information. Ebd., Information for Producers.

49 Eine unter Musliminnen und Muslimen bekannte und verbreitete App zum Thema heißt HalalCheck. Vgl. HalalCeck. Zum Team gehört u. a. Dilara Faslak islamische Theologin und Autorin des Halal Lexikon. Sie versucht mit ihrem Halalblog und auf Instagram, Musliminnen und Muslime in Deutschland für das Thema *ḥalāl* zu sensibilisieren. Vgl. Faslak 2023.

50 Der Rat wurde 2007 von den vier großen islamischen Dachverbänden – die Türkisch-Islamische Union der Anstalt für Religion (DITIB), der Islamrat für die Bundesrepublik Deutschland (IRD), der Zentralrat der Muslime (ZMD) und der Verband der Islamischen Kulturzentren (VIKZ) – in Köln gegründet. 2019 wurde der Kreis um die Union der Islamisch-Albanischen

und Lebensmittelsicherheit strengere Kontrollen und Maßnahmen.[51] So reagierten der KRM auf das Problem, dass mehrmals Schlachtabfälle oder Schweinefleisch in als *ḥalāl* verkauftem Fleisch festgestellt wurden.[52] Dies verursachte einen Vertrauensverlust in die *ḥalāl*-Industrie und legt nahe, dass der Begriff *ḥalāl* rechtlich geschützt und gesichert werden muss.

Eigenen Erfahrungen der Verfasser dieser Arbeit zufolge können fünf unterschiedliche Gruppen der muslimischen Verbraucherinnen und Verbraucher zur *ḥalāl*-Problematik unterschieden werden. Die erste Gruppe versteht unter *ḥalāl*: kein Schweinefleisch, teilweise auch kein Alkohol. Darüber hinaus ist sie bereit, jegliche Nahrungsmittel ohne Bedenken zu essen. Eine zweite Gruppe ist sich bewusst, dass dieses Thema ein wenig komplizierter ist. Also achtet sie darauf, Fleisch von *muslimischen* Anbietern zu kaufen, wobei sie auf Vertrauen setzt. Dabei können *ḥalāl*-Label oder das Wort der muslimischen Verkäuferin bzw. des muslimischen Verkäufers bereits eine Entscheidung begründen. Die dritte Gruppe verlässt sich auf *ḥalāl*-Zertifikate. Die vierte fragt nicht nur nach einem Zertifikat, sondern möchte zugleich auch wissen, wer dahintersteht bzw. welche Kriterien berücksichtigt werden. Alle vier Gruppen setzen – wenn auch auf unterschiedliche Art und Weise – auf Vertrauen oder vertreten die Meinung, bezüglich der Speisevorschriften die Verantwortung vor Gott an die Anbieter abgeben zu können. Dagegen vermutet die fünfte Gruppe, die *ḥalāl*-Skeptiker, im *ḥalāl*-Label eine juristisch ungeschützte Marketingfalle. Sie kritisiert die Intransparenz bei der Vergabe von Zertifikaten und die mangelhaften Kontrollmaßnahmen. Sie bezweifelt die Umsetzbarkeit der Zertifizierungen, glaubt nicht an regelmäßige Überprüfung der Firmen und somit nicht an eine durchgehende Gewährleistung von *ḥalāl*-Standards. Daher setzt sie aus Hoffnungslosigkeit oder aus Alternativlosigkeit auf Mundpropaganda. Sie zieht *ḥalāl*-Anbieter vor, die als gottesbewusst und gewissenhaft bekannt sind. Darüber hinaus achtet sie darauf, ob in dem Geschäft mit *ḥalāl*-Fleischangebot Spielautomaten aufgestellt sind oder Alkohol verkauft wird. Während der Alkoholverkauf von einem Teil toleriert wird, können Glücksspielautomaten in den meisten Fällen als Begründung ausreichen, einen anderen Laden aufzusuchen.

Die ḥalāl-*Zertifizierungen*

Die islamische Religionspädagogin Fahimah Ulfat erkennt in der Anwendung von *ḥalāl*-Labeln ein grundsätzliches Problem. In Anlehnung an Wael Hallaq, einem Experten der islamischen Normenlehre, betont sie, dass *ḥalāl* und *ḥarām* nicht eine Ware beschreiben, sondern den Umgang des Menschen mit ihr. Eine

Zentren in Deutschland (UIAZD) und dem Zentralrat der Marokkaner in Deutschland (ZRMD) erweitert. Vgl. KRM.

51 Vgl. islam.de 2013.

52 Vgl. Welt 2007. Süddeutsche Zeitung 2010. Berliner Zeitung 2013. Siehe bezüglich der Probleme in der *ḥalāl*-Industrie: Çalkara 2019.

ḥalāl-Etikettierung würde somit fälschlicherweise zu der Auffassung führen, die Natur oder Produktion einer Ware sei *ḥalāl* oder *ḥarām*.[53] Zudem plädiert der Hadithwissenschaftler und islamische Religionspädagoge Ulvi Karagedik für eine zeitgemäße Definition des Begriffes *ḥalāl*, der neben den klassisch-normativen Prinzipien im Islam auch einer schöpfungsgemäßen Ernährung gerecht wird. Er kritisiert die Existenz von *ḥalāl*-Zertifikaten und weist darauf hin, dass Unerlaubtes durch die islamischen Primärquellen explizit definiert wurden und alles Undefinierte erlaubt ist. *Ḥalāl*-Zertifikate seien nicht islamkonform und lenkten den ursprünglichen Duktus in die umgekehrte Richtung. Ihm zufolge sei es angemessener, „mit *Ḥarām*- als mit *Ḥalāl*-Zertifikaten zu operieren."[54] Da sich aber ein *ḥarām*-Label nicht verkaufen lässt und weder Lebensmittelkonzerne noch Ladenbetreiber dieses Label freiwillig nutzen werden, ist den Verfassern dieser Arbeit zufolge die Umsetzbarkeit nicht vorstellbar. Auch in Zukunft werden die *ḥalāl*-Zertifikate den deutschen Lebensmittelmarkt dominieren.

Eine fachgerechte Analyse der Internetseiten von diversen überregionalen und internationalen Zertifizierungsfirmen[55] würde den Rahmen dieses Artikels sprengen. Daher seien nur einige Kriterien genannt, welche die Anbieter von *ḥalāl*-Zertifikaten erfüllen sollten:

1. Theologische Legitimation: Auf der Internetseite sollte transparent dargestellt werden, welche religiöse Autorität die Aufsicht übernimmt oder in welcher Trägerschaft sie sich befindet.[56] Zwar beanspruchen die Zertifizierungsfirmen, dass sie *ḥalāl*-Anbieter beaufsichtigen, aber wer beaufsichtigt die Zertifizierungsfirmen? Idealerweise sollten sie einen Aufsichtsrat bzw. einen Rat von Gelehrten möglichst aus unterschiedlichen Rechtsschulen und islamischen Religionsgemeinschaften haben.[57]

2. Fachliche Kompetenz: Ein Zertifizierungsinstitut sollte zudem ein Team haben, das auf der Website transparent vorgestellt wird. Um eine Zertifizierung durchführen zu können, bedarf es neben einer Expertin bzw. einem Experten der islamischen Normenlehre auch weiteren Fachpersonals, das Bereiche wie Fleischerei, Tiermedizin, Tierethik, Lebensmitteltechnologie, Chemie und Hygiene abdeckt.[58] Von allen ist gleichermaßen eine entsprechende akademische Qualifizierung vorauszusetzen.

---

53 Vgl. Ulfat 2019, 243.
54 Vgl. Karagedik 2021, 67.
55 Eine Auflistung diverser Zertifikatsfirmen befindet sich auf der Webseite: Halal-Produkte in Europa, 2023, Zertifizierung.
56 Vgl. Europäische Halal Zertifizierungsinstitut – EHZ, 2021.
57 Vgl. ebd., Gelehrtenrat.
58 Vgl. ebd., Technische Abteilung; GİMDES – Helal Gıda ve Helal Sertifikalama, 2023, GİMDES Personeli.

3. *Ḥalāl*-Richtlinien: Neben einer ausführlichen Darstellung der Richtlinien sollten auch darüber Auskunft gegeben werden, nach welcher Lehrtradition die Zertifizierung erfolgt. Hanafitisch, malikitisch, schafiitisch, hanbalitisch oder dschafaritisch? Wegen der Vielfalt muslimischer Traditionen in Deutschland wird die klare Benennung der Lehrtraditionen für Laien, die den Details der Richtlinien nicht folgen können, eine Entscheidungshilfe sein.[59] Im Rahmen der *ḥalāl*-Richtlinien sollte auch transparent mit dem Thema Betäubung beim Schächten umgegangen werden.
4. Tierhaltung, Nachhaltigkeit und Hygiene.
5. Durchführung von Kontrollmaßnahmen: Über die fortwährende Gewährleistung des *ḥalāl*-Betriebes über den gesamten Zertifizierungszeitraum sollte informiert werden. Verstöße gegen Richtlinien sollten sanktioniert und für Verbraucherinnen und Verbraucher transparent gemacht werden.

Bei der intensiven Beschäftigung mit Zertifikatsanbietern konnte das Europäische Halal Zertifizierungsinstitut (EHZ) zumindest mit der Internetpräsenz größtenteils überzeugen.[60] Es befindet sich in Trägerschaft der Islamischen Gemeinschaft Millî Görüş (IGMG).[61]

---

59 Das dargestellte Label zeigt, wie ein Label unter Berücksichtigung diverser Lehrtraditionen, bei dem eine oder mehrere markiert werden, aussehen könnte. Es wurde dankenswerterweise für diesen Artikel von Ahmet Cangir entworfen.

60 Vgl. EHZ 2021. Für eine tiefgreifende Beurteilung würde der Einblick in den Betrieb des Instituts erforderlich sein.

61 IGMG geht als Vertreter des politischen Islams auf den türkischen Politiker Necmettin Erbakan (gest. 2011) zurück und ist die größte Mitgliedsgemeinschaft von Islamrat für die Bundesrepublik Deutschland (IRD). Islamrat gehört zu den vier großen islamischen Verbänden in

Das Modell der ḥalāl*-Franchising – Eine Alternative?*

Zwei große islamische Gemeinden in Deutschland beteiligen sich auf unterschiedliche Weise am *ḥalāl*-Markt. Millî Görüş gründete 2001 das EHZ und entschied sich für den konventionellen Weg der Zertifizierung.[62] Der Verband der Islamischen Kulturzentren e. V. (VIKZ)[63] beteiligt sich mit der Marke Tuna Food seit 1987 am *ḥalāl*-Markt.[64] Weder auf der Website der Tuna Food GmbH noch des VIKZ ist über die Verbindung zueinander zu lesen.[65] Dennoch ist die Zusammengehörigkeit in der muslimischen Community bekannt. Die strikte Umsetzung von hohen islamisch-normativen Auflagen beim Schächten und die seriöse Haltung des VIKZ in normativen Fragen verschaffen Tuna Food ein hohes Ansehen unter den muslimischen Verbraucherinnen und Verbrauchern. Daher sind ihre Produkte auch über die Grenzen der eigenen Gemeinden hinaus bekannt und begehrt. Allerdings hat sich die Firma Tuna Food, im Grunde der VIKZ, gegen eine übliche Zertifizierung entschieden. Sie haben ein Franchising-Modell etabliert und haben dadurch einen viel stärkeren Einfluss und bessere Kontrolle auf die *ḥalāl*-Produktion als in Zertifizierungsprogrammen,[66] weswegen die eigenen Produkte mit einem *ḥalāl*-Siegel exklusiv versehen werden. Im Ergebnis wird bereits das Firmenlogo Tuna als Gütesiegel für *ḥalāl*-Fleisch wahrgenommen. Diese Entscheidung des VIKZ zeigt auch, wie wenig sie auf Zertifizierungen vertrauen.

ḥalāl*, Bio, am besten!*

In Bezug auf *ḥalāl*-Fleisch bleiben Themen über ethisch unvertretbare Massentierhaltung bzw. Zuchtmethoden und die Verwendung von als religiös unrein zu verstehende Tiernahrung zu oft unberührt. Bedauerlicherweise stellt Biofleisch

Deutschland. Vgl. Islamrat für die Bundesrepublik Deutschland (IRD), 2023, Selbstdarstellung.

62 Vgl. EHZ 2021, Halal Should Be Halal.

63 VIKZ wurde 1973 von türkischen Muslimen, die der mystisch geprägten Tradition des Gelehrten Süleyman Hilmi Tunahan (gest. 1959) folgten, gegründet. Dem Dachverband sind heute bundesweit etwa 300 lokale Moschee- und Bildungsvereine angeschlossen sowie neun Landesverbände. Vgl. VIKZ 2023.

64 Vgl. Tuna Food GmbH.

65 Dies ist als Intransparenz zu bemängeln. Tuna Food GmbH sollte in ihrer Internetpräsenz auf ihre *ḥalāl*-Richtlinien eingehen und auf die Aufsichtsfunktion des VIKZ hinweisen. Es ist davon auszugehen, dass Tuna Food GmbH aus kommerziellen Gründen die Verbindung nicht öffentlich kommunizieren möchte. Indem aber die Mitgliedsvereine des VIKZ und Gemeindemitglieder ausschließlich für Tuna-Produkte Werbung machen und in ihrem Verkaufssortiment nur die Fleischwaren von Tuna Food aufnehmen, wird diese Verbindung sichtbar. In einem Antwortschreiben von 2014 wurde auf Anfrage von HalalCheck die Richtlinien so beschrieben: „Unter der Marke Tuna bieten wir dem Verbraucher alle unsere Produkte an, die aus Fleisch hergestellt werden, das gemäß den Richtlinien des Verbandes der Islamischen Kulturzentren ohne Betäubung und mit dem Aussprechen der Basmala geschächtet wurde. Mit Ausnahme von Gewürzen werden keine Rohstoffe von anderen Organisationen bezogen." (Übersetzt aus dem Türkischen) Vgl. HalalCheck, 2014.

66 Vgl. Tuna Food GmbH.

in der *ḥalāl*-Produktion ein marginales Thema dar. Dennoch sollte es an dieser Stelle gewürdigt werden. Auf dem *ḥalāl*-Markt sind mittlerweile zwei Online-Fleischereien bekannt, die auf Biofleisch setzen: Nimet Naturfleisch von WIMAS GmbH und Josef's Biofleisch.

Nimet Naturfleisch erhebt den Anspruch auf *ḥalāl*-Produktion ohne Betäubung von Tieren aus artgerechter, natürlicher Tierhaltung. Ein Bio-Zertifikat gibt es nicht. Die Firma hat aber ein *ḥalāl*-Zertifikat und setzt zugleich auf ein Vertrauensverhältnis in der muslimischen Community.[67] Mit einer innovativen Rückverfolgungsmethode versuchen sie das Vertrauen zu gewinnen. Jedes *ḥalāl*-Produkt ist mit einem Code versehen. Anhand dieser Nummer erhält die Kundin bzw. der Kunde Zugang zu dem Schächtungsvideo über das gekaufte Produkt.[68]

Josef's Biofleisch verfügt über das Bio-Zertifikat nach EG-Öko-Verordnung, über die Bioland-Zertifizierung und über eine *ḥalāl*-Zertifizierung aus Mannheim. Die Fleischerei wirbt unter anderem für artgerechte Bioaufzucht und ökologische Verpackung.[69] Eigenen Angaben zufolge schlachten sie wöchentlich nur so viele Tiere wie benötigt. Damit soll vermieden werden, „dass Tiere, deren Fleisch noch nicht verkauft wurde, unnötig geschlachtet werden."[70]

Wichtig ist, dass eine umweltfreundliche Erzeugung von *ḥalāl*-Fleisch eigentlich regionale Produktion erfordert. Aufgrund des strengen Betäubungsgesetzes[71] in Deutschland wird die Produktion oft in andere EU-Länder verlagert. Um Transportwege zu verkürzen und somit eine umweltfreundlichere Produktion zu ermöglichen, besteht auf rechtlicher Ebene Handlungsbedarf. Denn aus theologischer Sicht ist das Schächten ohne Betäubung für viele Muslime keine Option, sondern eine religiöse Pflicht. Entsprechend werden sie sich nicht mit dem bestehenden Angebot in Deutschland zufriedengeben, ins Ausland ausweichen und letzten Endes das gesetzlich *unerwünscht* produzierte Fleisch auf Umwegen in Deutschland einführen. Mit der Produktionsverlagerung wird das tierrechtliche Problem nicht gelöst, sondern allenfalls verlagert. Dagegen könnte die Produktion in Deutschland dazu beitragen, dass bestimmte Standards und Qualitätserfordernisse besser gesichert werden.

Das große Finale der islamischen Speiseordnung

Die Musliminnen und Muslime sind sich in Kernfragen der islamischen Speiseordnung einig. In vier Versen werden vier Verbote explizit benannt: Verendete Tiere, Blut, Schweinefleisch und Götzenopferfleisch. Hinzu kommt der

67 Vgl. Nimet Naturfleisch, 2020.
68 Vgl. ebd. 2020, Helal Penceresi.
69 Vgl. Josef's Biofleisch, 2023, https://josefsbio.de/.
70 Ebd., 2023.
71 Vgl. § 4a TierSchG. Zwar ist die Erteilung einer Ausnahmegenehmigung für ein Schlachten ohne Betäubung gesetzlich gesichert. In den meisten Fällen wird Musliminnen und Muslimen diese Genehmigung aber nicht erteilt.

schrittweise verbotene Alkoholkonsum. In Bezug auf alles, was darüber hinausgeht, herrscht jedoch eine große Ambiguität an Meinungen und Verständnissen. Einerseits sind *ḥalāl* und *ḥarām* eine gottesdienstliche Angelegenheit, andererseits geht es dabei um das körperliche und geistige Wohl der Menschen und um die Schonung der Schöpfung. Die Industrialisierung hat den *ḥalāl*-Markt beeinflusst, da die Massentierhaltung zu tiefgreifenden tierethischen Problemen geführt hat. Die einseitige Konzentration auf den gottesdienstlichen Aspekt und die Vernachlässigung der islamisch-ethischen Grundsätze führen bedauerlicherweise oft zur Instrumentalisierung der Marke *ḥalāl*. Als Ergebnis werden häufig auch Fleischprodukte von minderer Qualität zu erhöhten Preisen verkauft, nur weil sie den Hauptaspekt, die Schächtung nach islamischen Grundsätzen, erfüllen. Oft findet dabei das *mittelbar Verbotene* keine Berücksichtigung. So bleiben die Bedingungen und der Vorgang bis zur Schächtung intransparent.

Die hohe Nachfrage nach *ḥalāl*-Fleisch führt zu einem Bedarf an umsetzbaren Verfahren der *ḥalāl*-Produktion und schafft einen Markt für Zertifizierungsunternehmen. Die mangelnde Transparenz bei *ḥalāl*-Zertifizierungen zeigt jedoch oft, dass die Kernfragen, bei denen Einigkeit besteht, auf diesem Weg nicht immer garantiert werden können. Auch bei weiterführenden Fragen, zu denen es unterschiedliche Positionen gibt, können auf diesem Wege keine zufriedenstellenden Lösungen angeboten werden. Stattdessen müssen alternative Zertifizierungen und transparente Auflagen eingeführt werden, die die zugrundeliegende theologische Verortung sowie die Gütekriterien deutlich erkennen lassen, um einen klaren Orientierungsrahmen zu bieten.

Bibliographie

al-Andulusī, Abū Ḥayyān M., 1999, al-baḥr al-muḥīṭ fī tafsīr al-qur'ān, Bd. 4 (10 Bde.), Beirut: dār al-fikr.

al-Baġawī, Abū Muḥammad al-Ḥusayn, 1999, ma'ālīm at-tanzīl fī tafsīr al-qur'ān, Bd. 2 (5 Bde.), Beirut: dār iḥyā' at-turāṯ al-'arabī.

al-Baiḍāwī, Nāṣir ad-Dīn, 1997, anwār at-tanzīl wa asrār at-ta'wīl, Bd. 1 (5 Bde.), Beirut: dār iḥyā' at-turāṯ al-'arabī.

al-Bayhaqī, Abū Bakr A., 2003, as-sunan al-kubrā, Beirut: dār al-kutub al-'ilmiyya.

al-Buḫārī, Abū 'Abdillāh M., 1993, ṣaḥīḥ al-Buḫārī, Damaskus: dār al-yamāma.

al-Māturīdī, Abū Manṣūr M., 2005, ta'wilāt al-qur'ān, Bd. 1 (10 Bde.), Beirut: dār al-kutub al-'ilmiyya.

al-Qurṭubī, Abū 'Abdillāh M., 1964, al-ǧāmi' li-aḥkām al-qur'ān, Bd. 2 (20 Bde.), Kairo: dār al-kutub al-miṣriyya.

al-Shāṭibī, Abū Isḥāq I., 2012, The Reconciliation of the Fundamentals of Islamic Law. Al-Muwāfaqāt fī Usūl al-Sharī'a. Volume I, übers. aus dem Arab. v. Imran Ahsan Nyazee. Reading: Garnet Publishing.

an-Nasā'ī, Aḥmad, 2001, as-sunan al-kubrā, Beirut: mu'assasa ar-risāla.

ar-Rāzī al-Ǧaṣṣāṣ, Abū Bakr, 1984, aḥkām al-qur'ān, Bd. 1 (5 Bde.), Beirut: dār iḥyā' at-turāṯ al-ʿarabī.
as-Siǧistānī, Abū Dāwūd S., 2009, sunan Abī Dāwūd, Damaskus: dār ar-risāla al-ʿālamiyya.
aṭ-Ṭabarī, Abū Ǧaʿfar M., o. J., ǧāmiʿ al-bayān ʿan ta'wīl ay al-qur'ān, Bd. 8 (24 Bde.), Mekka: dār at-tarbiyya wa't-turāṯ.
at-Tirmiḏī, Abū ʿĪsā M., 1975, sunan at-Tirmiḏī, Kairo: maṭbaʿa Muṣṭafā al-Bābī al-Ḥalabī.
az-Zuḥaylī, Muḥammad M., 2006, al-qawāʿid al-fiqhiyya wa taṭbīqātihā fī'l-maḏāhib al-arbaʿa, Bd. 1 (2 Bde.), Damaskus: dār al-fikr.
az-Zuḥaylī, Wahba, o. J., al-fiqh al-islāmī wa adillatuhū, Bd. 4 (10 Bde.), Damaskus: dār al-fikr.
Bell, Richard, 1953, Introduction to the Qur'ān, Edinburgh: Edinburgh University Publication.
Bischöfe Deutschlands, Österreichs, der Schweiz u.a., 2016, Die Bibel. Einheitsübersetzung der Heiligen Schrift, Stuttgart: Katholische Bibelanstalt.
Bobzin, Hartmut, 2010, Der Koran, München: C. H. Beck.
Çayıroğlu, Yüksel, 2014, Helâl Gıda, Istanbul: Işık.
Faslak, Dilara S., 2023, Halal Lexikon – das Nachschlagewerk rund um Halal-Ernährung, Köln: Plural Publications.
Ibn ʿAbbās, ʿAbdullāh, o. J., tanwīr al-miqbās min tafsīr Ibn ʿAbbās, Beirut: dār al-kutub al-ʿilmiyya.
Ibn al-ʿArabī, Abū Bakr M., 2003, aḥkām al-qur'ān, Bd. 2 (4 Bde.), Beirut: dār al-kutub al-ʿilmiyya.
Ibn Māǧa, Abū ʿAbdullāh M., 1952, sunan Ibn Māǧa, Kairo. dār iḥyā' al-kutub al-ʿarabiyya.
Karagedik, Ulvi, 2021, Ansätze für eine islamische Speiseethik gemäß den islamischen Primärquellen Koran und Hadith: Eine kategoriale Quellensichtung mit Blick auf gegenwartsrelevante Bedeutungen, in: LIMINA-Grazer theologische Perspektiven 4,2, 65–85.
Muslim, Abū al-Ḥusayn, 1955, ṣaḥīḥ Muslim, Beirut: dār iḥyā' at-turāṯ al-ʿarabī.
Nursi, Bediuzzaman S., 2007, Lem'alar, Istanbul: Şahdamar.
Nursi, Bediuzzaman S., 2021, Kleine Worte zu großen Geheimnissen des Seins, des Menschen und des Glaubens. Mit Vorwort und Kommentar von Maximilian Friedler, Berlin: Define.
Rohe, Mathias, 2001, Der Islam – Alltagskonflikte und Lösungen, Rechtliche Perspektiven, Freiburg im Breisgau: Herder.
Şenol, Yahya, 2018, Hayvan Kesiminde Besmele Meselesi, in: İslam Hukuku Araştırmaları Dergisi 31, 491–508.
Ulfat, Fahimah, 2019, Islamische Theologie und Religionspädagogik: Das dringende Abenteuer der Übersetzung, in: Haußmann, Werner / Roth, Andrea / Schwarz, Susanne / Tribula, Christa (Hg.), EinFach Übersetzen. Theologie und

Religionspädagogik in der Öffentlichkeit und für die Öffentlichkeit, Stuttgart: Kohlhammer, 241–248.
Ünal, Ali, 2015, Der Koran und seine Übersetzung. Mit Kommentar und Anmerkungen, überarbeitet von Abdullah Aymaz und Arhan Kardaş, Frankfurt a. M.: Define.

Links

§ 4a TierSchG: https://www.gesetze-im-internet.de/tierschg/BJNR012770972.html (letzter Zugriff: 25.06.2023).
Abschnitt 4 TierSchlV: https://www.gesetze-im-internet.de/tierschlv_2013/BJNR298200012.html#BJNR298200012BJNG000400000 (letzter Zugriff: 25.06.2023).
Berliner Zeitung, 2013, Fleischskandal. Schweinefleisch in Döner gefunden: https://www.berliner-zeitung.de/wirtschaft-verantwortung/fleischskandal-schweinefleisch-in-doener-gefunden-li.62104 (letzter Zugriff: 28.06.2023).
Çalkara, Yusuf, 2019, Halal-Zertifizierung in Europa: https://www.islamiq.de/2019/09/28/halal-zertifizierung-in-europa/ (letzter Zugriff: 28.06.2023).
Europäische Halal Zertifizierungsinstitut – EHZ, 2021, Gelehrtenrat: https://eurohalal.eu/gelehrtenrat/ (letzter Zugriff: 29.06.2023).
Europäische Halal Zertifizierungsinstitut – EHZ, 2021, Halal Should Be Halal: https://eurohalal.eu/wp-content/uploads/2021/03/4.-EHZ_Flyer_D.pdf (letzter Zugriff: 29.06.2023).
Europäische Halal Zertifizierungsinstitut – EHZ, 2021, Startseite: https://eurohalal.eu/ (letzter Zugriff: 29.06.2023).
Europäische Halal Zertifizierungsinstitut – EHZ, 2021, Technische Abteilung: https://eurohalal.eu/technische-abteilung/ (letzter Zugriff: 29.06.2023).
Europäische Halal Zertifizierungsinstitut – EHZ, 2021, Trägerinstitut: https://eurohalal.eu/traegerinstitut/ (letzter Zugriff: 29.06.2023).
European Vegetarian Union (EVU), General Information. https://www.v-label.com/branches/ (letzter Zugriff: 28.06.2023).
European Vegetarian Union (EVU), Information for Producers https://www.v-label.com/info-for-producers/ (letzter Zugriff: 28.06.2023).
European Vegetarian Union (EVU), The History of V-Label: https://www.v-label.com/about-us/the-history-of-v-label/ (letzter Zugriff: 28.06.2023).
Faslak, Dilara S., Halalblog: https://www.halalblog.de/ (letzter Zugriff: 28.06.2023).
Faslak, Dilara S., Instagram: https://www.instagram.com/dilarafaslak/ (letzter Zugriff: 28.06.2023).
GİMDES – Helal Gıda ve Helal Sertifikalama, 2023, GİMDES Personeli: http://www.gimdes.org/kurumsal-2/gimdes-personeli (letzter Zugriff: 29.06.2023).
HalalCheck, 2014, Facebook: https://www.facebook.com/groups/halalcheck.gruppe/posts/880359305315982/?locale=de_DE (letzter Zugriff: 30.06.2023).

HalalCeck, Homepage: https://www.halalcheck.net/home (letzter Zugriff: 28.06.2023).

Halal-Produkte in Europa, 2023, Zertifizierung: https://halal-produkte.eu/?page_id=115 (letzter Zugriff: 29.06.2023).

Islamrat für die Bundesrepublik Deutschland (IRD), 2023, Selbstdarstellung: www.islamrat.de/selbstdarstellung/ (letzter Zugriff: 29.06.2023).

islam.de, 2013, Nach Fleischskandal: ZMD fordert selbstkritisch Konsequenzen und radikales Umdenken im „Halal-Markt": https://islam.de/21932 (letzter Zugriff: 28.06.2023).

Josef's Biofleisch, 2023, So funktioniert Deine Bestellung: https://josefsbio.de/so-funktioniert-deine-bestellung/ (letzter Zugriff: 30.06.2023).

Josef's Biofleisch, 2023, Startseite: https://josefsbio.de/ (letzter Zugriff: 30.06.2023).

Koordinierungsrat der Muslime (KRM), Homepage: http://koordinationsrat.de/ (letzter Zugriff: 28.06.2023).

Nimet Naturfleisch, 2020, Helal Penceresi: https://nimet.eu/helal-penceresi (letzter Zugriff: 30.06.2023).

Nimet Naturfleisch, 2020, Startseite: https://nimet.eu/ (letzter Zugriff: 30.06.2023).

Süddeutsche Zeitung, 2010, Verbotenes Schweinefleisch in Dönern entdeckt: https://www.sueddeutsche.de/bayern/fleischskandal-verbotenes-schweine fleisch-in-doenern-entdeckt-1.773424 (letzter Zugriff: 28.06.2023).

Tuna Food GmbH, Geschäftsmodelle: https://tunafood.com/de/geschaeftsmo delle/ (letzter Zugriff: 30.06.2023).

Tuna Food GmbH, Über uns: https://tunafood.com/de/ueber-uns/ (letzter Zugriff: 29.06.2023).

VIKZ – Verband der Islamischen Kulturzentren e. V., 2023, Über uns: https://www.vikz.de/de/ueber-uns.html (letzter Zugriff: 29.06.2023).

Welt, 2007, 20 Tonnen Schlachtabfälle zu Döner verarbeitet: https://www.welt.de/regionales/muenchen/article1140930/20-Tonnen-Schlachtabfaelle-zu-Doener-verarbeitet.html (letzter Zugriff: 28.06.2023).

II. Heiliges Essen

Während sich der erste Teil des Buches damit beschäftigt, was nicht gegessen werden soll, widmet sich der zweite Teil dem Gegenteil: Was soll in Judentum, Christentum und Islam ausdrücklich gegessen werden? Der Genuss bestimmter Speisen gehört zu den zentralen Ritualen. Ob Schabbat, Abendmahl oder Eid al-Fitr, all diese Feiern drehen sich um ein gemeinsames Mahl. Es stiftet nicht nur Gemeinschaft unter den Menschen, es stellt darüber hinaus auch eine Verbindung zu Gott her. Er ist der eigentliche Gastgeber, dem für alles, was auf dem Tisch steht, gedankt wird. Dies gilt bei diesen drei Religionen für jedes Mahl, aber insbesondere für Feste. Hier wird die Speiseordnung noch einmal verschärft, einzelne Nahrungsmittel werden besonders herausgehoben, die nur nach einer besonderen Behandlung, an einem bestimmten Ort oder zu einer bestimmten Zeit gegessen werden dürfen. Das Festmahl und die Festgaben sollen sich vom Alltag unterscheiden. Sie werden in besonderer Weise ausgewählt, zubereitet, angerichtet und dadurch mit religiöser Bedeutung versehen. Am radikalsten ist dies am Beispiel der christlichen Hostie sichtbar, die kaum noch an das Brot erinnert, von dem sie abgeleitet wurde. Damit sind die festlichen Speisen nicht mehr nur von dieser Welt. Herausgehoben aus dem Hier und Jetzt stellen sie auch eine Brücke zu Vergangenheit und Zukunft her, zum Auszug aus Ägypten, zur Offenbarung des Koran, zum letzten Mahl Jesu. Zudem geben sie einen Ausblick auf das endzeitliche und jenseitige Geschehen: das messianische Reich, das Paradies, das himmlische Hochzeitsmahl. Dort soll alles, was trennt, überwunden sein.

Der Verein „Neues Potsdamer Toleranzedikt e. V."[1] gibt jedes Jahr einen interreligiösen Kalender für das Land Brandenburg heraus. Er soll den Dialog zwischen den Religionen fördern, aber auch die weitestgehend säkularisierte Bevölkerung über religiöse Gebräuche informieren. Unter einem bestimmten Thema gibt er Einblick in das Leben konkreter Gemeinden in der Region. 2018 war dieses Thema „Heiliges Mahl".[2] Ihm sind die folgenden Fotos von jüdischen, christlichen und muslimischen Essensszenen entnommen.

---

1 www.potsdamer-toleranzedikt.de

2 2018. Heiliges Mahl – Interreligiöser Kalender für das Land Brandenburg. Neues Potsdamer Toleranzedikt e. V.

Abb. 1: Christentum – evangelisch: Gottesdienst mit Abendmahl in der Dorfkirche zu Langerwisch, Evangelische Kirchgemeinde Langerwisch-Wilhelmshorst (Foto: Benjamin Maltry)

Abb. 2: Alevitentum: Darreichung und Segnung von Lokmas im Cem-Haus der Alevitischen Gemeinde zu Berlin (Foto: Benjamin Maltry)

HACI BEKTAŞ-I VELİ

Abb. 3: Judentum: Die Jüdische Familie bereitet zwei mit Mohn und Sesam bestreute Brote – Challot – für den Schabbat. Vor Beginn der Mahlzeit, nach dem Segen über den Wein, wird der

Segensspruch über das Brot gesprochen und die Mahlzeit mit einem Stück Challa, bestreut mit etwas Salz, begonnen. Synagogengemeinde Potsdam (Foto: Benjamin Maltry)

Abb. 4: Christentum – katholisch: Hostien-Kommunion während der Eucharistiefeier in der Kirche St. Peter und Paul, Katholische Pfarrei Potsdam (Foto: Benjamin Maltry)

Abb. 5: Christentum – baptistisch: Weitergeben des Abendmahls-Kelches, Evangelisch-Freikirchliche Gemeinde – Baptisten, Potsdam (Foto: Benjamin Maltry)

Abb. 6: Christentum – reformiert: Hugenotten haben in der Zeit der Verfolgung zweiteilige Kelche hergestellt, die in einen „Kerzenständer“ und einen „Becher“ zerlegt werden konnten, um unerkannt transportiert werden zu können. Erst vor Ort, bei heimlichen Gottesdiensten, wurden

beide Teile zusammengeschraubt und als Abendmahlskelch benutzt. Französisch-Reformierte Gemeinde Potsdam (Foto: Benjamin Maltry)

Abb. 7: „Er (Gott) lässt […] Getreide sprießen, und Ölbäume, Palmen, Weinstöcke und allerlei Früchte […].“ (Sure 16,11), Al Farouk Moschee, Verein der Muslime in Potsdam e.V. (Foto: Benjamin Maltry)

Abb. 8: Judentum: Obst und Gemüse zur Feier des Neujahrsfests Rosch ha-Schana der Jüdischen Gemeinden in Potsdam (Foto: Benjamin Maltry)

Abb. 9: Christentum – orthodox: Eucharistie – Empfang des mit Wein getränkten Brotes mittels eines Kommunionlöffels, Russisch-Orthodoxe Christi-Auferstehungskathedrale Berlin (Foto: Benjamin Maltry)

III. Gemeinsam Essen

Gemeinsames Essen erleichtert die Gründung und Aufrechterhaltung einer Gemeinschaft. Seien es Staatsakte, Konferenzen, Vertragsabschlüsse, Feiertage oder Familienfeste – immer spielt ein gemeinsames Mahl eine wichtige Rolle. Aber nicht nur zu besonderen Anlässen, auch im Alltag verbindet es die Menschen, zu Hause, in der Schule oder Arbeit. Beim Essen werden Kontakte geknüpft, wird Vertrauen aufgebaut, werden Beziehungen vertieft und die täglichen Sorgen und Freuden geteilt. Ist ein gemeinsames Essen dagegen nicht möglich, so wirkt dies unmittelbar trennend, weil ein zentraler Vorgang der Gemeinschaftsbildung unterbunden wird.

Um gemeinsam essen zu können, müssen alle Teilnehmenden einen Konsens über Ablauf und Art der Speisen voraussetzen. Er fungiert wie ein Identitätsmarker der jeweiligen Mahlgemeinschaft. Er wirkt nicht nur positiv verbindend, sondern vor allem auch exklusiv. Er kann unterbinden, dass jemand an Mählern teilnimmt, die nicht dem gleichen Konsens folgen. Dies verhindert die beliebige Ab- oder Zuwanderung in Gemeinschaften. Speiseverbote spielen dabei eine herausragende Rolle: Was bei den einen streng verboten ist, ist bei den anderen nicht nur erlaubt, sondern ein zentraler Bestandteil der täglichen Nahrung.

Sollen nun in einer Gesellschaft verschiedene Essensstile praktiziert werden können, ohne dass dies zu einer Aufsplitterung in lauter Teilgesellschaften führt, so stellt dies eine besondere Herausforderung dar. Grundsätzlich bieten sich dabei drei Optionen an.

1. Kommen Menschen zusammen, die aus diversen Gründen unterschiedliche Dinge nicht essen, kann nach dem kleinsten gemeinsamen Nenner gesucht werden. Die einzelnen Verbote werden addiert und geschaut, was übrigbleibt. Diese Variante hat den Vorteil, dass am Ende alle zusammen das gleiche essen können. Für persönliche Einladungen ist dies meist der einfachste Weg. Der Nachteil ist allerdings, dass die Schnittmenge recht klein ausfallen kann. Werden zudem mehrere Diäten auf diese Weise addiert, schränkt dies den Speisezettel radikal ein. Wer je versucht hat, beispielsweise eine vegane Ernährungsweise mit einschlägigen Nahrungsmittelallergien zu kombinieren, wird dies bestätigen.

2. Kommen Menschen zusammen, die aus diversen Gründen unterschiedliche Dinge nicht essen, erhält jede Person ein auf ihre Erwartungen zugeschnittenes Essen. Auch diese Variante lässt sich im Kleinen umsetzen und findet gerade im familiären Rahmen häufig Anwendung, wo bekannt ist, was wer aus welchen Gründen nicht isst. Im Großen ist sie kaum praktikabel. Der Nachteil ist, dass Teilnehmende das Essen nicht mehr miteinander teilen, womit ein gemeinschaftsstiftendes Element verloren geht.

3. Das Aufeinandertreffen verschiedener Diäten führt zu einer veränderten Anwendung der jeweiligen Speiseregeln. Dies kann sich etwa darin äußern, dass darüber Unterscheidungen getroffen werden, welche Verbote essentiell sind, welche neu interpretiert und welche – zweitweise oder grundsätzlich – aufgehoben werden können. Die situationsabhängige Anwendung von Essensverboten ist eine Praxis, der viele Menschen folgen: Aus Vegetariern werden Flexitarier. Diese entscheiden sich, zeitweise nicht nicht zu essen.

Der zweite Teil des Buches will einige Wege aufzeigen, wie diesen Herausforderung begegnet werden kann und hierzu auch praktische Empfehlungen bieten. Die komplexen Systeme jüdischer, islamischer und christlicher Essensregeln, wie sie im ersten Teil des Buches dargelegt wurden, werden von *Netanel Olhoeft*, *Rümeysa Yilmaz* und *Irene Dietzel* auf kurze Merkzettel heruntergebrochen, was es bei Einladungen zum Essen mit Angehörigen der drei Religionen zu beachten gilt. Des Weiteren hat *Johann Hafner* eine kleine Auswahl an Kochbuchempfehlungen zusammengestellt, die sich bei der Erschließung verschiedener Ernährungsstile bewährt haben.

In der persönlichen Begegnung ist es oft einfacher als gedacht, sich auf die Bedürfnisse des Gastes oder der Gastgeber einzustellen und neue Diäten auszuprobieren. Anders verhält es sich, wenn nicht nur zwei, sondern eine Vielzahl von Ernährungsstilen aufeinandertreffen, die auch noch unbekannt sein können. Diesem Szenario sehen sich alle Großküchen ausgesetzt und so auch die Mensa an der Universität Potsdam am Neuen Palais. Im Rahmen der Tagung wurde dort eine Woche lang jeden Tag eine neue Diät angeboten. Mit dem Mensachef *Thomas Bringezu* spricht *Lukas Struß* in einem Interview darüber, wie sich die Umsetzung gestaltet hat, auf welche Resonanz diese und andere Aktionswochen gestoßen sind und wie er die Zukunft für eine diverse und integrative Mensa einschätzt.

„Religiöser Nutri-Score“

Im Folgenden geben eine Christin, eine Muslimin und ein Jude Hinweise, was es zu beachten gilt, wenn man bei ihnen zu Gast ist bzw. wen man sie zu Gast hat. Im konkreten Fall hängt es freilich immer davon ab, ob jemand die jeweilige Speiseordnung strikt, flexibel oder kaum beachtet. Wie die Regeln ausgelegt und angewendet werden, ist zudem davon abhängig, welcher christlichen Konfession, islamischen Rechtsschule bzw. jüdischen Strömung sich jemand zugehörig fühlt. Es lohnt sich also immer zu fragen: „Wie hältst du's mit dem Essen?“

Tatsächlich gibt es in den drei Religionen nur wenig, das klar und ein für alle Mal verboten oder erlaubt ist und auch von allen so befolgt wird. Selbst wo Regeln apodiktisch formuliert sind (Was nicht verboten ist, ist erlaubt – und umgekehrt), ergeben sich bei ihrer Anwendung Grenzfälle und sogar Ausnahmen. Zum Beispiel, wenn etwas aus religiöser Sicht nicht verboten ist, es aber unziemlich wäre, es zu essen; wenn etwas Verbotenes nicht als Nahrung, sondern als Medizin eingenommen wird; wenn ein neues oder fremdes Nahrungsmittel nicht eindeutig kategorisierbar ist; wenn es von fremder Hand zubereitet wurde; wenn jemand Hungersnot leidet u.s.w.

Der Bereich des Zweifelhaften kann wie Verbotenes behandelt werden, indem man tutioristisch „auf Nummer sicher geht". Er kann auch wie Erlaubtes behandelt werden, indem man laxistisch seine Unschädlichkeit unterstellt. Und noch eine dritte Möglichkeit besteht: Er wird als eigene Zwischenkategorie ausgewiesen: weder das Eine, noch das Andere. Zwischen *ḥalāl* und *ḥarām* liegt *makrūh*, zwischen Milchigem und Fleischigem liegt *parve*, zwischen Tugendhaftem und Lasterhaftem liegen *adiaphora*. Solche Zwischenkategorien beziehen sich auf Handlungen, auf Dinge oder auf Ziele. Sie entstehen aus Verlegenheit und sind selten trennscharf.

Angesichts dieser Komplexität erscheint der folgende Versuch unangemessen, mithilfe einer einfachen Ampel die religiöse Unbedenklichkeit von Lebensmitteln zu kennzeichnen. Wir verwenden diesen „religiösen Nutri-Score" mit einem gewissen Augenzwinkern. Er soll eine erste Orientierung bieten und helfen, Menschen zusammenzubringen.

Rot steht für „Nicht anbieten, nicht schenken"

Gelb steht für „Hier gibt es etwas zu beachten. Besser nachfragen"

Grün steht für „Kann angeboten, geschenkt werden"

Fastenzeit und Kulinarik in der Orthodoxie

Reflektionen über Mönchstum und Esskultur

Irene Dietzel

Das Fasten ist im orthodoxen Christentum Ausdruck monastischer Tugend und Frömmigkeit – eine leiblich-geistige Übung der Enthaltsamkeit und Einkehr. In Griechenland ist es aber auch ein Fest der mediterranen Küche: Es wird zwar auf tierische Produkte und Öl verzichtet, doch niemals auf Raffinesse.

Für orthodoxe Christ_innen ist das Fasten keine religiöse Pflicht, wie im sunnitischen Ramadan, aber auch nicht individualisierbar – als Handy- oder Schoko-Fasten etwa – wie in der evangelischen Fastenzeit. Das orthodoxe Fasten folgt einem komplexen Regelwerk, doch bleibt es für die Laien eine freiwillige Praxis. Anlässe gibt es im orthodoxen Jahreszyklus viele: Auf das große Osterfasten, vierzig Tage vor Ostern plus Karwoche, folgt das Apostelfasten, in der Ostkirche vom ersten Sonntag nach Pfingsten bis zum Peter-und-Paul-Tag am 29. Juni. Im Sommer erfolgt dann das vierzehntägige Fasten vor Mariä-Himmelfahrt am 15. August, im Winter das Philippusfasten vom 19. November bis zum 24. Dezember. Wer dann noch mehr Askese in sein Leben bringen will, kann immer mittwochs und freitags auf tierische Produkte verzichten – innerhalb klösterlicher Gemeinschaften auch montags – mit Ausnahme der Wochen nach großen Festtagen, oder der Jahrestage wichtiger Heiliger, an denen nicht gefastet wird. Bei rund 200 Fastentagen im Jahr und einigen Sonderregelungen bedarf es schon klerikaler Anleitung, um hier nicht den Durchblick zu verlieren.

So ist die orthodoxe Fastentradition ganz grundsätzlich ein Kennzeichen für die Nähe der klösterlichen und weltlichen Bereiche. Denn anthropologisch gesehen führt die Askese der Ostkirche nicht zur Weltflucht, wie Weber einst vermutete; Mönche und Nonnen mögen sich aus familiären und politischen Angelegenheiten heraushalten, doch der *bios angelikos* führt in Küche, Garten und Hof und die Klöster bleiben so auch der Gemeinschaft der Laien zugewandt.[1] So suchen fastende Laien die Nähe zu den Expert_innen in Askese, während Mönche auch mal ihre Kochtipps auf einem eigenen YouTube-Kanal verbreiten.[2]

Bezeichnend sind auch die Ausnahmen vom Fastenkatalog: Als tierisches Produkt bleibt Honig explizit erlaubt, vielleicht weil er so zentral ist für die Gemeinschaft von Mensch und Schöpfung. Schon die byzantinischen Heiligenviten erzählen von Wüsteneremiten, die auf wundersame Weise allein von wildem

1 Hann, Chris/Goltz, Hermann (Hg.), 2010, Eastern Christians in Anthropological Perspective, Berkely.

2 https://www.youtube.com/@Pateras.Parthenios

Honig leben, und von lokalen Heiligen, die der Honig sammelnden Landbevölkerung das Imkern beibringen.[3]

Auch Fisch, das christlichste unter den Speisetieren, wird an einzelnen Fastentagen gegessen. Gänzlich ausgenommen vom Verbot sind Meeresfrüchte, weil einst Arme-Leute-Essen, und natürlich der Wein. So freuen sich auch Restaurantbetreiber_innen auf die große Fastenzeit vor Ostern: in der Karwoche sind die Restaurants brechend voll, es gibt Muscheln, Shrimps und Wein in rauen Mengen. So schön kann gemeinsames Fasten sein.

Gekochter Oktopus lässt sich übrigens gut in Weinessig einlegen – ganz ohne Öl wird er schön zart. Am besten schmeckt er aber vom Grill mit einem Spritzer Zitrone und einem Glas Retsina.

Blut

200 Fastentage, Wochentage Mittwoch und Freitag: Fleisch, Eier und Milchprodukte, zusätzlich ggf. Fisch, Öl, Wein, gekochte Speisen

Veganes, Honig, Brot, Meeresfrüchte

3 Anagnostakis, Ilias, 2018, Wild and domestic honey in middle Byzantine hagiography: Some issues relating to its production, collection and consumption, in: Hatjina, Fani/Mavrofridis, Georgios/Jones, Richard (Hg.), Beekeeping in the Mediterranean from antiquity to the present, Nea Moudania.

Gemeinsam genießen

Wie man muslimische Freund_innen zum Essen einlädt

Rümeysa Yilmaz

Wissen Sie was, eigentlich ist es gar nicht so kompliziert, muslimische Freund_innen zum Essen einzuladen. Am einfachsten ist es, wenn Sie ein vegetarisches oder veganes Menü vorbereiten und darauf achten, dass Sie beim Kochen keinen Alkohol verwenden und am Tisch keinen servieren – oder zumindest alkoholfreie Getränke im Angebot haben.

Mit einem Fischgericht im Menü sind Sie auf der sicheren Seite. Denn Fisch ist *ḥalāl* (erlaubt) und bedarf keiner besonderen, rituellen Schächtung. Aber aufgepasst: Fisch und Meeresfrüchte werden unterschiedlich gewertet.

Ist Fleisch im Menü unumgänglich – z. B. bei einer Grillparty –, könnte man den muslimischen Gast nach dem Metzger des Vertrauens fragen. Während Schweinefleisch und Produkte vom Schwein ohne Ausnahme verboten sind, ist bei bspw. Rind und Geflügel die rituelle Schächtung ausschlaggebend, also ob dieses Fleisch den *ḥalāl*-Kriterien entsprechend geschächtet wurde. Außerdem ist es wichtig, dass die verschiedenen Fleischsorten, also *ḥalāl*-Fleisch und *nichtḥalāl*-Fleisch, getrennt zubereitet werden, bspw. nicht mit demselben Geschirr und derselben Grillplatte zubereitet werden. Also einfach eine zweite Grillplatte benutzen!

Außerdem: Koscheres Fleisch ist für Muslim_innen ebenso erlaubt zu verzehren. Falls es mit dem Metzger des Vertrauens schwierig wird, können Sie nach koscherem Fleisch Ausschau halten.

Zu guter Letzt ein kleiner Reminder: Muslim_innen sind in der Praktizierung ihres Glaubens sehr divers. Sie können unterschiedlich sensibel in Bezug auf das Befolgen der Speisegebote sein.

Scheuen Sie sich auch nicht, Einladungen von Muslim_innen zum Essen anzunehmen. Diese Gelegenheit ergibt sich besonders im Ramadan zum Fastenbrechen. Ramadan ist der Fastenmonat der Muslim_innen. Sie fasten jeden Tag von Morgendämmerung bis Sonnenuntergang – sprich sie essen und trinken nichts in dieser Zeit.

Alkohol, Schweinefleisch

Fleisch, Meeresfrüchte

Vegetarische Produkte, Fisch

Ramadan-Merkzettel für Nichtmuslim_innen[1]

- Haben Sie kein Mitleid mit den Fastenden
  - sie fasten freiwillig
  - Sie dürfen in ihrer Gegenwart essen und trinken
- Muslim_innen freuen sich auf den Ramadan
  - teilen Sie ihre Freude
  - Sie können sie beglückwünschen
- Seien Sie nicht besorgt über den Gesundheitszustand Ihrer muslimischen Freund_innen
  - deren Körper ist es gewohnt, zu fasten
  - besondere Zustände verbieten einem das Fasten (z. B. Krankheit)
  - weitere Gründe erlauben einem das Nicht-Fasten (z. B. längere Reisen)
- Ein weit verbreiteter Brauch ist es, im Ramadan gemeinsam das Fasten zu brechen. Nehmen Sie Einladungen zu Iftar-Abenden an, auch wenn Sie nicht fasten. Muslim_innen freuen sich darüber.

Scheuen Sie sich nicht, Ihre muslimischen Freund_innen auch mal zum Fastenbrechen einzuladen. Denn auch, wenn Sie nicht fasten, können Sie zum Fastenbrechen einladen. Und mit dem *Merkzettel zum gemeinsamen Essen* sind Sie gut vorbereitet!

1 Diesen Merkzettel im Original und viele weitere Informationen rund um Ramadan finden Sie unter: www.forumdialog.org/sharing-ramadan-heft/

„Und Nahrung labt das Herz der Menschen“ (Ps 104,15)

Gastfreundschaft gegenüber Jüdinnen und Juden

Netanel Olhoeft

Jüdinnen und Juden zum Essen einzuladen, das ist keine einfache Aufgabe. Bereits die vielen Speiseregularien der schriftlichen Tora, des Pentateuchs, erschweren eine gastronomische Zusammenkunft von nichtjüdischen Menschen mit religionsgesetzlich observanten Kindern Israels – und die von den talmudischen Weisen eingeführten zusätzlichen essensrechtlichen Vorschriften scheinen eine nationen- und religionenübergreifende Freude an Speis und Trank letztlich fast in Gänze zu verunmöglichen.

In Übereinstimmung mit dem biblischen Prinzip des „Siehe, ein Volk ist's, das alleine weilt und unter die Nationen wird es nicht gerechnet“ (Num 23,9) haben die Tannaiten, die frühen rabbinischen Gelehrten, um die Zeitenwende herum etliche Abgrenzungsregeln im Bereich der kulinarischen Zusammenkunft eingeführt (Verbot von durch nichtjüdische Personen gekochten Speisen, nichtjüdischem Wein und nichtjüdischem Brot). Durch Geserot, rabbinische Dekrete, dieser Art sollte verhindert werden, dass Jüdinnen und Juden anderen Völkern zu nahe kämen und mit ihnen Verbindungen eingingen, die sie letztlich vom Monotheismus wegführen würden.

Bis heute ist es aufgrund dieser mannigfachen Einschränkungen für streng praktizierende Jüdinnen und Juden mit wesentlich weniger Mühe verbunden, nichtjüdischen Gäste zu sich einzuladen, als von diesen eingeladen zu werden. Im Spektrum der jüdischen Denominationen der Jetztzeit jedoch gibt es selbstredend diverse Herangehensweisen an dieses religionsgesetzliche Feld, darunter auch unterschiedlich gefasste liberale Verständnisse. Viele *progressive* Jüdinnen und Juden sehen in den traditionellen Regeln der Kaschrut, des koscheren Essens, vor allem ethische Inspirationsquellen hin zu fairem Umgang mit Tieren und Vegetarismus. In ihrem Umgang mit nichtjüdischen Mitmenschen lassen sie sich von diesen daher weniger einschränken. Jüdinnen und Juden, die der *Masorti*-Strömung angehören, werden die klassischen Speisevorschriften zwar beachten, sie allerdings in gewissen Punkten modernisieren, etwa, was das Verbot von nichtjüdischem Wein und gekochte Speisen angeht, wodurch das Zusammenkommen mit Menschen anderer religiöser Traditionen ebenfalls erleichtert wird. Als nichtjüdischer Gast in einem jüdischen Haushalt empfiehlt es sich daher, vorab Erkundigungen einzuholen, zu welcher jüdischen Denomination die Gastgeber sich rechnen. In einem *orthodoxen* Haushalt könnte man als nichtjüdischer Gast sonst unter Umständen den dortigen Wein schon durch Berührung unkoscher machen. In einem liberaler geführten Haushalt kann man dagegen in deutlich weniger Fettnäpfchen treten. In jedem Fall empfiehlt es sich aber, nur dann Speisen und

Getränke als Gastgeschenke mitzubringen, wenn die einladende Familie dazu ihre Zustimmung gegeben hat. Zusätzlich sollte beachtet werden, dass an jüdischen Feiertagen – je nach Observanz und Bräuchen der Familie – mitunter zusätzliche Einschränkungen gelten könnten, die am besten vor dem Besuch in Erfahrung gebracht werden sollten.

Man merkt schon, das mit dem Essen und Trinken ist in der jüdischen Tradition nicht ganz unkompliziert. Dass sowohl die schriftliche Tora als auch die mündliche Tora, der rabbinische Literaturkanon, sich ausgiebigst mit der Nahrungsaufnahme befassen und diese auf vielfältige Weise regulieren, ist freilich kein Zufall. Die talmudischen – und in ihrer Folge auch die mittelalterlich philosophisch-rationalistischen nebst den vielfältigen kabbalistisch-mystischen – Deutungstraditionen des Judentums bejahen die religiöse Grundnorm des „Auf all deinen Wegen sollst du Ihn erkennen" (Spr 3,6). Aus diesem und verwandten biblischen Versen wurde die Maxime abgeleitet, dass alle Taten des Menschen auf Gott ausgerichtet sein sollen, der Ewige in allen Handlungen ins Bewusstsein zu bringen ist, ja, jeder Moment des Lebens zu heiligen sei. Gerade die alltägliche Wirksphäre des Menschen rückte dadurch in den Vordergrund der legislativen und ethischen Betrachtungen – und mit diesen sodann auch die Nahrungsaufnahme. Im neuzeitlichen Chassidismus wurde diese Leitvorstellung schließlich so weit ausgearbeitet, dass man, nach einem Diktum der Gemara, einem Teil des Talmuds, im häuslichen Tisch ein Abbild des Jerusalemer Tempelaltars und in der religiös korrekt vollzogenen Nahrungsaufnahme einen Gottesdienst erblickte.

Doch mehren sich bereits in den ältesten Schichten der jüdischen Religionsgeschichte die Speisevorschriften unter der Überschrift: „Menschen der Heiligkeit sollt ihr Mir sein" (Ex 22,30). Und so enthalten die biblischen Gesetzessammlungen nicht nur Verbote des Blutes, des unkoscheren Fleisches und der Prohibition, Zicklein im Euterfluss ihrer Mutter zu kochen, sondern auch etliche mit der Natur, der Landwirtschaft und dem Land Israel zusammenhängende Speiseeinschränkungen (Tewel, Schewi'it, Orla, Chadasch usf.). In der Epoche des Zweiten Tempels sowie der aus dieser erwachsenen talmudischen Zeit wurden weitere rituelle Anordnungen ergänzt, die das Essen und Trinken vieler Jüdinnen und Juden begleiten. Zu diesen gehören etwa die „Birkot Hanehenin", die Segenssprüche, die vor und nach dem Verzehr einer jeden Speise zu sprechen sind und je nach Art und religiöser Bedeutung der vorliegenden Nahrung variieren. Der Konsum von Wein etwa, der auch ansonsten große kultische Bedeutung hat, ist von anderen „Berachot" begleitet als der Verzehr von Erdprodukten oder Baumfrüchten.

Doch nicht nur der Wein, sondern auch Fülle und Reichtum an Speisen und Gästen dienen dazu, Festfreude und Feierlichkeit auszudrücken. Daher sind nach der Halacha am Schabbat drei Mahlzeiten vorgeschrieben, die je mindestens zwei gekochte Speisen beinhalten müssen. Dies kontrastiert mit den profanen Tagen der Woche und des Jahreskreises, an denen es in talmudischer Zeit üblich war, bloß zwei Mahlzeiten mit je einer gekochten Speise zu sich zu nehmen. Aber auch das Brot, das seit dem Auszug der Urmenschheit aus dem Garten Eden als

Grundnahrungsmittel gilt („Im Schweiße deines Angesichts sollst du Brot essen“, Gen 3,19), wird eines besonders ritualisierten Umgangs bedacht. Er zeigt sich nicht nur im Gesäuerten-Ungesäuerten-Kontrast der Feste Pessach und Schawuot, sondern ebenfalls in der Rolle des Brotes als Mahlzeiteneröffner wie auch in elongierten Segenssprüchen, zweimaligem Händewaschen („majim rischonim“ und „majim acharonim“) und dem Verbot, Brotkrumen unbedacht wegzuwerfen, äußert.

Doch will die Halacha nicht nur Brotkrumen geehrt wissen, sondern Nahrungsmittel im Allgemeinen. Bereits in der schriftlichen Tora finden wir das Verbot, fruchttragende Bäume abzuholzen (Dtn 20,19). Die rabbinischen Gelehrten haben über die Generationen in Werken wie den spättalmudischen „Massechtot Derech Eretz“ oder Rabbenu Bachja ben Aschers mittelalterlichem „Schulchan schel Arba“ dazu einen respektvollen Umgang mit Speisen insgesamt empfohlen, insbesondere mit den „sieben Fruchtarten“ des Heiligen Landes (vgl. Dtn 8,8).

Aber auch die kurzzeitige Abstinenz von Nahrung, also das Fasten, spielt in der Tradition eine Rolle. Neben dem von der schriftlichen Tora vorgeschriebenen Versöhnungstag Jom Kippur werden traditionell vier Fasttage aufgrund der Tempelzerstörung und des Exils des jüdischen Volkes nebst verschiedenen kleineren Fasten beachtet. Allerdings haben die talmudischen Weisen im Anschluss an eine Weissagung des Propheten Secharja (8,19) die Zuversicht gehabt, dass die vier Fasttage der Trauer dereinst in der messianischen Zukunft in fröhliche Festtage umgewandelt werden, die sich durch viel Essen und Trinken auszeichneten. Überhaupt wird nach traditionellem Verständnis die Ankunft des Messias durch eine große, alle rechtschaffenen Menschen einschließende Mahlzeit geziert werden, zu welcher der in den verborgensten Bereichen des Ozeans hausende Leviathan sowie der urzeitliche Auerochse geschlachtet würden und alle Speisenden gemeinsam in Laubhütten wie zum Sukkot-Fest säßen. Durch diese zweite Manifestation des Garten Edens wird eine völkerübergreifende Eintracht und Gastfreundschaft gestiftet – durch gemeinschaftliches Essen und Trinken.

Wein, Gekochtes, Brot

Wein, Gekochtes
Tierische Produkte

Veganes, das nicht verarbeitet wurde (Obst, Gemüse, Nüsse)

Kochbücher à la religion

Johann Ev. Hafner

Ömür Akkor: Anatolische Küche. Die Epoche der Seldschuken, Main-Donau Verlag: Frankfurt am Main 2013, 236 Seiten, ca. 18 €

Die erste Hälfte des Buches ist der Geschichte eines Küchenjungen in Konya im Jahr 1236 gewidmet. Er lebt zunächst in einem Derwischkonvent, dann als Koch im Sultanspalast. Man erhält einen Eindruck von der Küchenorganisation, welche Gerichte im Ramadan gekocht werden und wie prächtige Teller aussahen. Alle folgenden *40 Rezepte* (Suppen, Snacks, Hauptspeisen, Süßspeisen, Getränke) wurden bereits vor 700 Jahren gekocht. Ömür Akkor hat sie historischen Dokumenten entnommen.

Dementsprechend originell wie einfach sind die Rezepte: Weizensuppe (Weizen, Joghurt, Butter), Fladenbrot, Borani (Spinat, Bulgur, Joghurt). Meist sind nur 4 Zutaten erforderlich, so auch für das Rezept „Faluze", Traubensirup mit Nüssen, das auf dem Titelbild zu sehen ist. Wer deftige Fleischgerichte liebt, findet dagegen opulente Rezepte (Biryan: 1 Lamm, Salz, in einem Bodenloch zu garen!). Die Zusammenstellung der Gewürze (Zimt und Pfeffer auf Backhendl) werden manchen überraschen. In Deutschland ist Ayran mittlerweile populär, aber dieses Buch präsentiert den Einfallsreichtum einer anti-alkoholischen Kultur: Essig-Honigsaft, Milchsaft, Rosenwassersaft.

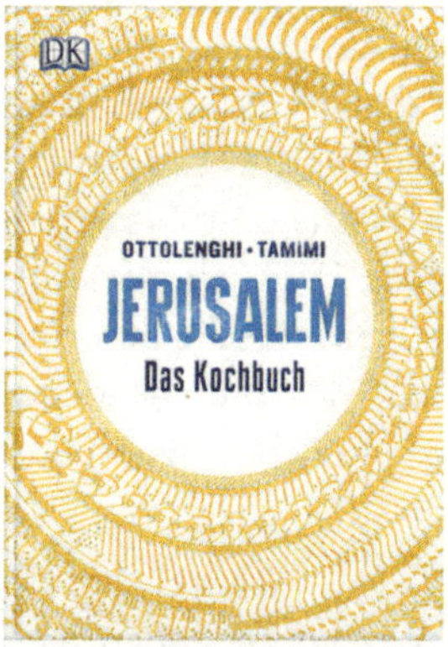

Yotam Ottolenghi/Sami Tamimi: Jerusalem – Das Kochbuch, Dorling Kindersley Verlag: München 2013, 316 Seiten, ca. 30 €

Der in Jerusalem aufgewachsene und in London arbeitende Erfolgskoch Yotam Ottolenghi ist von israelischer, Mittelmeer- und orientalischer Küche inspiriert. Zusammen mit seinem palästinensischen Freund Sami Tamimi kombiniert er Zitrone, Knoblauch, Kreuzkümmel und Schokolade anders, als man es kennt. Das Buch enthält *126 Rezepte* aus der jüdischen, palästinensischen, tunesischen und türkischen Küche, sie werden aber so nebeneinandergestellt, dass man die gegenseitige Beeinflussung sieht bzw. schmeckt – ganz wie dies bei den ineinander verschlungenen hebräischen und arabischen Schriftzeichen auf dem Buchtitel der Fall ist. Fast zu jedem Gericht bietet das Buch historische und religiöse Hintergründe: Weshalb etwas zu Pessach gegessen wird, wie der Reis nach Israel kam, warum jeder den wahren Hummus für sich reklamiert. Weil es so vielseitig ist, kochen einige Leute nur noch mit „Jerusalem".

Michal Friedlander/Cilly Kugelmann (Hg.): Koscher & Co. Über Essen und Religion, Nicolaische Verlagsbuchhandlung: Berlin 2009, 304 Seiten, ca. 25€

Kein Kochbuch, sondern eine fulminante Kulturgeschichte des Essens und Verzichtens ist „Koscher & Co." Der aufwändig illustrierte Band zur gleichnamigen Ausstellung im Jüdischen Museum Berlin 2020 behandelt vorrangig die Kulturgeschichte der jüdischen Küche: die Unterscheidung in reine und unreine Tiere, die Trennung von Milchigem und Fleischigem, wann Wein koscher und wann er „treife" ist uvm. Daneben werden Nahrungsanweisungen im Islam, die Bedeutung des Opfermahls im Christentum und Speisegebote im Hinduismus erläutert. Die dazwischen eingefügten *20 Rezepte* haben jeweils einen genau beschriebenen religiösen Hintergrund, sind aber geradezu „Weltgerichte" geworden: Hühnersuppe, Shckar Polo (Sauerkirschen-Reis), Cheesecake. Bei Fisch kann man kaum etwas falsch machen. Er ist koscher und ziert daher das Titelbild.

Rahel Heuberger/Regina Schneider: Koscher kochen. 36 Klassiker der jüdischen Küche, Eichborn-Verlag: Frankfurt am Main 1999, 144 Seiten, ca. 20 €

Dieses Buch wird von Jüdinnen und Juden als Grundkochbuch empfohlen. Es informiert über die halachischen Speisegesetze, die Zutaten und ihre Zubereitungen. Hier findet man die typischen Gerichte: den jiddischen Eintopf für Sabbat, „Tscholent" (auch „Schalet"), die Karpfenfrikadellen „Gefillte Fisch" oder der klassische Brotaufstrich „gehackte Leber" (auch: „Eierzwiebel"). Auch die Aufmachung des Buches ist traditionell mit Gedichten und Sprüchen. Es kommt ganz ohne aufwändige Fotografien der Rezepte aus, deren wichtigste Zutaten – wie auf dem Einband zu sehen – jeweils in liebevoll gestalteten Illustrationen erscheinen

Seit dem Ende des Sozialismus in Osteuropa ist dort das religiöse Leben wieder öffentlich geworden. Aber auch zuvor hatte Religion über die drei Fastenregeln der christlichen Orthodoxie (vegan, vegan mit Alkohol und Öl, vegan mit

Alkohol, Öl und Fisch) überwintert. Unter dem Stichwort Pravoslavnaja trapeza/ Православная трапеза („Orthodoxe Tafel“) listet das Internet Dutzende Kochvideos und Publikationen auf, allerdings meist auf Russisch. Hier verbindet sich die neu entdeckte Religiosität mit dem allgemeinen Interesse an traditionellen Gerichten. In westlichen Sprachen sind erhältlich:

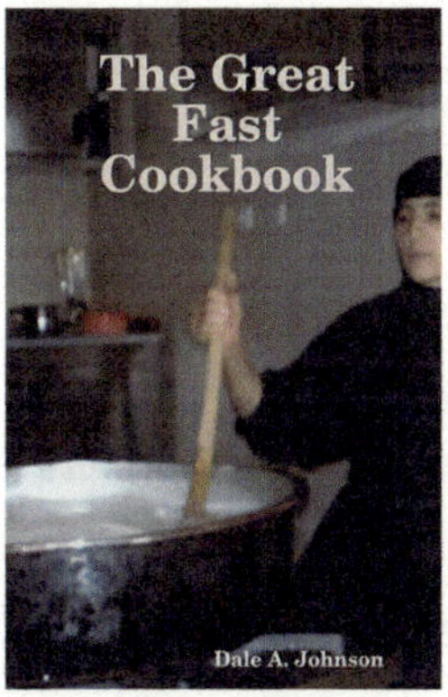

Dale A. Johnson: The Great Fast Cookbook, Lulu.com 2009, 144 Seiten, ca. 12 €

Der syrisch-orthodoxe Priester Johnson hat in der Türkei, im Irak, in Syrien, Israel und den USA Rezepte gesammelt, die den orthodoxen Regeln für die Osterfastenzeit entsprechen. Sie imitieren nach eigener Aussage die vegane Ernährung, die Adam und Eva im Paradies genossen. Das Buch stellt die Zutaten vor (Linsen, Tahini, Weinblätter...), bevor es Rezepte für Aufstriche, Burger, Pasta-, Gemüse-, Reisgerichte und Brot darbietet. Leider ist das Buch nur als Print-on-demand verfügbar. Wie das puristische Cover es vermuten lässt, kann es mit der aufwändigen Gestaltung anderer Kochbücher kaum mithalten.

Georgina Hayden: Nistisima. Traditionell, mediterran, vegan. 120 vegane Rezepte aus dem Mittelmeerraum, dem Nahen Osten und Osteuropa, Dorling Kindersley Verlag: München 2023, 304 Seiten, ca. 30 €

Der Titel leitet sich vom griechischen „nêsteia/Fastenzeit“ bzw. „nistisimo/fastengerecht“ (neugriechisch) ab. Die Autorin kommt aus Zypern und präsentiert *120 Gerichte* ihrer Heimat. Obwohl diese aus der griechisch-orthodoxen und aus anderen orthodoxen Fastenkulturen stammen, treten sie hier als lifestyle-Gerichte auf. Und doch bewahren sie ihren asketischen Hintergrund, wie das schlichte Titelbild zeigt. Hayden gibt einen Überblick über die Fastenregeln, die vier Fastenzeiten (Großes, Philippus-, Apostel- und Marienfasten bzw. 40 Tage vor Ostern, 40 vor Weihnachten, 8–30 nach Pfingsten, 14 vor Mariä Himmelfahrt). Sie beschreibt die traditionelle Zubereitung einiger Zutaten und macht Vorschläge, sie zu variieren. Jedes Gericht wird entweder vor seinem religiösen Hintergrund erläutert oder mit persönlichen Erinnerungen garniert: Dattel-Kardamom-Aufstrich, Tahini-Pfannkuchen, Teigschnecken, Fenchel-Birnen-Salat und vieles mehr.

Miriam Spann/Jens Schmitt: Vegan aus aller Welt, Ventil Verlag: Mainz 2018, 268 Seiten, ca. 20 €

Wer aus ethischen oder religiösen Gründen auf alles Tierische verzichtet, dem sei „Vegan aus aller Welt" empfohlen. Spann und Schmitt betreiben ein veganes Hotel auf Mallorca. So bunt wie ihre Gäste und das Buchcover sind auch die Rezepte aus dem Mittelmeerraum, Indien, Lateinamerika, Skandinavien Osteuropa ... Das Buch ist beliebt, weil die Gerichte einfach zuzubereiten sind und ohne schwer zu besorgende Zutaten auskommen. Wo solche doch gefordert sind, gibt es Hinweise, wie man sie einfach ersetzen kann. Die Graphik ist unprätenziös, die *144 Rezepte* dafür um so abwechslungsreicher, u. a. Datteln in Auberginen, Mussaka mit „Käse"-Bechamel, Bigosch mit Sauerkraut und Räuchertofu, Erbsen-Cashew-Curry, Sellerie-Schnitzel.

Katharina Seiser: Schnell man vegan, Brandstätter-Verlag: Wien/München 2022, 176 Seiten, ca. 30 €

Wer vegan *und* saisonal *und* regional kochen möchte, der sollte zu „Schnell mal vegan" greifen. Die *72 Rezepte* behandeln größtenteils alte traditionelle Speisen, d. h. es kommen keine industriellen Ersatzprodukte vor. Die Autorin ist auf veganes Kochen spezialisiert und hat hier die schnellsten Gerichte (max. 30 Minuten) zusammengestellt. Die Buchdeckel lassen kaum erahnen, dass sich dazwischen eine geballte Farb- und Geschmacksexplosion befindet.

Von Koscher bis Frutarismus

Eine Themenwoche in der Mensa am Neuen Palais – Interview mit dem Mensachef

Lukas Struß

Das 2017 gegründete Forum Religionen im Kontext (FRK) an der Universität Potsdam hat es sich zur Aufgabe gemacht, religionsbezogene interdisziplinäre Forschung und Lehre innerhalb der akademischen Gemeinschaft zu fördern und zu stärken. Ein zentrales Element dieses Engagements war die Durchführung der interdisziplinären Ringvorlesung im Jahr 2019 unter dem Titel „Alternative Welten – Strings, Sphären und Sci-Fi", an der unter anderem Literatur- und Religionswissenschaftler_innen, Medienwissenschaftler_innen, Physiker_innen und Theolog_innen teilnahmen. Im darauffolgenden Jahr, 2021, organisierte das FRK die Tagung „Über.Hören – Die Klänge des Religiösen". Im Anschluss an die Tagung fanden mehrere Musikabende („Nach.Hören") in der St. Peter und Paul Kirche in Potsdam statt, bei denen den Teilnehmenden musikalische Darbietungen aus verschiedenen religiösen Traditionen geboten wurden. Ein besonderes Merkmal dieser Veranstaltung war die Kombination von wissenschaftlicher Diskussion im Rahmen der Tagung und musikalischer Praxis auf den Musikabenden.

Vor diesem Hintergrund und mit einem festen Engagement für die Verbindung von Theorie und Praxis plante das FRK auch die Veranstaltung „To Eat or Not to Eat – Interdisziplinäre Zugänge zu religiösen und anderen Essensregeln". Die Universitätsmensa, die bereits in der Vergangenheit ihre Bereitschaft zur Durchführung innovativer Themenwochen gezeigt hatte, bot sich als ideale Partnerin für die praktische Komponente an. Insbesondere die kurz davor durchgeführte „Future Food"-Woche hatte gezeigt, dass es möglich ist, kulinarische Angebote mit akademischen Themen zu verknüpfen und dabei sowohl die Studierenden als auch die akademische Gemeinschaft als Ganzes einzubeziehen. Großküchen, insbesondere Universitätsmensen, haben einen erheblichen Einfluss auf die Essgewohnheiten. Laut Schätzungen nehmen täglich 16 Millionen Menschen in Deutschland in sogenannten Gemeinschaftsverpflegungen Mahlzeiten ein.[1] Dies eröffnet die Möglichkeit, durch das Angebot von Speisen, welche religiösen Vorschriften entsprechen, das Bewusstsein und das Verständnis für verschiedene Kulturen und Religionen zu fördern und gleichzeitig die kulinarische Vielfalt zu bereichern.

1 Vgl. Pfefferle, Holger/Hagspihl, Stephanie/Clausen, Kerstin, 2021, Gemeinschaftsverpflegung in Deutschland – Stellenwert und Strukturen, in: Ernährungs Umschau, 8, 470–483, 470. (DOI: 10.4455/eu.2021.034; Zugriff 12.10.23)

Die Integration religiöser Essgewohnheiten in den Betrieb einer Großküche ist jedoch ein komplexes Unterfangen, das sorgfältige Überlegungen und Planungen erfordert. Ein primärer Aspekt, der bei der Umsetzung berücksichtigt werden musste, war die gesetzliche Lage.[2] In Deutschland unterliegen Großküchen, zu denen auch die Universitätsmensen gehören, strengen Hygienevorschriften und Kontrollen durch die Gesundheitsämter. Diese Vorschriften dienen dazu, die Sicherheit und Qualität der zubereiteten Speisen zu gewährleisten. Die Einhaltung religiöser Speisevorschriften muss daher in Einklang mit diesen gesetzlichen Bestimmungen gebracht werden.

Ein weiterer wichtiger Faktor sind die Mitarbeiter_innen einer Großküche. In solchen Einrichtungen arbeiten oft Menschen unterschiedlichster Herkunft und mit verschiedenen religiösen oder areligiösen Sozialisationen zusammen. Dies bedeutet sowohl eine Herausforderung als auch eine Chance. Die Herausforderung besteht darin, sicherzustellen, dass alle über die verschiedenen religiösen Essgewohnheiten und deren Bedeutungen informiert sind und diese respektieren. Die Chance liegt in der Möglichkeit, durch die Vielfalt des Personals ein authentisches und vielfältiges kulinarisches Angebot zu schaffen.

Die Idee, religiöse Essgewohnheiten in der Mensa der Universität Potsdam zu integrieren, wurde durch eine Zusammenarbeit zwischen dem FRK und der Mensa am Neuen Palais konkretisiert. Prof. Johann Hafner, Direktor des FRK, nahm die Initiative auf und stellte das Vorhaben Thomas Bringezu, dem Leiter der Mensa am Neuen Palais, vor. Dessen Reaktion war von Anfang an positiv und unterstützend. Er brachte nicht nur seine Expertise in die Planung ein, sondern auch Rezeptvorschläge, um das kulinarische Angebot während der Themenwoche zu verbreitern und den Besuchern der Mensa sowohl authentische, wie auch schmackhafte Gerichte zu bieten.

In zwei ausführlichen Treffen wurden sowohl die Potenziale als auch die Grenzen des Projekts abgesteckt. Welche religiösen Praktiken und Essgewohnheiten können in der Großküche der Mensa umgesetzt werden und welche nicht. Dies betraf beispielsweise das Kaschern, ein Prozess im orthodoxen Judentum, bei dem Küchengeräte und Speisen in einer bestimmten Weise mit Hitze behandelt werden, um sie koscher zu machen. Aufgrund von Vorschriften, die den Zutritt Dritter in die Küche untersagen, konnte weder das Kaschern in der Mensa durchgeführt werden noch die Kaschrut durch einen Rabbiner zertifiziert werden.

Letztlich haben wir uns für das folgende Menü entschieden. Es wurde durch einen Flyer begleitet, der in aller Kürze über die angewandten Grundsätze (koscher, halal, christliches Fasten, frutarisch und regional-saisonal) informiert.

2 Das Handbuch des HKI Industrieverband Haus-, Heiz- und Küchentechnik e. V. mit dem Titel „Gesetzgebung und Normungswesen in der Gemeinschaftsverpflegung" zählt ganze 63 Gesetze, Verordnungen und Normen. (https://vgg-online.de/wp-content/uploads/2021/04/Gesetzgebung-und-Normungswesen-in-der-Gemeinschaftsverpflegung.pdf; Zugriff 26.07.23).

Bagel-Sandwich mit Pastrami/Brisket: Das Gericht kombiniert Bagel, Pastrami, Senf, Essiggurken und Sauerkraut. Als Beilage wird Tzimmes gereicht. Dieses Gericht entspricht den Grundsätzen der Kaschrut. Das hebräische Adjektiv „koscher" bedeutet „tauglich" oder „angemessen". Es bezieht sich auf Lebensmittel, die den jüdischen Speisegesetzen entsprechen. Zu den koscheren Tieren gehören Rinder, Ziegen, Schafe, Hühner, Gänse und Enten. Zahlreiche Vorschriften regeln die Trennung von Fleisch- und Milchspeisen und die Schächtung der Tiere. In orthodoxen Haushalten gibt es oft getrennte Geschirrsätze für milchige und fleischige Speisen.

Süßer Couscous mit Früchten und Nüssen: Dieses süße Gericht besteht aus Couscous und einer Mischung aus getrockneten Früchten. Es folgt den Prinzipien des Frutarismus, einer Ernährungsweise, bei der ausschließlich Früchte, Nüsse oder Samen verzehrt werden. Diese Ernährung soll die Pflanzen schützen, da weder Knollen, Blätter noch Wurzeln gegessen werden. Konsequente Frutarier essen nur Früchte, die natürlich von der Pflanze fallen. Dieser Verzicht kann sowohl religiöse als auch ethische Gründe haben. Beispielsweise glauben Jains, dass Pflanzen beseelt sind.

Lammstew mit Aroniabeeren: Dieser herzhafte Eintopf aus Lammschulter, Gemüse und Gewürzen folgt den Prinzipien von halal. Das arabische Wort steht für „erlaubt" oder „zulässig" und bezieht sich auf Handlungen oder Lebensmittel, die den islamischen Rechtsvorschriften entsprechen. Haram ist das Gegenteil und bezeichnet alles Verbotene. Zum Beispiel sind Schweinefleisch, Blut und Alkohol haram. Eine Besonderheit des Halal ist die rituelle Schlachtung, bei der das Tier unter Anrufung Gottes durch das Aufschneiden der Halsschlagader vollständig ausblutet.

Chili con Kürbis: Dieses herzhafte Gericht aus geraspeltem Kürbis und Gemüse verbindet die Prinzipien von regional-saisonal mit christlichen Fastenregeln. Bei einer regional-saisonalen Ernährung werden Lebensmittel bevorzugt, die gerade Saison haben und aus der Region stammen. Dies verringert den CO_2-Fußabdruck und fördert die lokale Wirtschaft. Christliche Abstinenz hingegen bezieht sich auf den Verzicht auf bestimmte Lebensmittel oder Fleisch zu festgelegten Zeiten, wie zum Beispiel der Fastenzeit vor Ostern oder an bestimmten Wochentagen wie dem Freitag.

Nach dem Abschluss der Themenwoche und der Tagung zogen wir gemeinsam Bilanz. Lukas Struß sprach mit Thomas Bringezu über die Rahmenbedingungen der Mensa für eine solche Themenwoche. Wie können Anforderungen und Vorschriften verschiedener Ernährungsgewohnheiten in einem solchen Betrieb gehandhabt werden? Können die Bedürfnisse unterschiedlicher religiöser Gemeinschaften auch auf Dauer berücksichtigt werden? Der Mensa-Chef gibt Einblicke in die Synergien und mögliche Konfliktpunkte bei der Interaktion mit dem FRK. Ein Abschnitt widmet sich dem Feedback nach der Themenwoche. Abschließend wird erörtert, ob es Pläne für ähnliche Veranstaltungen in Zukunft gibt.

Das Interview verspricht, ein tiefgreifendes Verständnis für die Logistik und Planung hinter einer solchen Themenwoche zu vermitteln und zeigt, wie kulturelle und religiöse Veranstaltungen die Gemeinschaft einer Universität bereichern können.

Interview mit Mensachef Thomas Bringezu

Lukas Struß (LS): Herr Bringezu, Sie leiten die Mensa am Neuen Palais. Im vergangenen Herbst wurde eine religiöse Themenwoche in der Mensa durchgeführt. Könnten Sie uns erzählen, wie die Idee dazu entstanden ist? Wer ist das erste Mal auf Sie zugegangen?

Thomas Bringezu (TB): Es war Professor Hafner, der mir diese Idee mit seinem unverwechselbaren bayrischen Akzent nahegelegt hat. Er sprach mich Ende Sommer, Anfang Herbst darauf an und fragte, ob wir an einer solchen Initiative grundsätzlich interessiert wären. Wir waren sofort offen für die Idee, natürlich mit der Einschränkung, dass manche Dinge, gerade im religiösen Kontext und in einer Großküche, eventuell nicht umsetzbar sein könnten.

LS: Sie haben sich dann Gedanken darüber gemacht, wie religiös sensibles Kochen in einer Großküche realisiert werden könnte. Ist dies ein Thema, das Sie häufig beruflich diskutieren oder entspringt es eher Ihrem persönlichen Interesse?

TB: Tatsächlich wurde das Thema bisher im Studentenwerk kaum diskutiert. Ich kann nicht für andere Universitäten oder Hochschulen sprechen. Aber es ist bemerkenswert, dass etwa zwei Drittel der Weltbevölkerung ihre Ernährung auf irgendeine Weise mit ihrer Religion verbinden und dabei bestimmte Regeln beachten.[3] Die Frage an uns ist, wie wir diese Aspekte mit unserer Arbeit verbinden. Wir haben uns über die Jahre hinweg langsam in diese Richtung bewegt,

3 Gemäß den Erhebungen des Pew Research Center repräsentieren im Jahr 2020 Muslime, Hindus, Buddhisten und Juden 45% der Weltbevölkerung, die potenziell aufgrund religiöser Vorschriften diätetische Beschränkungen in ihrer täglichen Ernährung erfahren könnten. Es ist jedoch zu beachten, dass die tatsächliche Anzahl der Personen, die diese religiösen Nahrungsrichtlinien tatsächlich einhalten, unbekannt bleibt. Unter Berücksichtigung der Fastenpraktiken der nicht-protestantischen Christen erhöht sich dieser Prozentsatz auf 64,9% der Weltbevölkerung. S. Wormald, Benjamin, 2015, The Future of World Religions: Population

haben uns zum Beispiel Gedanken darüber gemacht, wie wir Menschen, die aus religiösen Gründen kein Schweinefleisch essen, besser integrieren können.

LS: Das ist ein spannender Ansatz. Wie haben Sie diese Überlegungen in die Praxis umgesetzt?

TB: Zunächst einmal mussten wir uns eingehender mit dem Thema auseinandersetzen. Wie wirkt sich beispielsweise der Ramadan auf Hochschulen mit einem hohen muslimischen Anteil aus? Das ist eine Aufgabe, der wir uns stellen mussten. Darüber hinaus stellten wir uns die Frage, wie wir von diesen religiösen Praktiken profitieren könnten, ohne uns dabei verstellen zu müssen. In der Themenwoche konnten wir sehen, dass viele der Gerichte tatsächlich recht einfach anzupassen waren und sich nahtlos in unser Angebot einfügen ließen.

LS: Sie haben bereits angedeutet, wie Sie sich auf diese Herausforderung eingestellt haben. Könnten Sie uns mehr darüber erzählen? Wie haben Sie sich konkret darauf vorbereitet? Haben Sie das Internet durchsucht, Bücher gelesen oder gab es bereits vorab Kenntnisse?

TB: Ich habe mich intensiv in diese Themen eingelesen. Durch meine Besuche in großen Restaurants und durch Bekannte mit jüdischem Glauben hatte ich bereits ein gewisses Grundverständnis. Allerdings habe ich mich dann speziell mit den Themen „koscher kochen" und „halal kochen" auseinandergesetzt. Was bedeuten diese Begriffe genau, welche Kriterien müssen erfüllt sein, um entsprechende Siegel zu erhalten? Auch habe ich überlegt, welche Produkte wir bekommen können und welche Gerichte möglicherweise gut ankommen würden.

LS: Sie haben sich also direkt auf die Praxis konzentriert und schon früh nach geeigneten Lebensmitteln und Lieferanten gesucht.

TB: Ja, genau. Wir mussten uns allerdings schnell klar darüber werden, was wir hier nicht umsetzen können, was wir nicht bekommen und was vielleicht weniger Anklang finden würde.

LS: Genau darauf wollte ich hinaus. Welche Schwierigkeiten sind Ihnen dabei begegnet? Gab es Dinge, die sich als unmöglich herausstellten oder unerwartete Probleme, die Sie zuvor nicht berücksichtigt hatten?

TB: Einige unvorhergesehene Hürden kamen besonders bei Gerichten mit jüdischem Hintergrund zum Vorschein. Bereits das richtige Brot zu finden, war nicht einfach. Zudem gibt es strenge Regeln, wann Milchprodukte verzehrt werden dürfen. Darüber hinaus haben wir festgestellt, dass in vielen Gerichten vor allem unverarbeitetes Gemüse oder Rohkost verwendet wird, was bei unserer Klientel möglicherweise weniger gut ankommen könnte. Auch war uns bewusst, dass das

Growth Projections, 2010-2050. Pew Research Center's Religion & Public Life Project. https://www.pewresearch.org/religion/2015/04/02/religious-projections-2010-2050/; Zugriff am 21.06.23.

Aussehen der Gerichte eine Rolle spielt. Aber wir haben uns da an erfolgreichen jüdischen Einrichtungen in New York orientiert, die über Generationen hinweg beliebte Gerichte wie Sandwiches und Pastrami anbieten, die auch von Menschen ohne religiösen Hintergrund gerne gegessen werden.

LS: Eine Frage zum Personal: Gab es eine spezielle Einweisung oder Rückfragen? Wie war die Reaktion des Personals auf diese Woche?

TB: Leider war ich während dieser Woche im Urlaub, aber ich hatte den Plan und die Einkaufsliste hinterlassen. Ich denke, meine Kollegen haben die Gerichte so gut wie jedes andere Gericht vorbereitet und gekocht, ohne viel über den religiösen Aspekt nachzudenken. Vielleicht war das sogar gut so, um diese Themenwoche unvoreingenommen anzugehen und Menschen dafür zu begeistern, die noch nie darüber nachgedacht haben, wie sehr Essen von Religion beeinflusst wird. Vielleicht hätte man aber auch mehr erreichen können, das ist schwer zu sagen. Im Großen und Ganzen haben die Mitarbeiter das gut umgesetzt und wir könnten einige dieser Gerichte dauerhaft in unser Angebot aufnehmen oder eine weitere Themenwoche planen, um uns intensiver mit diesen Themen auseinanderzusetzen.

LS: Gab es nach Ihrem Urlaub ein Feedback von Ihren Kolleg_innen? Gab es Verwirrung oder Widerstand oder Bestätigung?

TB: Interessanterweise haben wir festgestellt, dass wir viele Dinge, die wir in dieser Woche ausprobiert haben, bereits täglich in unserer Mensa anbieten, ohne den religiösen Hintergrund zu bedenken. Daher war das Feedback der Mitarbeiter eher unauffällig, was man durchaus positiv interpretieren kann. Als ich nachgefragt habe, stellte sich heraus, dass einige Gerichte, wie das Pastrami, nicht so gut ankamen, wie erhofft. Allerdings war das Pastrami, das wir bekommen haben, auch nicht ganz so, wie ich es kenne. Es gibt gewisse Feinheiten und Unterschiede, insbesondere im Vergleich zu den Produkten, die in New Yorker Restaurants serviert werden. Aber die vegetarischen Gerichte und die regionalen Gerichte kamen gut an, und wir haben ein sehr vielfältiges Publikum, das diese Art von Essen gut aufnimmt.

LS: Wie haben die Studierenden auf diese besondere Woche reagiert? Haben Sie davon etwas mitbekommen?

TB: Wie bei vielen anderen Themenwochen und Projekten besteht bei den Studierenden grundsätzlich Interesse, aber nur wenige nutzen die Möglichkeit, sich darüber hinaus zu informieren. Die meisten kommen einfach, um gut zu essen. Sobald der Teller leer ist, bleibt nicht viel von dem ursprünglichen Hintergrund der Themenwoche im Kopf. Das ist nicht nur bei religiösen Themen der Fall, sondern auch bei Themen wie CO_2-Fußabdruck, Nachhaltigkeit oder regionalen Produkten. Die Menschen sehen die Mensa eher als einen Ort zur Versorgung und nicht unbedingt als einen Ort, wo man hingeht, um etwas zu erleben. Trotzdem gibt es immer wieder Vorschläge für neue Themen und Aktivitäten. Wir müssen jedoch aufpassen, nicht zu viele Dinge gleichzeitig zu tun, da das Feedback in der Regel nicht so groß ist, wie man es sich erhoffen könnte. Es ist effektiver, die Themenwoche in den Alltag zu integrieren und einfach zu gestaltende, aussagekräftige Informationen bereitzustellen, ohne zu aufdringlich zu wirken.

LS: Wenn Sie so eine Aktion noch einmal durchführen würden, was würden Sie anders machen?

TB: Es ist gut, solche Aktionen durchzuführen, wenn viele Menschen anwesend sind, zum Beispiel während der Vorlesungszeit. Auf der anderen Seite wäre es während ruhigerer Zeiten einfacher, persönliche Gespräche zu führen und mehr auf die Inhalte einzugehen. Das ist immer ein Balanceakt zwischen der Menge an Menschen, die man erreichen will, und der Tiefe der Informationen, die man weitergeben will. Vielleicht wäre es gut, solche Aktionen auch mal in einer vorlesungsfreien Zeit durchzuführen, um mehr Aufmerksamkeit zu erzeugen. Man muss entscheiden, wie viel Überzeugungsarbeit man leisten will, ob man den Menschen nur die Möglichkeit geben will, sich zu informieren und zu essen, oder ob man mehr erreichen will. In einer Zeit, in der wir von Informationen überflutet werden, könnte weniger manchmal mehr sein.

LS: Denken Sie, dass interreligiöse Veranstaltungen, insbesondere mit Bezug auf Essen, langfristig auf dem Campus und in der Mensa integriert werden könnten?

TB: Ja, ich denke schon. Als die jüdische Theologie eröffnet wurde, hatten wir das Privileg, die kulinarische Begleitung der Eröffnung mit dem Bundespräsidenten und vielen Ministern zu übernehmen. Dabei haben wir auch mit Mitarbeitern gesprochen und eruiert, welche Lehrstühle auf uns zukommen könnten. Leider wurden die Hoffnungen etwas gedämpft, dass an der Universität nicht viel in dieser Richtung passieren wird. Aber grundsätzlich wäre es interessant, die religiöse Landschaft genauer kennen: Wo liegen die Schwerpunkte? Wie hoch ist zum Beispiel der muslimische Anteil? Dann könnte man das Essensangebot anpassen und den Studierenden entgegenkommen.

LS: Also wenn ich Sie richtig verstehe, müssten wir uns erst einmal bewusstwerden, wie die religiöse Landschaft an der Universität aussieht. Dann könnten wir entsprechende Angebote im Speiseplan integrieren.

TB: Ja, genau. Ein gutes Beispiel ist der asiatische Anteil unter den Studierenden. Diese Studierenden würden am liebsten jeden Tag Kartoffeln essen, weil es in ihrer Esskultur kaum vorkommt. Es ist interessant zu sehen, wie unterschiedlich die Präferenzen sind. Zum Beispiel essen Studierende mit südeuropäischem Hintergrund sehr gerne traditionelle deutsche Küche. Es wäre sicherlich interessant und relativ einfach, solche Zahlen zu erheben und die Angebote danach auszurichten.

LS: Ja, ich verstehe. Ohne solche Erhebungen wissen wir nicht, wer auf was achtet. Kadir Sancı, Imam des House of One und Dozent an der Universität Potsdam, hat ja im Vorfeld darauf hingewiesen, dass zum Beispiel ein typisches brandenburgisches Gericht, nämlich Kartoffeln mit Quark und Leinöl, auch halal ist. Aber ohne genaue Kenntnis darüber, wer aus welchen Gründen bestimmte Speisen bevorzugt, können Sie das Essensangebot nicht entsprechend ausrichten?

TB: Ja, genau. Es ist wichtig, diese Unterschiede zu verstehen und zu berücksichtigen. Nur weil jemand religiös ist, heißt das nicht, dass er die religiösen Essensvorschriften streng befolgt.

LS: Gibt es bereits konkrete Pläne für eine engere Zusammenarbeit oder eine andere Veranstaltung?

TB: Leider gibt es noch keine konkreten Pläne, aber es wäre zum Beispiel möglich, bestimmte Bereiche, die wir bereits unbewusst abdecken, stärker in den Fokus zu rücken. Zudem werden wir vom Studentenwerk nächstes Jahr eine App einführen, über die die Studierenden täglich Feedback zum Essen geben können. Vielleicht könnten wir dort auch eine religiöse Dimension einfließen lassen und daraus eine Statistik erstellen. Wenn wir sehen würden, dass viele Studierende aus bestimmten religiösen Hintergründen sich darüber freuen, würden wir unser Angebot anpassen. Ein weiteres Beispiel ist eine Themenwoche, die wir in Brandenburg an der Havel organisiert haben. Der Leiter der Mensa hat sich von Studierenden mit arabischer Herkunft Gerichte für den Speiseplan vorschlagen lassen, die dann auch gekocht wurden. So etwas könnten wir auch für andere Nationen oder Religionen tun. Es wäre auch für uns eine Bereicherung, da wir lernen würden, authentische Gerichte aus verschiedenen Herkunftsländern zu kochen. Besonders der Umgang mit Gewürzen und Ölen, die in der levantinischen und orientalischen Küche eine große Rolle spielen, wäre für uns sehr lehrreich. Es besteht also durchaus noch viel Spielraum für Verbesserungen und Erweiterungen unseres Angebots.

LS: Herr Bringezu, ich bedanke mich für dieses Interview und die Kooperation bei der Durchführung der religiösen Themenwoche in der Mensa.

Liste der Beitragenden

Tina Bartelmeß ist seit April 2021 Juniorprofessorin für Ernährungssoziologie an der Fakultät für Lebenswissenschaften: Lebensmittel, Ernährung und Gesundheit der Universität Bayreuth. Sie hat Ökotrophologie (B.Sc.) und Ernährungsökonomie (M.Sc.) an der Justus-Liebig-Universität Gießen studiert und dort im Jahr 2019 ihre Promotion zum Thema „Unternehmerische Ernährungskommunikation und Verantwortung“ abgeschlossen. Ihre Forschungsschwerpunkte liegen auf den sozialen und kulturellen Determinanten des Ernährungshandelns und wie diese durch gesellschaftliche Kommunikation (re-)produziert und verändert werden.

Bernadett Bigalke ist Juniorprofessorin für Religionswissenschaft an der Universität Leipzig und forscht zur Religionsgeschichte Europas vom 18. bis zum 19. Jh. Ihre Schwerpunkte liegen in der Esoterikforschung sowie im modernen Katholizismus.

Irene Dietzel arbeitet als Religionswissenschaftlerin in Lehre und Forschung: als Lehrerin für Religion, Ethik und Geschichte (Sekundarstufen I u II) sowie als Dozentin in der Lehramtsausbildung für die Fächer Religion und L-E-R. Bis zur Promotion lagen die Forschungsfelder im Bereich Religion/Kultur Südosteuropas, seitdem nun auch im Bereich Fachentwicklung und Didaktisierung von Religionswissenschaft. Immer begleitet hat sie das Interesse an sozialanthropologischen und wissenschaftstheoretischen Fragestellungen und Perspektiven.

Johann Ev. Hafner ist seit 2004 Professor für Religionswissenschaft mit dem Schwerpunkt Christentum an der Universität Potsdam. Er hat Gastdozenturen in Bangalore, Qom, Wien, Dayton und Los Angeles wahrgenommen. Seit 2017 ist er Direktor des „Forum Religionen im Kontext“. Seine Forschung beschäftigt sich u. a. mit ökologischer Ethik, dem frühen Christentum, transzendenten Zwischenwesen und Befreiungstheologie. Er engagiert sich im interreligiösem Dialog und unterhält zahlreiche Kooperationen, darunter zu Kurdistan, woraus der Band „Ferman 74“ zur Aufarbeitung des Völkermords an den Jesiden hervorging.

Arhan Kardas hat Rechtswissenschaften, Philosophie und Geschichte an den Universitäten Ankara, Bilkent und Gazi studiert; 2002–2008 Vorstand des „Friede – Institut für Dialog“ in Wien; Magisterstudium der Rechtswissenschaften an der Universität Wien; seit 2011 Chefredakteur des Main-Donau Verlags und der Zeitschrift „Die Fontäne“; 2019 Promotion (Nürnberg-Erlangen); seit 2016 Lehraufträge am Institut für Jüdische Studien und Religionswissenschaft der Universität Potsdam; seit 2016 Islam-Referent beim Akademikerbund

Hamburg; seit 2021 Vorstandsvorsitzender der Islamischen Akademie für Bildung und Gesellschaft e.V.; Botschafter des House of One.

Ulrike Kollodzeiski hat Jüdische Studien, Religionswissenschaft und Geschichte der Frühen Neuzeit an der Universität Potsdam studiert. Sie hat an der Goethe Universität Frankfurt a.M. in Religionswissenschaft mit der Arbeit „Die Ordnung der Religionen. Die Vermittlung von Orient und Okzident im Reisebericht ‚Viaggi' von Pietro Della Valle (1586-1652)" promoviert. Seit 2019 arbeitet sie im Institut für Religionswissenschaft und Jüdische Studien an der Universität Potsdam und forscht zum Thema Speiseverbote im antiken Christentum. Ihr Fokus liegt dabei auf der Frage, welche Beziehungen zwischen Menschen und Nicht-Menschen über Praktiken des Essens konstituiert werden.

Daniel Krochmalnik, 1975 Studium der Mathematik, Philosophie und Judaistik in München. 1988 Promotion zum Dr. phil. mit einer Arbeit über die Philosophie und Religionskritik von Spinoza. Ab 1990 Assistent im Fach Jüdische Philosophie und Geistesgeschichte an Hochschule für Jüdische Studien Heidelberg. 1999 Habilitation an Ruprechts-Karls-Universität Heidelberg mit einer Arbeit über die Religionsphilosophie Moses Mendelssohns. Von 2003 bis 2018 Inhaber des Lehrstuhls Jüdische Religionslehre, -pädagogik und -didaktik an der Hochschule für Jüdische Studien. 2009 Verleihung des Doktors der Theologie ehrenhalber der Fakultät Katholische Theologie der Otto-Friedrich Universität Bamberg. 2018 Ernennung zum Professor für Religion und Philosophie (Altertum und Mittelalter) an der School of Jewish Theology der Universität Potsdam. 2020 Geschäftsführender Direktor der School. 2022 Emeritierung. Erwerb des Rabbinats-Diploms des Jewish Theological Seminary Budapest. Forschungsschwerpunkte: Jüdische Theologie und Aufklärung. Rund 180 wissenschaftliche Aufsätze und 12 wissenschaftliche Werke, darunter die Bücher Schriftauslegung im Judentum. Neuer Stuttgarter Kommentar. Altes Testament, 3 Bände, 2000 – 03; Im Garten der Schrift. Wie Juden die Bibel lesen, 2006. Herausgeber der Jubiläumsausgabe der Gesammelten Schriften Moses Mendelssohns (JubA) und der Elie Wiesel Werke (EWW).

Rachel N. Lippert ist amerikanische Neurowissenschaftlerin. Sie promovierte in Molekularphysiologie und Biophysik an der Vanderbilt University bei Dr. Roger Cone und Dr. Kate Ellacott. Danach war sie als Postdoc am Max-Planck-Institut für Stoffwechselforschung in Köln bei Prof. Dr. Jens Brüning tätig. Im Jahr 2020 startete sie ihre eigene Nachwuchsgruppe am Deutschen Institut für Ernährungsforschung Potsdam-Rehbrücke, gefördert durch den NeuroCure Exzellenzcluster an der Charité –Universitätsmedizin Berlin. Sie ist Mitglied im Deutschen Zentrum für Diabetesforschung (DZD) und wurde 2021 zu einem der „Best Minds" der Leibniz-Gemeinschaft ernannt und mit 1 Million € gefördert.

Netanel Olhoeft ist wissenschaftlicher Mitarbeiter am Lehrstuhl für Halacha (Jüdisches Recht) an der School of Jewish Theology der Universität Potsdam. Er wurde im Jahr 2020 vom Zacharias Frankel College (Potsdam) zum Rabbiner ordiniert. Zusätzliche Studienorte waren die Ponevezh Yeshivah, Bene Brak, Israel (Talmud) und die Ziegler School of Rabbinic Studies, Los Angeles. Derzeit arbeitet er an seinem Dissertationsvorhaben im Fachbereich Halachageschichte. Weitere Forschungs- und Interessensschwerpunkte sind die Mikraot Gedolot – die mittelalterlichen Kommentare zur hebräischen Bibel, der talmudische und rabbinische Textkanon, der jüdisch-christliche Dialog, analytische Philosophie sowie antike und klassische europäische Literatur.

Kadir Sanci, 2005-2010 Studium der Islamischen, Jüdisch-Christlichen Religionswissenschaft und Pädagogik (Goethe-Universität/Frankfurt). Seit 2011 Imam des Berliner Forum Dialog. 2011-2021 Vorstandsmitglied im Trägerverein, seit 2016 Stiftungsratsmitglied des House of One. 2011-2013 Lehrbeauftragter, seit 2013 akademischer Mitarbeiter am Institut für Religionswissenschaft der Universität Potsdam. Seit 2017 Vorstandsmitglied des Zentrums „Forum Religionen im Kontext". Seit 2020 stellvertretender Vorstandsvorsitzender des Forum Dialog. Seit 2021 Gründungsmitglied von „Runder Tisch Berliner Imame". Seit 2021 Vorstandsmitglied der Islamischen Akademie für Bildung und Gesellschaft.

Florian J. Schweigert ist ein international anerkannter Wissenschaftler auf dem Gebiet der Human- und Tierernährung. Seine Forschung konzentriert sich auf ernährungsbezogene Biomarker im Zusammenhang mit dem metabolischen Syndrom und Mikronährstoffmangel, insbesondere in Entwicklungsländern. Die Ergebnisse seiner Arbeit wurden in mehr als 300 wissenschaftlichen Artikeln in international anerkannten Fachzeitschriften veröffentlicht. Er absolvierte eine Ausbildung zum Tierarzt an der Universität München, und war Postdoc an der Harvard Medical School in Boston, USA. Nach seiner Tätigkeit als ordentlicher Professor für Ernährungsphysiologie an der Universität Leipzig ist er derzeit Inhaber des Lehrstuhls für Ernährungsphysiologie und Pathophysiologie am Institut für Ernährungswissenschaft, Universität Potsdam.

Lukas Struß ist wissenschaftlicher Mitarbeiter am Forum Religionen im Kontext der Universität Potsdam. In dieser Funktion koordiniert er die Forschungsgruppe CHORA, die sich mit den kosmologischen Ursprüngen in Religion und Physik auseinandersetzt. Zudem hat er mehrere Spatial-Humanities-Projekte begleitet, darunter „Glaube in Potsdam" und „Interreligiöse Initiativen in Deutschland". Er studierte Rechtswissenschaft, Philosophie und Religionswissenschaft in Hamburg, Potsdam und Berlin. Vor seiner aktuellen Position war er am Menschenrechtszentrum der Universität Potsdam tätig.

Rümeysa Yilmaz ist islamische Theologin und Islamwissenschaftlerin. Sie hat islamische Theologie an der Universität Istanbul und der Universität Osnabrück studiert. Neben ihrem Masterstudium an der FU in Islamwissenschaften ist sie als wissenschaftliche Mitarbeiterin im Forum Dialog e. V. tätig. Der Fokus ihrer Arbeit liegt sowohl auf islamischen als auch auf interreligiösen Themen. Sie engagiert sich beim interreligiösen Projekt „House of One“ in Berlin.